EDUCATION IS ALL
IN THE DETAILS

教育全在细节中

钱雨◎著

作家出版社

作为新教育实验发起人和中国教育学会家庭教育专业委员会的理事长，我经常期待中国家教有更多的好书问世，而不是单纯引用西方的视角分析中国问题；我也经常期待中国有更多的专家讲述自己的家教故事，而不仅仅是那些理论不靠谱的"成功学"家教叙事。非常高兴的是，钱雨老师的这本书同时满足了我的两个期待，体现了一种中国式家庭教育的新视野，提出了"抗挫力教育"这样一个面向未来、应对挑战的家教概念。如何拥有人生的梦想，如何有效地应对生活中的各种困境、矛盾与挑战，如何培养孩子的创新思维和核心素养，钱雨老师通过自己的亲身经历，讲述了从准备当父母、受孕后的胎教、哺乳期的教养到幼儿期的亲子阅读、学龄期的人格成长等各个关键时期的教育问题，既有拨乱反正，也有画龙点睛，更有指点迷津，她用深厚的学前教育专业功底、平实优美的文笔和生动丰富的案例，为我们阐释了"教育全在细节中"的道理，值得我们细细品味。

——著名教育家朱永新

目录
CONTENTS

序言：
家家有本育儿经

缪建东

钱雨博士的大作《教育全在细节中》终于出版了，我有幸成为本书的第一读者，由衷地为她感到高兴。我和钱雨博士相识多年，见证了她的成长，看着她一步步在专业上完成一个又一个的跨越。她从幼儿师范学校学习开始，步入高校学前专业，又去华东师大攻读博士，之后，又去哈佛大学深造，现在是我国学前教育专业领域十分有发展潜力的年轻学者。

纵览全书，受益良多。主要有以下三点。

一是儿童立场。该书中字里行间均是从儿童的角度在思考问题。在认识儿童的道路上，她又一次给我们引领了一个正确的方向，帮助我们完成了又一个飞跃。自近代社会以来，人类在发现儿童、认识儿童、教育儿童的道路上付出了众多艰辛的努力，也取得了诸多瞩目的成就，很多名家大师都在自己的学术著作中阐述自己的儿童观，而钱雨博士的儿童观是鲜活的、生长的、立体的、丰实的，给人以充分的启迪。

二是母亲的角色。今天到底应如何扮演好母亲角色？对这一问题，仁者见仁，智者见智。但像钱雨博士这样且行且思，有丰实生活经验的教育思考，有细心观察的、完整的实践过程的教育探索并不多见。她选择了一个很好的视角——细节。家庭教育就是在一个一个的生活细节中完成自己的使命的。往往是这些毫不起眼的细节，决定着一个家长教育的行为，从而影响了孩子的成长。因此，母亲的选择行为、价值取向、生活态度、教养方式对儿童的全面成长至关重要。正如她在书中所言："做父母难，不过是难在'好'字。"一个好家长，除了爱孩子之外还应了解自己的孩子。就如同一个真心的好老师，除了吃透所教专业的内容，还得对学业的特点有充分的把握，才能游刃有余，因材施教。现今年轻母亲的育儿焦虑也成为引起全社会关注的问题，如何缓解她们的焦虑，如何解释日常的育儿现象，如何引领家庭教育实践，钱雨博士做了很好的思考与探索。

三是家庭教育文化创新。我欣喜地看到，钱雨博士对当代家庭教育文化创新面临的挑战、机遇所做的反思以及对未来家庭教育的美好追求所做的理性探究。本书为我们描绘了家庭教育独一无二的精彩世界；帮助我们认识家庭教育的烦恼，领略家庭教育的奥秘，欣赏家庭教育的成果——家庭教育完全可以描绘出最美的画卷。就像她将家庭教育的奥秘解读成一颗种子的成长，只要有合适的阳光、营养的土壤，家庭教育一定会生长成一棵参天大树，一定会为全社会造就一片绿荫。现代家庭孕育现代儿童，为未来社会培养现代人；同时，现代家庭也呼唤现代家长的诞生。与孩子共同成长是每位家长必须经历的一个人生过程，但理性的家庭教育文化如何来营造，需要我们每一位现代社会成员做出自己的努力。

衷心期待本书的一些观点能对家长们创新自己的家庭教育实践提供有益的启迪与帮助。

（缪建东，南京师范大学副校长、教授、博士生导师）

前言：
3 个孩子 12 年陪伴

正是一年中最冷的时候。虽然是美国南部地区，气温也是忽高忽低。一群野鸭从北方飞来这里，它们慵懒地停留，在湖边栖息。有人往湖里撒面包屑时，它们就大大咧咧地迎上前来，毫无异乡客的不自在。它们甚至在湖边下蛋，把蛋产在湿地中央的沼泽里。几周后，随着气温持续下降——一股寒流袭击了全美——野鸭不见了踪迹。我想，它们一定在某个晴朗的日子里继续南下，去寻找温暖的阳光。但——等一下，在冰冷的湖面上，我看见几只落单的野鸭。一、二、三、四！居然有四只大傻鸭，还停留在这寒风凛冽、树木凋零的湖边。我带着孩子们来给它们喂食，并猜测它们为什么掉队。

它们从冰冷的湖水中游过来啄食面包。就在这时，大鸭子的身后突然出现了小小的身影，两只比手掌略大一些的小鸭。一只是灰色的，有白色的羽毛，另一只头顶上有绿油油的羽冠，活泼地打着水。原来，这是两个野鸭家庭，它们分别迎来了各自的家庭新成员：一只可爱的小鸭宝宝。

鸭宝宝还小，翅膀无力承受长途飞行的艰辛。于是，鸭爸爸和鸭妈妈心甘情愿地和同伴告别，留在寒冷的湖畔陪伴孩子，耐心地等它们羽翼丰满。刺骨的风刮过湖畔，卷起一片落叶飘落水面。我觉得内心又酸又甜，感动又惭愧。我以为，陪伴孩子是多么了不起的事情。其实这不过是所有动物代代相传的本能，是父母为了保护脆弱的孩子，义无反顾的决定。

我有 3 个孩子。回首亲子陪伴路，我失去了很多个人发展的机会。那个曾在学生舞台上光辉耀眼的青春少女，一座座奖杯落满尘土；昔日鲜衣怒马的女子，今日沦为白发丛生的老母亲。12 年前，我作为中国公派赴哈佛大学联合培养的第一批教育学博士，带着海归的光环和中美导师的期许，却把生儿育女、陪伴孩子看作人生最重要的事业。从家庭教育的角度来说，我只是尽力完成一个母亲的义务，应当问心无愧。可午夜梦回，我时常纠结于自己的失落，高度焦虑，不断质疑自己到底是成功还是失败。

当我和孩子在一起时，生活就好像变成了热带雨林之旅。每天都有五彩斑斓的花盛开，每天都有椰子从树上"嘭——"的一声落下来，砸在我的脚旁，有时砸得我晕头转向。每天都有不可思议的事情发生，每天都有喜怒哀乐。每一个晴朗的夜晚，月亮在不同的树梢冉冉升起，提醒我这一天是多么与众不同。12 年来，我疲累不堪，又似乎获得了新生。这些年的亲子陪伴，是孩子成长的旅程，更是我作为一个知识女性丢失自我又重新发现自我的旅程。

《中国青年报》曾转载一位家长的"自述"："6 年后我将收获怎样一个孩子？"这位家长用满纸的惶恐写出了自己的心声："我怀着满腔热情把这样一个小小的孩子送到了学校，我期望学校能比我做得更好，让这么一个小小的孩子沿着她特有的生命轨迹长大，长高。再过一个 6 年，我会收获一个怎样的孩子？"她以为，教育意味着一棵树摇动另一棵树，一朵云推动另一朵云，一个灵魂唤醒另一个灵魂。可惜，这些怀有远大抱负的父母却不断地失望。

前言：3个孩子12年陪伴

我为当前的教育质量和孩子的明天而忧心。我深信中国教育界有许多好老师，但更多的是令人失望的教育现状、令人疲惫的亲子陪伴。作为一个儿童教育研究者，我一边从事儿童教育理论研究，一边试图影响我的学生和家长，劝说他们尽量成为一个尊重儿童、理解儿童的好老师、好家长，关注教育中的细节——有些细节必须重视，有些细节必须放手。

我铆足了劲把自己家打造成一个童年的热带雨林，全心全意守望儿女的童年，只求他们在受到更多负面或消极影响之前，掌握辨别是非的能力，用自己独立、自信的人格，面对瞬息万变的未来。女儿心童3岁时，我拿起笔开始记录亲子陪伴的苦与乐。12年过去了，心童进入加拿大的高中学习，大儿子笑笑已经小学毕业，小儿子雨果也结束了幼儿园生活。他们都是独一无二的好孩子。当然，什么是中国父母和老师眼中的好孩子，值得写另外一本书继续探讨。

12年的陪伴，有困惑、有彷徨、有眼泪，但我没有放弃，每一天都在努力。英国著名的纪录片《人生七年》的导演迈克尔·艾普特说：56岁时，对于那些将精力投入家庭的人来说，收获很多。所以，多陪陪孩子吧，关注教育的细微之处，建立尊重、回应和弹性的亲子关系。

教育孩子，越早越好。最好的时机就在当下，最紧要的细节就是用心。亲子陪伴是童年的陪伴，守望童年的时候，我们大人也在重获新生。

钱　雨

华东师范大学田家炳书院

2021年春

第一章
起跑线在哪里？

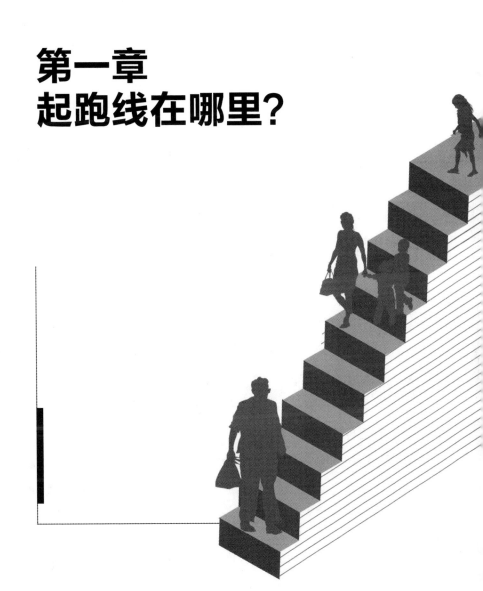

　　未来越是出乎意料，人们越想控制未来。许多家长对自己的现状和人生不太满意。改变这一切的契机在孩子降生时突然出现，就像一道光照进平淡的日子——我可以培养一个卓越、优秀的孩子啊，让大家看看！孩子会代表我，成为人生赢家！

　　如果人生是一场赛跑，起跑线到底在哪里呢？有家长认为是小学，所以小学一定要择校；有家长认为是幼儿园，所以想方设法得进好一点的幼儿园——有时，为了抢到一个明星幼儿园的面试资格，家长很早就开始筹谋；有家长认为是早教，早教机构的广告语就是"不能输在起跑线上"；而有的家长则认为，父母才是起跑线，投个好胎，有个好爹，这比什么都强。

　　但是，有些事实是我们无法改变的。如果把拼爹妈作为起跑线，一句"我爸是……"代替所有的拼搏与努力；那么，普通家庭甚至弱势家庭的孩子怎么办？

　　如果孩子的人生真是一场赛跑，真正的起跑线在哪里？奔跑的孩子有着怎样的特点？更重要的问题是：这个孩子更喜欢走哪条路？这个孩子适合用怎样的速度奔跑？他们一路上需要哪些支持？怎么应对漫漫人生路上不可预测的风险？而那条漫长的人生跑道，到底又通向何方呢？

我家 3 个娃

认识你自己

——德尔斐阿波罗神庙的箴言

每个孩子大不同呀。女儿心童 14 岁时已经和我一样高了。看着镜子里的母女,我满怀伤感和甜蜜,期待地说:"再过 10 来年你就会有自己的宝宝了。"她耸耸肩:"不可能,我已经决定了,我要去加拿大读大学,研究法医,解剖尸体……反正我是不会生孩子的。"

什么?我跳了起来。

她赶紧说:"没关系啊,笑笑和雨果会给你生很多小宝宝的。"

我瞪大眼睛:"那怎么一样?我只能做奶奶,做不了外婆啦!"

"呃——"心童再次耸耸肩,"那……好吧,我可以收养一个孩子。"

那也行,退而求其次……我叹了口气,心里想的却是:那怎么能一样呢?收养的孩子就不会有我们的遗传基因。

奇怪,当我这样想的时候,完全忘记了过去 12 年里一直折磨我的事实:心童并不是我的亲生孩子。她是林博士和前妻的女儿。作为继女,她本来就没有我的血液和基因。

林博士是我先生,理工科博士,典型的直男,既不会甜言蜜语,也不会烧饭做菜。我们家一共有 3 个孩子:大女儿心童现在加拿大读高中,大儿子笑笑马上小学毕业,小儿子雨果即将入读小学。他们之间各差 4 岁,每个孩子的个性特点大致是这样的:

心童　　　　　　　　雨果　　　　　　　　笑笑

非常外向　　　　　　动静相宜　　　　　　非常内向

美女汉子，话痨　　　容易沟通　　　　　　文艺少年，话少

　　作为一个儿童教育者，我经常想：真遗憾，没有一本家教书适用于所有孩子。家教到底有普遍规律吗？家庭教育最困难的地方，不就是一个家庭中行之有效的教育模式和日常流程，可能在另一个家庭完全行不通吗？

　　比如，有的家长苦恼孩子天天赖床，总是不吃早餐。有的家长却担心孩子喜欢熬夜，睡眠不足。有的家长责备孩子"胆子太大，都不知道'怕'字怎么写"！有的家长又操心孩子太内向、胆小，未来得受多少欺负……哪怕是同一对父母，生的孩子也可能个性截然不同、发展水平迥异，大宝的才艺秀也许会成为二宝的滑铁卢。这真让人伤脑筋啊。

　　我的大儿子笑笑9个月还不出第一颗牙。他迟迟不出牙时，我着急上火，到处咨询医生，担心他缺钙。小儿子雨果却4个多月就开始长牙，4岁半就开始换牙，一个月内就掉了4颗乳牙，出了2颗新牙。小弟弟这么抓紧时间，我高兴吗？

　　不——我每天都祈祷下一颗牙千万稳住，别再掉了。每次雨果偷偷摇晃第五颗松动的牙齿时，我的心都会提到嗓子眼儿，克制着不发火，用哀求的语气和他好生商量："别摇了，宝贝，让它自己掉（再长两天）不好吗？"

　　我的确分不清，兄弟俩谁的出牙速度更让我担忧。是那个慢的，还是那个快的？

　　是啊，每个家庭的问题都不同。但把所有家长的困惑写下来，又会引起许多共鸣："哦，你家孩子也是这样啊！不是我们一家有这样的毛病……那我就放心了。"

每个孩子都不一样。家庭教育的前提是了解孩子的普遍发展规律，观察每一个孩子独一无二的地方——独特的个性气质，最终总结出他们的"identity（身份）"。好莱坞电影《谍影重重》的英文名字就是用了这个词，讲述一个失忆的特工，忘记了自己的姓名和一切，最终重新找回自己的真实身份。

尊重你的孩子，帮助他们认识自己，找到自己。很有可能，你也顺便找到你自己，帮助你更加了解自己（的底线在哪里）。

好的教育首先基于我们对孩子的观察。在希腊德尔斐阿波罗神庙的墙上，刻着这样一句箴言：认识你自己。然而，认识自己是件多么不容易的事啊。"所有的大人都曾经是孩子。可惜，只有很少的一些大人记得这一点。"我把这个现象称为"童年健忘症"。从某种意义上说，成长的过程是个不断失去的过程。

陪伴童年、观察孩子的过程，如卡夫卡所说："垂下眼睛熄了灯，回望这一段人生"，本身就是很美好的一件事情。在孩子小的时候（12岁之前），我会尽力抽出时间照料和陪伴他们。因为，这是儿童一生发育的关键期，许多性格、习惯和特点都在这个时候初露端倪。细心的妈妈如果及时发现孩子的特点，就可以做出相应的回应或调整，帮助孩子更好地成长。

作为家长，我们要尊重和发现孩子的特点：他到底是一个怎样的孩子？他有怎样的兴趣和爱好？他需要什么样有意义的生活？

有的宝宝易照料，有的宝宝难抚养；有的宝宝爱生气，有的宝宝易兴奋；有的宝宝比较专注，有的宝宝容易分心；有的孩子特别活泼，比如女儿心童——人来疯、派对女王……有的孩子特别文静，比如大儿子笑笑，标准宅男一枚。教育笑笑的方法用在心童身上，效果几乎是零；教育心童的那些方法，在笑笑身上又一点都用不上。等我摩拳擦掌，把心童和笑笑的命门都摸清楚了，雨果却从来不犯同样的错误，让我憋了十年暗劲，一拳打在棉花上，差点整出内伤。

鉴于孩子有不同特点，一位温和、随性、佛系的母亲可能是位成功的母亲，也可能是失败的代名词。这也就是"虎妈"之类的专制型家长有人拥护、有人批判的原因。

你的孩子是难抚养型还是易抚养型？是听觉学习者还是视觉学习者？遇到挫折会崩溃还是愈战愈勇？孩子的天赋首先掌握在家长手中，因为只有家长最了解自己的孩子。天下的好家长数不清，好得各有千秋，好得千姿百态。不过，他们都对自己的孩子有着深刻的洞察和理解。

如果父母能够确定孩子的气质特征与学习类型，就可以寻求更加合适的方法对孩子加以培养。爱是人类与生俱来的一种情感，即便是动物也会养育自己的后代。但从教育科学的角度来说，只有"适宜"的爱，才能促进儿童健康、全面地发展。养育子女的科学知识并非是与生俱来的，需要家长主动学习，需要对孩子进行细微观察与深入了解。

我曾经是一名幼儿老师，在幼儿园工作了7年。教过的孩子有的调皮，有的乖巧。但做了妈妈之后才真切感受到，孩子的个性差别是如此之大，做父母真心不容易。

心童上小学的时候，她的聪明只有一小半用在学习上，成绩还算凑合：比上不足比下有余。如果稍微下点力气，她的数学和语文也能考90多分。问题是，大家都是90多分，个别尖子生门门100分。用这个标准来看，心童的成绩不算理想。但如果和她自己投入学习以及家长辅导学习的时间相比，我认为她的学习回报率还挺高的。

第一章　起跑线在哪里?

学期结束时，林博士总担心老师会把我们（其实是我）叫去训话。他担心了很久也没有等到老师通知，颇为意外。事实上，心童的成绩在中上游，应该还不到老师谈话这么严重。

最令老师不满的，是心童的数学口算。数学口算要求一年级学生在5分钟时间内，算出40道100以内的加减法。错5道就不及格，超过5分钟还没做完的也算错。只有注意力高度集中的数学宝宝，才能达到这个要求。

那时，禁止家长批改作业的规定还没有发布。许多数学老师可聪明了，速算作业由家长先批改，在每页作业下面标明孩子做对了几题，用时几分几秒。这样，家长就必须陪着孩子做作业，并且辅导孩子速算。这导致了家庭矛盾激增。

每天，心童把作业拿给我时，速算至少3页纸，每页40题的话，一共就是120道题。这120道两位数加减法改得我头晕眼花。好笑吗? 不好笑，我曾经在朋友开车时把这些口算题报给他们回答，事实上，成年人一边开车，也很难立刻答出来"94-58"等于多少。

现在虽然开始禁止老师命令家长批改作业了，不过，我担心个别老师肯定会想到其他方法折腾家长。我觉得，把中国一年级的口算题拿给美国小学四年级的孩子，他们的正确率也没有我们高。

笑笑四年级时随我去美国，上了6个月的美国小学。在国内，他经常被数学老师留下个别辅导，差不多等同于班里的数学"学渣"。没想到在美国重拾了自信心，成为大家眼里的"数学小王子"。

第一天去美国小学上课，班主任是一位胖胖的黑人女老师，发了一张数学卷子，上面有20道100以内的加减法。诸位，这是上海小学的一年级家庭作业啊。我认为，这种题目明显是对四年级中国小学生的人格和智商双重侮辱。但笑笑毫不介意。

其他美国孩子还在写名字或托腮若有所思的时候，笑笑举手说"做完了"。全班发出了"哇哦——"的惊叹声。笑笑在洋洋得意中回家，向我吹嘘今天的荣耀——吃午饭时，一堆美国小孩用崇拜的眼光看着他，问他为什么数学这么强大？大家纷纷要和他做朋友，数学自信在瞬间膨胀。

简单的数学题经过反复强化训练是可以提高正确率的，这种分数没什么好夸耀的。所以改数学题时，我不看重正确率，着重分析的是孩子的思路。比如，孩子为什么做错？经常出错的地方在哪里？可能导致错误的原因是什么？

经过分析，我发现女儿的性格是决定答题正确率的重要因素。比如3页纸的作业，第一页错得最多，第二页少错一些，第三页却完全正确。三页题目的难度差不多，为什么前面反而错得多？

原来，她着急想做完，一开始心不在焉，所以错得特别多。做着做着，投入解题的专注使她忘记了赶时间，正确率反而提高了。这说明，女儿对数学学习是有兴趣，也有能力的。

只要有兴趣，分数本身根本不重要。所以，看完了作业，我不是指出她错了多少或错在哪里，而是说："心童，你下次不要着急，慢慢做。要有耐心，你一定行的！"现在心童在加拿大读高中，还入选了高中STEM课程项目——这是为对数理化等理科知识有兴趣、学得好的孩子专设的科学特色课程。

教育离不开对孩子性格的分析。心理学提到鉴定性格类型，可以看一个人疲惫时需要怎样恢复能量。一般而言，内向型需要独处，才可以获得新的能量。而外向型需要和朋友们待在一起，在热闹嘈杂的环境中获得新生，淘汰旧伤。所以，有人累了想静静地待一会儿，有人累了要去酒吧、KTV吼一嗓子。

心情不好的时候，心童喜欢让我带她到人群聚集的地方散心。最好是一个疯狂的化装舞会，或者周末狂欢派对……反正人越多越好，她就是传说中的派对女王。

美食和狂欢，可以治愈心童的一切不爽。我猜她长大后还可以"包"治百病。总之，心童越是心情差的时候，越需要有人陪。外向性格的孩子在热闹、新奇或富有刺激性的环境里更容易忘记不快，治愈伤痕。

大儿子笑笑却是典型的内向性格，害羞、敏感。如果他情绪低落，言语的安慰并不能完全缓解他的负面情绪。相反，陌生人的出现、新环境的刺激、周围的嘈杂声音都会给他带来更大困扰，加重他的焦虑。他心情低落时需要一个人独处一会儿。我会说："你到自己的房间待15分钟，感觉好一点再出来吧？"过一阵子，我轻轻走进去，把他轻轻抱在怀里，温柔地问："感觉好点吗？妈妈爱你。"他会点点头，慢慢释然。

至于雨果……他很少心情不好。这是个乐呵呵的孩子，会自我开解，也愿意让步。幼儿园老师说，每次小朋友玩游戏插队到他前面，他都笑眯眯地往后退一步，浑不在意。有一次我出了车祸，轻微擦到了别人的车，对方却耍赖索赔一大笔钱。我好些天一直闷闷不乐，雨果就来安慰我："没事的，妈妈，这已经是昨天的事了，都过去了。别再想了，没事的。"正是"弃我去者，昨日之日不可留"。雨果的豁达态度值得我学习。他是那种暴风雨之后马上会寻找彩虹的孩子，总能在平凡无奇的日子里发现乐趣。

家庭教育需要发现适合孩子的教育与互动方式。有时候，我会听到特别有趣的家教案例，让人感慨、失笑或回味无穷，但却未必适用于所有家庭。

我有个同学，也是位很棒的幼儿园老师，性格热情幽默。有一天，她蹒跚学步的儿子忽然"吧唧"一下，以某种古怪的姿势摔倒了。在婴儿学步期间，这个场景很常见。大部分家长赶紧把孩子扶起来安慰或鼓励几句。

可这个妈妈哈哈大笑，指着儿子笑得前仰后合，连气都快喘不过来了："好好笑，好好玩啊！你、你……你怎么摔得这么搞笑呢！"

她儿子被笑蒙了，呆了几秒钟，也跟着傻呵呵地笑起来。摔跤这事，就被当作一个单调生活中的滑稽插曲，轻易化解了。

我当年听了这个故事，觉得很有意思。大概因为我个性比较内向，看到别人肆意说笑就特别羡慕。后来我有了孩子，就用这个"大笑"策略试验了一番。毕竟学步儿摔跤是全球跨文化的普遍现象，只要学走路，迟早会摔倒。

我发现对自己的三个孩子的摔跤进行"大笑"安抚策略，效果截然不同。

如果心童摔跤了，她会放声大哭。她的性格外向、活泼好动、体力充沛、动作敏捷。从小，她样貌清秀可爱，却有副雷霆般的嗓门儿。比如我们在卧室里看动画片，碟片播放不出来。我喊她爸爸来帮忙，连喊数声没人应答。我说："心童你声音大，你来喊。"三岁的她当仁不让扯开嗓门儿，炸雷一声吼："爸爸——"其音绕梁不绝，乃父已破门而入。

所以，我的大笑根本压不住她的哭声——音量悬殊太大。除非我借助高音喇叭或者麦克风扬声器，否则这时候，无论大人做什么，都不能够打断她执着的哭声。半小时之后，她终于发泄完了。Over！

如果笑笑摔跤了，他会感觉既委屈又紧张。别说哈哈大笑，哪怕微微一笑甚至不小心牵动了嘴角微微上扬，他都感觉受到了一万点嘲笑。对于一个高度敏感的孩子来说，嘲笑他失误的你，简直是罪大恶极，不可饶恕。安抚那颗敏感心灵受到的伤害，远比消除摔跤的疼痛更困难。

所以，千万别笑。经验告诉我，此刻最好无声地扭过头，假装没有看到他摔跤。通常我会转过身，默默凝视着天边的流云，要么欣赏路边广场舞大妈排练的新动作。笑笑则会偷偷地爬起来，揉揉膝盖。Over！

如果雨果摔跤了，我脑海里会飘过那首歌："无所谓，真的无所谓……"对豁达的雨果来说，怎么安抚都可以，不安抚也行。

偶尔，太疼了，他会撇着嘴哭两声，我就哈哈大笑："厉害啊，摔跤摔得好有意思。请问，你的左脚是怎么把右脚绊倒的？左脚真厉害！"他马上破涕而笑："嘻嘻，我的左脚把右脚绊倒了！左脚好厉害啊！"我也可以不理会他，一本正经地看着手机说："哎呀，没时间了，快起来吧。"他就麻溜利索地爬起来。Over！

所以，有的孩子不能逗弄，有的孩子无需安慰，选择何种安抚策略完全取决于孩子本身。

你了解自己孩子的特点吗？在过去的时光里，我一直在反思孩子之间的千差万别。每个孩子是如此的不一样。可大部分父母在迎接新生儿时，不仅没有准备好迎来一个有着独特个性的新人，连如何做父母都是糊里糊涂的。

英国教育家斯宾塞曾说过，有五类知识最有价值，其中包括如何做父母的知识。可惜，没有一个中国学校教人如何做父母。还好，形形色色的家教书代替了父母学校的作用。

身在教育专业，我也读过不少家教书。有趣的是，不少家教书中描述的那些被成功抚养的孩子，本身就属于易抚养儿童类型。他们专注、好奇、善良、认真倾听、按时入睡、偶尔生病……完美得让人羡慕。家长只要尊重孩子的需求，拟定科学的计划，顺水推舟、水到渠成就得了一个成功考上藤校的孩子。那么，如果父母拥有一个高需求的孩子、一个早产的孩子、一个体弱多病的孩子……会写一本怎样的家教书呢？

我很幸运，同时拥有以上这三款孩子。这是命运对我的奖赏。

我也知道，许多父母都会遇到类似的家教问题。从概率学上来说，外向型、内向型和中间型孩子各占三分之一。容易抚养和难抚养的孩子也各占其数。说句公道话，即便是容易抚养的孩子，想要适应当前中国基础教育的要求，在中考和高考中杀出一条血路，也是极其不容易的事情。

家教没有固定的方法，但还是有一些基本原则。所有的原则中，我认为最重要的一条就是：细心观察孩子，用最适宜的方法陪伴孩子健康成长，培养他们的抗挫力，应对不可预测的未来。

有些细节非常关键：你的孩子什么时候会焦虑？什么事会让他们特别反感？什么做法最能安抚他们的负面情绪？他们最适合什么学习方式？这些细节问题影响孩子未来的幸福程度和成就水平。还有些细节问题看似简单：你的孩子适合一天睡几个小时？孩子最爱吃的食物是什么？孩子适合什么兴趣班……这些细节关系到孩子能否健康、和谐地成长。但就我的观察，许多父母回答不好这些问题。

他们甚至没注意孩子昨天晚上刷牙时挤了多少牙膏，刷牙的方式是否正确，时间刷够了没有。有些大人连自己适合什么学习方式也没搞清楚，却把"好好学习、做个学霸"的人生目标强买强卖地转给孩子。有些家长还不知道，如果自己情绪暴躁、亲子关系恶劣、教育孩子孤立无助时又该怎么办——当然是来读读我这样的专业人士写的书啦。

缺少尊重与理解的亲子陪伴会影响家庭关系的质量。心灵的成长需要尊重。错误的家庭教育方式会影响孩子依恋关系和早期信任感的建立，并在青春期后带来许多交往冲突，影响亲子关系和夫妻关系，最终可能导致家庭不和谐，让父母也陷于自我否定的负面情感中。

一位中年父亲在女儿高考失利后绝望地说："我努力了一辈子，结果培养了一个废品。"他错了,但不是错在高考失利那一刻,也不仅仅错在把高考结果作为评判孩子和自己人生成败的标准。他错在很久、很久以前,当他的孩子还是一个小孩子的时候。

孩子不是产品。鲁迅先生说过:"小的时候,不把他当人,大了以后,也做不了人。"

富含尊重的亲子陪伴就像灵魂深处的一朵花,在孩子成年之后生根发芽,开出美丽的花朵。在他们成年后遭遇困境时,这朵明媚的花如同灵魂之光,给他们力量——失败时不气馁,挫折时不放弃,伤心时擦干泪水继续前行,使他们百折不挠、越战越勇。这朵花不仅开在孩子心里,也开在每一个父母心里,带给我们勇气,让我们相信人生是美好的。一切困难都会过去,只有真爱永存。

小测验

1. 我有一个什么性格的孩子?

	非常 3	一般 2	很少 1
他 / 她喜欢和陌生人打招呼吗?			
他 / 她喜欢热闹的环境吗?			
他 / 她胃口差吗?			
他 / 她生气时会哭很久吗?			
他 / 她难过时喜欢有人陪伴吗?			
总分			

11—15 分,你的孩子属于偏外向型儿童;5—10 分,你的孩子属于中等性格,介于外向型和内向型之间;低于 5 分,你的孩子属于内向型儿童。

2. 我的孩子易抚养吗？

	是	否
他／她从小爱哭闹吗？		
他／她经常做噩梦吗？		
他／她喜欢听故事吗？		
他／她夜里很少一觉到天亮吗？		

超过 2 个"是"，你的孩子就属于难抚养儿童。

3. 我的父母技能测试

行为表现	非常 3	一般 2	很少 1
我喜欢和孩子待在一起。			
我总能找到他们喜欢的书。			
我知道怎么安抚哭泣的孩子。			
我的孩子喜欢和我聊天。			
我知道孩子的小秘密。			
我会合理安排亲子陪伴和个人生活时间。			
我和孩子在一起超过 30 分钟也不觉得疲惫。			
总分			

15—21 分，你属于高能家长，已经掌握了不少育儿技巧，阅读本书将锦上添花，您可找到更多自己的同伴；8—14 分，你的家长技能正在成长中，有时你疲惫而焦虑，有时又充满熊熊斗志，阅读本书将对您很有帮助；低于 7 分，谢天谢地，你太需要这本书了，记得关注作者的抖音、微博以及所有媒体账号，每天刷一刷，健康好心情。

一切从"零"开始

我们所需要的很多东西都可以等待，但孩子所需要的东西不能等待。

他的骨骼正在发育，他的血液正在生成，他的心灵正在形成。

我们不能对他说明天，他的名字叫作"今天"。

——智利女诗人 米斯特拉尔

有好几年的时间，无论晴天还是阴雨，我都推着雨果的婴儿车，先去小学门口接心童，然后去幼儿园接笑笑。

上海的学校大多坐落在狭长的街巷里，空间格外紧张。接送孩子的家长都在指定地点排队等候，轻易就能把校门外的弄堂堵个水泄不通。在长长的等候队伍里，我显得格外年轻。不是保养得好，是排队的一水儿是爷爷奶奶。许多老人喜欢和我聊天："你没工作啊？你家没老人帮忙啊？……"

我有工作——我是一名大学老师。和许多职场妈妈相比，我有着更加弹性的工作时间，没课时可以在家备课、写作。我选择这份职业，一是因为喜欢儿童教育研究，另一方面也是因为大学教职有更多弹性时间陪伴孩子。

我发现，很多中国父母把小学生"陪读"看作最重要的陪伴，却不重视小学之前的婴幼儿陪伴。不少父母陪孩子都是从入小学才开始，之前的日常陪伴则大多由老人或保姆承担。

例如，我们楼上的小美妹妹拥有"周末父母"。上幼儿园时小美一直由外公外婆照顾和接送，有时干脆住在外婆家里，周末才被父母接回。等到她幼儿园毕业的那个夏天，她爸爸向我们宣布，要辞去工作，摩拳擦掌地开始全职陪读。

楼下的乐乐则一直是由住家阿姨照顾的，每天跟着阿姨逛公园、逛菜场。等他上了小学，他们家正式辞退了阿姨，由父母亲自陪读。双职工父母白天得上班，陪读通常从晚饭时开始。可想而知，这对一家人的消化系统影响多不好！

许多家长常问我：早期教育到底应该从几岁开始？我的答案是——从零开始。这里的"零"指的不是0岁，而是指在妈妈肚子里面那颗圆溜溜、小珍珠般的受精卵。苏联著名心理学家巴甫洛夫有句名言，如果你从"婴儿降生第三天开始教育，你就迟了两天"。其实，是迟了十个月。父母是孩子的第一任老师，从我们开始意识到亲子陪伴的价值时，孩子的教育之路就拉开了序幕。

林博士也是一个小学生陪读粉。他擅长科技论文和数据处理，但不擅长人际交往和口头表达。他一直不知道怎么和小宝宝相处，觉得彼此存在言语障碍。我也太忙，没有时间培训他。

林博士认为，大人的世界孩子不懂，小孩子的世界大人也不懂。于是，他高瞻远瞩地把教育重点放在未来。

女儿还没上幼儿园的时候，他就热衷于研究中考和高考政策。亲朋好友的孩子考大学，他都积极参与填志愿，当作提前操练，十分野心勃勃。他能够报出北大、清华历年的录取分数线，甚至各省的录取人数。等到女儿上小学，积累多年的爱心和激情大幅爆发，引发了他高度的育儿焦虑。

他每天下班后，一边端着饭碗，一边看心童做作业，最后得了很严重的胃炎。大儿子笑笑上小学后，我取消了他陪读的资格，以便休养生息、好好反思。

总之,优质的教育和一辈子的长远发展都始于良好、适宜的亲子陪伴——尤其是0到12岁。在这个阶段,父母是孩子的第一任老师。没有人能够取代父母给予孩子的高质量亲子陪伴。

过去五十年,国际上开展了大量的早期干预研究,其中最有名的研究当数美国的佩里实验。佩里实验对实验组的幼儿进行了长达40年的追踪研究,发现儿童早期投入的年回报率达到了10%,高于其他所有教育阶段的教育投资回报率。在幼儿时期投入的每一美元,到个体40岁时能够获得16美元以上的回报。是不是比你购买的上一只基金回报率高多了?研究同样发现,接受教育干预越早的儿童,长大后学习成绩更好,辍学率、犯罪率更低。

这些研究告诉我们什么呢?对孩子的陪伴越早越好。从孩子出生的头一天——甚至当他们还在母亲肚子里的时候,对家长的考验就已经开始了。

我在幼儿园任教时,就发现缺少父母陪伴的孩子存在更多发展问题。各方面发展比较缓慢滞后的孩子,多数都是由祖辈或者保姆抚养的。有的孩子出生后就被送回老家抚养,和父母完全分离,到了入园甚至入学的年龄才被接回父母身边。这些父母很遗憾地发现,错过了早期的陪伴,孩子很可能在个性和习惯方面已经发生难以逆转的改变。

在大学里,我和学生们也做过多项祖辈隔代抚养的调查研究。由祖辈抚养的幼儿比同龄同伴的能力在几个方面落后:一、大肌肉力量弱,跑、跳等基本大动作发展低于正常值;二、小肌肉能力弱,扣纽扣、拉拉链等精细动作发展水平低;三、平衡能力差,过平衡木的平均时间低于均值;四、自理能力弱,自己穿脱衣服和鞋袜等能力低于平均水平;五、社会交往能力弱,更加胆怯、退缩、缺乏自信或易焦躁。

这不是说祖辈抚养一定不好,而是说父母在儿童成长过程中缺失了应有的作用。当父母意识到问题时,往往已经错过了最佳矫正时间。我一位朋友阿婷，由于工作繁忙，儿子小时候由保姆照看。上了小学后，阿婷放缓工作节奏，抽出更多时间陪伴儿子，才发现孩子作业经常出一些奇怪的错，比如把 1000 看成 10000，p 看作 q。她在老师的推荐下去看儿保医生，医生认为孩子存在视觉统感失调，阿婷赶紧来咨询我。

我告诉她，在特教领域，学者认为"统感失调"本身是个伪概念。每个孩子的感知觉发展都有差异，这些差异形成的原因和结果不能随意归结为统感失调。"统感失调"概念是 1995 年由一位美国治疗师提出的，并没有得到进一步的科学验证，却在中国生根开花被许多医生广泛引用。

阿婷的孩子在专注力和分辨细节等方面需要更多的支持。这些问题，在童年早期可以通过游戏活动轻松地矫正。例如，常见的"找差别""找相似图形"等游戏可以帮助孩子培养专注力和分辨细节的能力。可惜，早期发展问题一旦被错过，随着孩子的发展逐渐成熟，同样的问题矫正起来会事倍功半。

更可惜的是，虽然"亲子陪伴从零开始"的道理我懂，但认识女儿心童时，她已经快 3 岁了。许多家长也因为种种原因，错过了最早的陪伴时机。我非常理解年轻的父母，世界那么大，工作又那么忙。可是，一切都比不上"孩子需要你"这件事更重要，他们真的特别需要你！

亡羊补牢，为时未晚。如果我们已经错过了之前的日子，那么就从"今天"开始吧。就像我对女儿的陪伴，既错过了前面三年的关键期，某种意义上又真是从零开始——她对我完全陌生，我也毫不了解她的喜好。对于一个专业教育者和完美主义妈妈来说，真是太遗憾了。

关于"关键期"，社会上有许多错误认识。有的家长，甚至学者，相信孩子有一堆关键期，一些早教机构还鼓吹家长提前开发各种儿童关键期。所谓"关键期"只是一个相对概念。

但有两个重要的儿童关键期，值得家长重视：第一个就是出生后0—3岁的"依恋关键期"。父母必须尽早把婴儿抱在怀里，并用亲切、温和的态度回应婴儿每一次的需求，用微笑回应婴儿的微笑，用亲吻满足婴儿亲昵的需求。

精神分析流派的咨询师受到弗洛伊德的影响，把许多成年后的心理问题都追溯到婴儿早期的依恋错失和童年阴影。错过了依恋关键期，儿童没法建立最初的、健康的亲子依恋，会出现深深的不安全感，导致情绪不安、暴躁易怒、睡眠问题等。心童就存在这样的问题。她和亲生母亲共同生活的时间很少，内心深处有严重的焦虑不安情绪，每天深夜一两点都会哭闹。半夜做噩梦的情况一直持续到她9岁才逐渐减轻。

第二个关键期是关于语言发展的，我在下文会进一步解释。

日子过得忙碌而辛苦。我每天除了上课就是陪女儿。我们一起玩游戏，讲故事，逛公园；我陪心童洗澡，喂她吃饭，给她擦屁屁……某一天，我发现自己怀孕了。

胎教：真正的起跑线

一个新人来到世界上，这是一个多么奇妙的奥秘啊！

——托尔斯泰

如果我们以为孩子出生后才会逐渐懂事，才会有感觉和感情，那么，出生似乎是人生的正式起点。不过，或许我们都低估了生命的力量。如果把父母背景和家庭出身看作隐形起跑线，每个孩子的人生起点都不同却又无能为力，这是一种多么消极、被动的态度。

我想描绘的是一种积极、乐观的教育态度，强调的是每个父母都可参与、可把握的人生起跑线。

我想说一个我生大儿子笑笑时，隔壁病床一个"三胞胎妈妈"的故事。

这位妈妈 37 岁，已经尝试了十年的试管婴儿工程，屡试屡败。这一次，试管婴儿手术非常成功，应该说，太成功了！三个受精卵全部成活。

这位妈妈身材偏瘦小，医生认为顺利孕育并产下三胞胎的概率很低，为了保证手术的成功率，她必须做减胎手术，从三个成活的受精卵中减去一个。减去哪一个受精卵呢？医生慷慨地说："你来决定。"

太可怕了，人生怎么有这么多的两难选择呢？三胞胎妈妈犹豫了很久。为了两个孩子的生存，要夺走另一个孩子的生命。对一个母亲而言，这是多难的抉择。她泪眼婆娑地说："手心手背都是肉啊。"

最后，三胞胎妈妈决定减去最小的那一个卵，算是弱肉强食吧。

　　但在手术床上，医生对这位妈妈说，这三个受精卵的大小差不多。医生临时决定，就减去位置最靠近宫颈口的那一个受精卵，危险性最小。你看，位置决定了命运啊!

　　医生宣布了消灭靠近门口那颗受精卵的重大决定后，就用一根带针头的细管子伸进子宫，去戳那颗受精卵。说时迟、那时快，只见医生手持钢针，面沉如水，一针刺向这个不该来的生命。

　　三胞胎妈妈用颤抖的声音对病房里的我们描述了那颗受精卵的反应。还不能称"它"为一个孩子，因为它只有八周大，外形不过是一颗葡萄的样子，圆圆的，有些不规则。可是它似乎已经知道了自己的悲剧命运，并强烈渴望着生存。当尖锐的针头试图戳中它时，这颗受精卵竟然左挪右移，一次又一次地从医生的针头下溜走，让执针的中年女医生有些恼火。女医生一边啧啧称奇，一边跟三胞胎妈妈抱怨："你看你看! 它还扭来扭去知道逃呢! "

　　如果它有嘴，它大概会喊疼; 如果它长了腿，肯定会像受惊的小兔子一样躲得远远的; 如果它有手臂，一定会向妈妈张开双手，委屈地说："妈妈抱抱——"当针头终于刺中它的一瞬，妈妈的心也碎了。

　　三胞胎妈妈红着眼睛诉说这个奇特的故事时，眼泪还在眼眶里打转。我仿佛听到了一个小生命的哭泣。我也对自己腹中的孩子产生了新的信心。那时，我怀孕只有 29 周，因为大出血，孩子随时可能早产甚至死亡。

　　早教机构经常在广告里说，别让你的孩子输在起跑线上。可是如果真的有一条漫长人生的起跑线，起跑的表面时间是孩子的出生日期，而暗地里的比试，其实从受精卵着床的那一瞬间就开始了。再往前……父母的童年、青春期和怀孕之前的种种状态当然也会影响卵子和精子的质量，但限于本文篇幅和实践操作性，让我们把胎教看作可查可控的第一道起跑线吧！

真正的人生起跑线，是由坚强、可爱的小生命和父母共同参与的起点。如果在决定怀孕之前，你还没有做好准备，那么，至少在你知悉怀孕那一刻起，胎教——真正的起跑线就开始了。

胎教从身体和心灵两方面对孩子有重要价值。准备怀孕和孕早期胎教其实不难，只要听美好音乐无数，读经典名著数篇，与朋友聊天少许，吃营养丰富之食品，谢绝烟酒网吧……总之，修身养性就可以了。从知道怀孕的那一刻起，我戒茶戒咖啡，戒油炸腌制，不吃任何垃圾食品，连垃圾邮件都不看。

怀孕才第5周的时候，胎儿的神经系统已经开始发育。当时，意外怀孕的我完全没有准备，叶酸还没开始吃，白天要抽空陪伴女儿。半夜女儿每每做噩梦哭闹。我在高校工作，要教课、做科研，还兼了学院的外事秘书和临时翻译。上个月还在学校参加教学比赛，前一天还在承担一个重要的学术会议的主场翻译……我会不会没有照顾好宝宝？

其实，胎教在我国有着悠久的历史，很早就有胎教的经验记载。《列女传》里记载着周文王的母亲怀孕时，眼睛不看丑恶的东西，耳朵不闻邪恶的声音，嘴巴不说无礼的话语。她胎教很成功，"文王生而圣明"，"以一而识百"，成为千古圣君。我觉得，这点我基本做到了。

南北朝的教育家颜之推在《颜氏家训·教子篇》里，也列了"胎教之法"。朱熹在《小学》里把胎教作为首论，说人的教育应从胎内开始："不食邪味""不听淫声"，晚上都要请人来诵读《诗经》之类的高雅文学，孕妇才能生下形容端正、才华过人的孩子。这个从技术上说也不难。

第一章 起跑线在哪里？

所以，每天晚上，我给女儿读故事时顺带给肚子里的宝宝一起启蒙，还轻声给宝宝读一段美好的诗词。平时要多听巴赫的音乐——据说他的音乐最有利于胎儿大脑发育。胎儿早期，主要是感受乐曲的主旋律和韵律、节奏。因此，胎教时期以乐曲为主，选择的音乐类型很重要。巴赫、理查德的钢琴曲以及中国古琴曲都是很适合的胎教音乐。如果妈妈情绪不稳定，中国古典音乐如古筝、古琴、扬琴曲都有空谷幽兰、平心静气的效果。《二泉映月》之类的则会令人心神恍惚，所以泣不成声的二胡曲就算了。

饮食有节、营养全面是胎教的基础。我在妇幼保健院的产科病房住院时，隔壁床的待产妈妈居然半夜三点起来泡方便面吃。有这样不重视健康饮食的孕妇，我大跌眼镜。

秉着专业精神，我循循诱导她：方便面没营养，火腿肠更是含有多种添加剂、防腐剂和味精，对孩子发育非常不好。"你知道吗？孟子的母亲连肉切得不方正都不吃，就是为了胎教……你看孟子发展得多好啊。"

"方便面妈妈"一边听，一边说："没事没事，饿嘛。家里送饭的还没来。"谁会半夜不睡觉给你送饭呢？

她一边和我聊天，一边"哧——"地拧开了一瓶可乐，咕嘟咕嘟喝起来。我哀其不幸，怒其不争，只得暗地里替她的宝宝担心。

亏了这些垃圾食品，"方便面妈妈"在孕期体重增长迅速，养得白白胖胖。但她的足月宝宝体重却不到 5 斤。由此可见，吃得没营养，孩子的生长发育会受到影响。我们后来偶尔保持联系，还知道一些后续情节。例如，她的宝宝被医生诊断为"髋关节脱位"，足足戴了好几个月的支架，把宝宝绑成一只小青蛙的形状。宝宝哭得稀里哗啦的，特别可怜。

髋关节是一个半圆形"球窝"关节，正常髋关节的发育需要股骨头与髋臼间稳定的成长。但孕妇营养不良、饮食不当等各种各样的原因都能影响宝宝的髋关节发育。轻微的髋关节发育不良可以自行缓解，但严重的髋关节脱位会给孩子带来伤害，甚至造成终身残疾。儿保医生首先通过蛙式法检查：婴儿面朝上躺在床上，把宝宝的膝关节弯曲抬起，像青蛙的姿势一样向两侧外展，看他们的大腿是否能够挨床。一膝或两膝挨不到床板，就得去儿科医院进一步检查。

笑笑后来也差点被保健医生诊断为"髋关节脱位"，还好拍了 X 片后发现是个误会。

在肚子里时，他就是个乖巧安静的宝宝。刚开始几个月，怀孕的感觉真不错。我的妊娠反应不强烈，能吃爱睡胃口好，除了每天挠痒痒——后背长了许多痱子般的疙瘩。医生说是胎气——这是中医的独特说法。西医则认为是孕激素改变了身体内分泌和皮肤表层的一些成分，导致瘙痒，简称过敏，涂点止痒药就好。

说到这儿，我也推荐美国亚马逊书店怀孕类书籍排行榜的书，比如《女人写给女人的怀孕私房书》之类的。为什么呢？因为中国许多医生会觉得孕妇的提问很蠢，压根儿没兴趣回答。

比如我兴冲冲地对医生说："这是我第一次做 B 超哦。"B 超医生冷笑一声："知道，肚子这么平当然是第一次。"我想看一眼 B 超屏幕，医生嗤之以鼻说："给你看，你看得懂吗？"当然看不懂啦，只不过父母总觉得见宝宝第一面是很神圣和神奇的事情。于是，接下来的一肚子问题也不敢问了。

西方的怀孕指导书千奇百怪，孕妇的神经质、皮肤过敏、肚子胀气……什么都写。我后背瘙痒这件事，也是后来才知道和怀孕有关。之前，我还以为是搬家导致的过敏呢。

孕妇的情绪原本就容易起伏。小儿子雨果是在美国出生的，那位美国医生给我做 B 超时说："哦，太完美啦，就像你们中国的医生经常说的——他真是个漂亮的宝宝！"我一瞬间热泪盈眶。我向他保证，中国医生很少会说这么煽情的话，可作为一名孕妇，好喜欢听医生这么说啊。我弱弱地问他："你能把刚才的话再说一遍吗？"

中国古代的医生特别强调情绪对胎教的重要性。比如隋代的医生巢元方、唐代医圣孙思邈等，都强调调情志、不动怒；节饮食、适劳逸；慎寒温、戒生冷……《傅青主女科》里还说过"大怒小产"，还是有道理的。

怀笑笑时，胎教的饮食起居方面我做得很尽心，但自己的情绪管理确实不太好。那时，林博士和前妻在心童的探视方式上出现了争议，频繁争吵。心童每次从生母家回来愈发情绪不安，从傍晚到深夜一直哭闹。每天半夜，我刚刚睡着就会被哭闹声惊醒，要抱着女儿安慰许久，她才能抽泣着入睡。可能长期缺乏休息，心时刻提在嗓子眼儿，好像随时要蹦出来。只要家里的手机一响，我就心跳加快，心慌气短。

不久，我的产检医生开始皱眉了。"血压太高……还有，胎盘位置比较低啊。"这话是什么意思？我追问。医生简要地说：很多人在怀孕时一开始胎盘位置都偏低，只有万分之一会变成最糟糕的情况。

结果呢，我不幸是那万分之一。怀孕 6 个月时，我被确诊为最危险的中央性前置胎盘，大量失血，卧床 47 天，在医院 24 小时不间断输液保胎。最终，我们获得了一个全世界最可爱的婴儿，虽然早产，体重仍然达到 5 斤 3 两。他皮肤柔嫩，笑容甜蜜。我获得了妇幼保健院 7 病区的荣誉勋章，成为后来者保胎的榜样和精神支柱。我是一个凯旋的英雄，和千千万万的母亲一样，我的战利品是一个完美的婴儿。

附：胎儿发育和胎教对照表

孕期	胎儿发育情况	胎教内容
第1周	卵子尚在卵巢里，"胎儿"以精子、卵子的形态存在于夫妻双方的身体里。	从开始备孕到刚刚发现怀孕期间，必须补充叶酸，拒绝熬夜，远离烟酒。多吃有清理毒素作用的食物，如海带、豆芽等。期待生出健康宝宝的你，自己必须是个健康宝宝！
第2周	一颗卵子从卵巢出发，等待与精子的结合。	
第3周	精子和卵子结合在一起形成0.2毫米大小的受精卵，重1.505微克。	
第4周	受精卵着床。着床后的受精卵不断地分裂，一部分形成大脑，另一部分则形成神经组织。	
第5周	受精卵发育成苹果籽那么大的胚胎，长约半厘米，外观像个"小海马"。	刚刚知道怀孕的你，别激动得睡不着哦。开始补充孕期维生素吧！
第6周	胚胎和蓝莓一样大，成长迅速。心脏开始划分心室，并进行有规律的跳动，开始供血。肾和心脏的雏形已经发育，神经管开始连接大脑和脊髓。	早睡早起，平衡膳食营养。从现在起，孕妇的情绪应减少波动。平静，深呼吸！
第7周	胚胎长约12毫米，面部器官可分辨，眼睛未长成但非常明显，鼻孔大开，耳朵略凹陷。手、脚及四肢幼芽初成，肌肉纤维和垂体已经发育。此时听不到胎心音，但心脏已经划分成左心房和右心室，每分钟大约跳150下。	远离宠物，防止寄生虫感染；你可以开始阅读优美的文学作品，如诗歌、散文等。

孕期	胎儿发育情况	胎教内容
第8周	胚胎长约有20毫米，器官有明显特征，手指和脚趾间有少量的蹼状物。各种复杂的器官出现雏形，牙和颚开始发育，皮肤很薄，血管清晰可见，开始有轻微的动作。	继续保持良好的情绪和睡眠。（这时，我怀着笑笑经常半夜吵架！）
第9周	一个葡萄那么大的小人儿，拥有五官雏形，可以称为真正意义上的"胎儿"。胚胎期小尾巴在这时候消失了，所有的器官、肌肉、神经都开始工作，并且发育迅速。手臂更长，从手腕开始稍微有些弯曲，双脚开始摆脱蹼状的外表，可以看到脚踝。眼睑开始遮盖住眼睛。	三个月时，孕妇基本脱离宫外孕的危险了，每天要倾听平和优雅的音乐，如古琴乐曲、巴赫钢琴曲。
第10周	胎儿像一个扁豆荚，身长约40毫米，体重约10克。眼皮开始粘合在一起，直到27周以后才能完全睁开。手脚发育完成，手指和脚趾清晰可见，手臂更长，肘部更弯。	在医生指导下用药和摄入营养品，继续补充叶酸。
第11周	胎儿身长约45—63毫米，体重约14克，开始能做吮吸、吞咽和踢腿动作，生殖器发育。胎儿的手指甲和绒毛状的头发等细微之处已经开始发育，维持胎儿生命的器官如肝脏、肾、肠、大脑以及呼吸器官已开始工作。	多晒太阳，保持健康的生活习惯，许多孕期反应（如呕吐）即将过去，最舒适的阶段就要到来了。
第12周	胎儿手指和脚趾分开，初具人形，身长约65毫米，大头约占身体的一半。手指和脚趾已经完全分开，部分骨骼开始变得坚硬，并出现关节雏形。	这周开始记录胎儿日志吧，写下自己的感受，可以减少抑郁风险。

孕期	胎儿发育情况	胎教内容
第13周	胎儿身长约76毫米，体重比上周稍有增加。眼睛在额部更为突出，两眼之间距离开始拉近，肝脏开始制造胆汁，肾脏开始向膀胱分泌尿液。神经元迅速增多，神经突触形成，胎儿的条件反射能力加强，手指开始能与手掌握紧，脚趾与脚底也可以弯曲，眼睑仍然紧紧闭合。	在医生同意的情况下，参加正规的孕妇瑜伽课，尝试调整自己的呼吸和情绪。
第14周	胎儿长出零星头发，身长约76—100毫米，重28克，手指上已出现指纹。	可以买大一号的裤子啦，继续阅读散文，如朱自清、梁实秋。
第15周	胎儿吮吸手指，身长大约有10厘米，重约60—70克。腿现在比胳膊长，可以活动所有的关节和四肢，手变得更加灵活。	搜集一些自己喜欢的轻快、愉悦的歌曲，经常聆听，特别是你不想听老公或领导唠叨时。
第16周	胎儿像一个梨子，身长约12厘米，体重约120—150克，头部明显直立，双眼已经移到了头部前方，仍然紧闭，但是眼球可以转动；眉毛、睫毛正在生长，心率约150次/分。他们还会打哈欠，可惜我们看不见。	推荐朗读小学语文二年级教材！各个版本的课本都可以，里面的内容既朗朗上口，又适合胎教启蒙。
第17周	胎儿身长约13厘米，重约170克。此时胎儿生长迅速，重量和身长都将增加两倍以上。已经生长出的脐带成为一种新玩具，他们经常会用手抓住脐带。	适度控制自己的体重增长，毕竟你即将进入没有腰的阶段，增加步行等简单的锻炼。

孕期	胎儿发育情况	胎教内容
第 18 周	胎儿身长接近 14 厘米，体重约 200 克，骨骼软似橡胶，以后会逐渐变硬，保护神经的物质"髓磷脂"开始慢慢地裹在脊髓上。	继续早睡早起，平衡膳食营养，不要一直看手机！
第 19 周	胎儿约有 15 厘米长，因呼吸胸脯不时起伏，但在嘴里流动的是羊水而不是空气。孕妇能感受到胎儿的运动，此阶段胎儿经常踢腿、屈体、伸腰、滚动、吸吮自己的拇指，平均每小时 3—5 次。他们还可能出现人生第一次微笑。	保持规律的作息，起居有节，减少远行和车旅颠簸。
第 20 周	胎儿生殖器发育基本完成，进入孕中期，宫底每周大约升高 1 厘米。胎儿身长 14—16.5 厘米，体重约 250 克。味觉、嗅觉、听觉、视觉和触觉开始在大脑里的专门区域里发育。	每天阅读亲子故事，听亲子音乐。《365 夜故事》是不错的选择。
第 21 周	胎儿头发生成，体重不断增加，身上覆盖了一层白色的、滑腻的胎脂，它可以保护胎儿的皮肤，以免在羊水的长期浸泡下受到损害。	朗读小学语文三年级教材——如果你读完了二年级的——这也有助于你未来制订孩子的学习计划。
第 22 周	胎儿眉毛和眼睑清晰可辨，手指已长出指甲。胎儿的体重大约有 350 克，身长约 19 厘米。	欣赏古筝曲或轻音乐，顺便思考孩子选择什么乐器？随便想想就好，别太认真，反正他/她不一定听你的。

孕期	胎儿发育情况	胎教内容
第 23 周	胎儿身长约 20 厘米。因皮下脂肪尚未产生，皮肤色红且褶皱较多。嘴唇、眉毛和眼睫毛已清晰可见，视网膜已形成，具备了微弱的视觉。	每晚睡前可以冥想，想象满天星星和大海，以后你想独自一人看大海的机会也不多了。
第 24 周	胎儿体重约 500 克，开始听到外界的声音，如母亲的说话、心跳——这就是要开始胎教音乐启蒙的原因。	父母每天和胎儿对话、交流或哼唱，据说孩子能够听见我们说话。
第 25 周	味蕾正在形成，胎儿体重稳定增加，全身覆盖着一层细细的绒毛，身体比例较为匀称，胎儿开始充满整个子宫。	听听儿歌《春天在哪里》、*Jingle Bells* 等，或民歌如《半个月亮爬上来》。
第 26 周	胎儿的体重在 800 克左右，坐高约为 22 厘米。皮下脂肪开始出现，体形较瘦。胎儿的大脑对触摸已经有了反应，眼睛已能够睁开了，视觉神经的功能已经发生作用。	朗读小学语文四年级教材或者喜欢的唐诗宋词。是不是感觉自己都可以做小学老师了？
第 27 周	胎儿听觉神经系统发育完全，胎儿体重约 900 克，身长约 38 厘米，坐高约 25 厘米。胎儿的听觉神经系统已发育完全，对外界声音刺激的反应更加明显。	增加一些英文的儿歌，尤其是英文摇篮曲很适合睡前听。你的英语一定会越来越好，放心吧！

孕期	胎儿发育情况	胎教内容
第28周	肺部可以呼吸，胎儿体重已有1100—1300克，坐高约26厘米，几乎占满整个子宫空间。胎儿的眼睛能够开合，形成了自己的睡眠周期，经常会把自己的大拇指或其他手指放到嘴里去吮吸。	在有经验的医师指导下练习腹式呼吸、短促呼吸等呼吸法。许多妇幼保健院开设类似课程。
第29周	胎儿骨骼发育成熟，胎儿体重约1200—1400克，身长约38—43厘米，顶臀长约26—27厘米，肺部继续成熟，皮下脂肪也初步形成，指甲很清晰。	保证充足的日晒和低强度运动。
第30周	胎儿体重约1500克，头至脚长约44厘米。胎儿的性器官发育成熟，大脑和神经系统已发育到了一定程度，骨骼、肌肉和肺部发育日趋成熟。	可以适度抚触腹部，和胎儿交流，前提是动作轻柔，不要引发明显宫缩。
第31周	胎儿的眼睛时开时闭，能辨别阴暗并能跟踪光源。随着胎儿增大，子宫内的活动空间越来越小，胎动有所减少。	发挥父母特长，比如不擅长讲故事的爸爸可以给宝宝数数，背唐诗！
第32周	胎儿的身体和四肢继续长大，现在的体重为2000克左右，皮下脂肪丰富，皱纹减少，看上去更像婴儿了。	每晚散步时和宝宝聊天，谈天说地，保持平和心态。
第33周	胎儿皮肤变成粉红色，体重约2000克，身长约48厘米。呼吸系统、消化系统发育已近成熟。	适度控制体重，少吃高热量的食物，餐后适度运动，如散步。

孕期	胎儿发育情况	胎教内容
第 34 周	大部分宝宝头向下，体重约 2300 克，坐高约为 30 厘米。如果胎儿臀部向下或是有其他姿势的胎位不正，医生会采取措施进行纠正。	早餐吃饱吃好，晚餐以高蛋白、高纤维食物为主，防止便秘。
第 35 周	胎儿消化系统和肺部发育成熟，体重约 2500 克，身长约 50 厘米。胎儿体态较胖，皮下脂肪发育较好，出生后起到调节体温的作用。此后出生的婴儿存活的可能性为 99%。除了中枢神经系统尚未完全发育成熟，肺部发育已基本完成。	准备好备孕包，包括新生儿尿片、奶瓶、吸奶器、出院的衣服、小包被等。
第 36 周	宝宝即将入盆，胎儿体重约 2700 克，身长约 45—50 厘米。覆盖宝宝全身的绒毛和在羊水中保护宝宝皮肤的胎脂开始脱落。宝宝会吞咽这些脱落的物质和其他分泌物，这种黑色的混合物叫作胎粪，它将成为宝宝出生后的第一团粪便。	深呼吸，现在开始一切皆有可能。
第 37 周	宝宝已经足月，身长约 51 厘米。体重应当超过 2500 克。	再次深呼吸，欣赏备孕包里的物品。
第 38 周	胎儿全部发育成熟。头在骨盆腔内摇摆，头发较长较多，约有 1—3 厘米长。	听音乐，跟着一起唱，拥抱最后的自由生活。
第 39 周	胎儿继续脂肪的储备，有助于出生后的体温调节。身体各部分器官已发育完成，肺部是最后一个成熟的器官，在出生后几个小时内才能建立起正常的呼吸模式。	还没动静？那就再来一段音乐，好戏马上开始。

孕期	胎儿发育情况	胎教内容
第 40 周	大多数的胎儿都将在这一周诞生，只有 5% 左右的婴儿能准确在预产期生产，提前两周或推迟两周都是正常的。羊水由原来的清澈透明开始变得有些浑浊，呈乳白色。我们就要见面了！	High 起来吧！激动人心的时刻就要来临了！一个全新的世界打开了。从此，你每分每秒都会既怀念过去又憧憬未来。这就是人生。

母乳和科学喂养

谁言寸草心，报得三春晖。

——孟郊《游子吟》

新生宝宝要健康成长，母乳是最好的护身符。我怀第一胎时由于孕期大出血，笑笑早产了近 2 个月。

虽然早产儿护理比较难，但我并不担心。宝宝都来到这个美丽（雾霾）的世界了，还怕抚养困难吗？通过纯母乳喂养，可以把宝宝在胎里损失的时间和营养补回来。纯母乳喂养能够明显提高婴幼儿早期的免疫力，并减低胃肠道感染的概率。但母乳喂养在中国的普及率还是不高。

我在美国访学时，曾住在加州大学洛杉矶分校的学校公寓。我的一楼有一户波兰人，家中有 4 个漂亮得如同洋娃娃一般的孩子，二楼是一户印尼华人的家庭，有 3 个孩子。还有一户是阿根廷人，有极其可爱的女儿阿达丽亚和儿子伊万。2 岁的阿达丽亚非常可爱，经常和我们一起玩耍。

外国人往往对养育孩子有一种驾轻就熟的淡定与自信。相比之下，中国人养孩子就隆重得多。在小区里，一个中国孩子的身边可能有三四个家长陪着——妈妈、爸爸、外公、外婆……围着孩子如同众星捧月一般。外国妈妈则是以一当三，手牵一个，怀抱一个，肚子里可能还揣着一个。

在小区的草地上，外国妈妈经常席地而坐，肩膀上搭一条哺乳巾，小婴儿就在蓝天下安详地吸吮着母乳。喂完奶之后，妈妈就把婴儿的头靠在自己肩膀上，轻轻地拍一会儿后背。等小婴儿打出一个完整的奶嗝儿，他们就被平放在地毯上。

完成喂奶任务的妈妈闲适地和邻居、朋友们聊天，看着大孩子在滑梯上玩耍。小小的婴儿则平静地躺在树荫下，把粉嫩的小脚丫举到头顶上，偶尔送到嘴里。阳光在他们淡金色的圆脑袋上留下摇曳的光影。这些美好、宁静的瞬间始终保留在我记忆里。当我回到国内因为母乳喂养手忙脚乱、疲于奔命时，那些宁静的哺乳时刻好像变成了我的幻觉。

一项调查研究发现，中国地区母亲的早开奶率、6 个月以下儿童纯母乳喂养率、1 岁和 2 岁持续母乳喂养率均低于发展中国家的平均水平，在 47 个国家中分别位列第 34、39、44 和 45 名。而辅食及时添加率、辅食添加种类合格率位列前 10，也就是说辅食添加普遍过早。中国婴幼儿喂养中主要存在开奶不及时、母乳喂养伴随喂水、过早添加辅食、母乳喂养时间短、辅食结构不合理等问题。

在中国，许多医院的产房里都有各大奶粉公司的销售人员派发免费奶粉试吃，最好是让你的宝宝一出生就习惯这种奶粉的口味，成为他们的忠实顾客。广告里反复鼓吹奶粉的产地和添加的营养成分。不过，号称和母乳一样好消化、有营养的生产商，不过都是一厢情愿，糊弄消费者罢了。无论各种配方奶粉多么努力模仿母乳的成分，但牛和羊的奶水经过二次加工，添加什么灵丹妙药也取代不了母乳中天然的活性成分呀。

国内许多地方也没有哺乳室，带着婴儿出门，往往找不到喂奶的合适地方。有时候，一手拎着孩子，一手扶着婴儿车，看着地铁站口仅有的 3 级台阶就是下不去。不知孩子和车，该先扔了哪一个。

心童母乳喂养时间短，小时候一直是儿童医院的常客。她熟悉儿童医院的布局，知道哪个门口卖小熊维尼的气球，哪个超市有草莓味道的棒棒糖。她经常咳嗽、喉咙疼，医生开了大量抗生素，口服或者输液，但效果并不理想。几乎每年冬天，我们都在医院或去医院的路上折腾。夜里她不断咳嗽，哭闹。

带她去医院就诊时，我也经常看到一些父母带着小婴儿来看病。有的宝宝才几个月大，就腹泻，发烧，送到医院挂水。出于职业习惯，我喜欢在他们排队验血或等候时聊几句，问宝宝吃不吃母乳，吃了多久，几个月开始添加辅食。

生病的婴儿中，大多是非母乳或者混合喂养的（母乳加上奶粉）。如果全母乳喂养，婴儿腹泻比较少见。部分婴儿腹泻有可能是感染了轮状病毒，这是一种通过口服疫苗就可以预防的婴幼儿常见疾病。非母乳喂养的婴儿腹泻概率更高，奶瓶污染、餐具不洁、大人交叉感染或者辅食不容易消化等原因都可能导致婴儿腹泻。

笑笑出生时体重 5 斤 3 两，因为早产被送进了早产儿护理室，放在暖箱里。一周后，他出院时体重下降到 4 斤 6 两，瘦得皮包骨头，还有严重的黄疸。生理性体重减轻是每个新生儿都会遇到的，第一周体重下降属于正常情况。不过，足月（孕期 36 周以上）的宝宝，一般两周以内黄疸能够自行退完；早产宝宝有可能持续四周甚至更久。日晒可以帮助导致黄疸的胆红素氧化分解，尽快排出体外。比较严重的宝宝就得服药。笑笑的黄疸严重程度接近服药的临界点。医生建议多喝母乳、多晒太阳。

为了保证奶水质量，我不吃刺激性的食物，继续忌口、戒茶、戒咖啡。吸吮困难的早产婴儿，只能把母乳用吸奶器吸出来，放在奶瓶里慢慢喂。笑笑没有力气吸奶，即便把母乳放在奶瓶里喂，一顿奶也要花费个把小时。他经常喝不了几口，就累得睡着了，但并没有吃饱。把他摇醒后，他勉力再喝上几口，又昏昏沉沉地睡去。但睡着后不到半小时，他却又饿醒了。

第一章　起跑线在哪里?

那些昏暗的夜灯下,瘦弱的笑笑缓慢地吸吮着奶瓶,而我的眼皮一直在打架。有时我的头突然点了一下,被自己惊醒,才发现小婴儿已经抱着奶瓶睡着了,奶瓶里还剩一大半奶。我手指轻轻叩一下奶瓶,他被惊醒了,下意识地吸吮几口。60毫升的奶,他在半梦半醒中得喝一个多小时。我和阿姨轮换着喂,还是累得够呛。

不过,经过艰难的母乳喂养,笑笑的体重增长非常迅速,医学上称为早产儿的"追赶性生长"。他满月时8斤,随后每个月增加3斤,6个月时已经体重22斤,长成一个肥嘟嘟、肉乎乎的胖宝宝。

这期间,我和先生发生过一次争执。林博士认为笑笑6个月了,还从来没有喝过水,必须给孩子喂水。

事实上,纯母乳喂养的婴儿不需要额外喂水。对6个月以下的纯母乳婴儿来说,母乳中的水分和营养是充足的,医生有时会建议补充一些Ddrops的婴儿复合维生素液。但喂水反而会占用宝宝小小的胃,影响母乳的总摄入量。当然,所有的规则要因人而异。对笑笑来说,他每天要喝1200多毫升的母乳,大小便的次数、颜色都很正常。我认为他不缺水。

林博士还担心,如果孩子小时候只喝奶不喝水,就不知道水的味道,将来可能会不爱喝水。他本人的确很不爱喝水,凡是喝东西,一定要喝甜口的,如奶茶、可乐。难道是因为他小时候没有喝过水吗?

我婆婆说,别扯这瞎话,他小时候当然喝过水,只是长大后变得挑食了,给自己找借口。

渴了要喝水是本能,这和婴儿时期喂不喂水没有太大关系。事实证明,纯母乳喂养长大的孩子,渴了一样会大喊:"我要喝水!"

母乳喂养有两个重要的健康益处。第一,母乳喂养的婴儿抵抗力明显高于非母乳喂养婴儿,宝宝不易生病,即使病了也容易恢复。第二,母乳喂养更加卫生，减少了婴儿胃肠道感染的风险，而肠道是人体最大的免疫器官。

有家长问我：妈妈生病了可以喂奶吗？其实，我国古代就有"母病子病，母安子安"的说法。一般性感冒是不影响喂奶的，但母亲不能随意用药。清代的陈飞霞在《幼幼集成》中说："凡有微疾，不用仓忙，但令乳母，严戒油腻荤酒，能得乳汁清和，一二日间不药自愈"，都是强调母乳喂养得当，就能够收到不药自愈的效果。

笑笑第一次感冒是 5 个月的时候，大概是我的病毒传给了他。那天我下班回来着凉了，开始头疼。我坚持没有吃药，继续母乳喂养。我的感冒快好的时候，笑笑开始流鼻涕、鼻塞，晚上体温升到 39 度。林博士惊恐不安地连夜买来了婴儿用的退烧药，但没有立即给他服用，只先用热水擦身，进行物理降温。

他喝了奶后沉沉地睡着了。夜里我不断给他量体温，每隔两三小时喂一次奶，觉得体温上升就用热水给他擦身体。没有借助退烧药，清晨他烧退了，2 天后就完全恢复了。毫无疑问，来自妈妈的抗体帮助他度过了第一次感冒。

孙思邈的《千金要方》中也非常强调母乳的重要性，指出"乳母者，其血气为乳汁也，五情善恶，悉是血气所生。其乳儿者，皆宜慎于喜怒"。他还要求乳母性情和蔼、态度温祥，说"母有热、母怒、母新吐下、母醉皆不可乳儿"。所以，如果妈妈病得厉害、情绪特别糟糕，或者喝酒时就不要喂奶了。

对于我来说，孩子离开了母腹后与我联系的唯一生理渠道就是母乳喂养。通过喝母乳，妈妈可以直接干预他的生长。比如，笑笑感冒了，他不能吃药，而我可以吃一些提高抵抗力的产品，如维生素 C、牛初乳，通过乳汁传递给他。笑笑有轻微的贫血，补铁的副作用比较大，容易导致便秘或刺激肠胃，就可以由妈妈来补铁，帮助他间接吸收。同样，中医认为如果宝宝上火了，妈妈就需要吃清淡去火的饮食，如喝绿豆汤。

可惜，这种母子联系不是终身的，也不是长久的。因为工作原因，加上笑笑喝奶速度太磨叽，6 个月后我们就断奶了。雨果是足月生的，吃奶速度倍儿快，半岁时体重也超过了 22 斤，是大眼睛高个子的萌娃。不过雨果出牙早，小牙齿特别锋利，咬人特别疼。再加上我工作压力比较大，不断起夜喂奶，白天的工作效率就特别低，母乳也只喂养了 7 个月，还是挺遗憾的。其实，我非常希望母乳喂养的时间更长一些。

都说一孕傻三年，我认为那主要是夜里长期睡眠不好导致的记忆力、判断力下降。妈妈们在这一点上特别伟大，为了孩子的健康，做出了自我牺牲。

有的妈妈因为特殊原因无法母乳喂养，也不必太自责。人生就是这样的取舍，在照顾孩子方面，我们总觉得自己没有尽力。说到孩子小时候的遗憾，我有一位年长的同事居然哭了。她因为工作繁忙，当年疏于对孩子的照管，孩子是奶粉泡大的。在儿保科体检时，医生直言不讳地说："你家孩子养得不好，身高体重都低于正常标准。"她愧疚得眼泪哗哗流。

重要的不是喂养 6 个月、12 个月还是更久，而是在健康喂养的基础上，做出尊重孩子和母亲的选择。如果母亲有乳汁、有条件，至少 6 个月的纯母乳喂养对孩子有着重要的生长意义。

6 个月之后，辅食的科学添加也决定了孩子能否继续健康成长。

婴儿辅食的添加不能太晚，也不宜太早。6 个月龄是绝大多数宝宝的消化系统发育初步成熟，可以开始接受辅食的时间，也是宝宝开始需要辅食来提供更多营养的时期。

不少研究证据表明，添加丰富、适宜的辅食可能降低一岁后过敏的风险。在出生后头几个月里，孩子的消化系统完美地和母乳匹配。所有的奶粉都在试图模仿母乳的结构与成分，虽然很难完全复制。负责消化淀粉类物质的胰腺淀粉酶在新生儿前3个月内都还没有，6个月内都不足。过早添加辅食，宝宝是无法消化的。

此外，新生儿有一种先天性的非条件反射——推舌反射，舌头会把一切进入嘴里的固体食物（或勺子）推出。这是一种重要的自我保护本能，防止外来异物进入喉部导致窒息。这个反射一般也会在出生6个月左右消失。

同样，6个月之后，多数宝宝可以逐渐独立地坐在宝宝餐椅上。这意味着孩子可以用合适的坐姿，在吞咽前更好地处理嘴里的食物，进行简单的咀嚼。

过早和过晚添加辅食都可能增加某些疾病发生的风险。美国儿科学会的一份报告称，6个月前添加辅食的婴儿，患肺炎的概率是6个月后添加辅食的婴儿的4倍。

添加辅食没有太严格的顺序，可以参考文末的"婴儿辅食添加进度表"。总之，逐步地、合理地尝试，找出宝宝能接受的食物，基本按照表格里的辅食添加进度就可以了。丰富的食物才能提供全面的营养，只要保证最初添加的辅食是细腻、健康、安全的。

实验胚胎学和表观遗传学的证据表明，婴儿早期的营养状况可能影响其智力发展、身体发育和免疫系统发展。《医宗金鉴·幼科心法要诀》说"夫乳与食，小儿资以养生者也……乳贵有时，食贵有节，可免积滞之患。若父母过爱，乳食无度，则宿滞不消而疾成矣"。

添加辅食的过程中，宝宝出现过敏状况怎么办？别担心，别家孩子容易过敏的食物，你家孩子未必会过敏。你过敏的食物，你的孩子也未必会过敏。我们不知道宝宝有哪些食物可以吃，哪些不可以。家长可以先试一试，但每次只能从少量、单一食物开始尝试。

一旦发现过敏，可以暂停添加该食物，继续尝试别的食物。根据过敏程度不同，还可以等数月后再次少量尝试之前轻微过敏的食物。如果仍然过敏，则再次停止，更换其他辅食。

千万别因为担心过敏而只给宝宝吃单一的辅食。大自然赐予人类那么多不同种类的食物。你要相信，各种各样的食物是对宝宝有益的。如果因为担心宝宝过敏，而迟迟延后各种辅食的添加，甚至不敢尝试新辅食，只会让宝宝的食物种类被大大地局限，形成挑食的习惯。这样既不能保证营养和儿童正常的生长发育，也对肠道健康发展不利，会影响孩子的营养状况和免疫反应。

营养状况影响宝宝的肠道微生物群和免疫系统的发育。我们体内的微生物群会影响食物的营养吸收，而食物也会影响我们体内的正常菌群的组成。丰富多样的食物可能会使体内菌群更多样、更丰富，有助于建立、维持正常的免疫功能。

合理喂养有助于预防婴幼儿喂养问题和营养性疾病的发生。发展中国家有 1/3 的 5 岁以下儿童由于喂养不良导致生长迟缓。全球每年死亡的 1000 多万 5 岁以下儿童中，有 50% 左右直接或间接与营养不良有关，35% 的儿童疾病与营养不良相关。

有人调查发现，我国婴幼儿喂养问题的发生率超过 1/5。很多家长都有错误的喂养习惯，比如给孩子吃不合适的辅食，辅食不够卫生，或者喂养行为不当，等等。

喂养行为与婴幼儿喂养问题关系密切。例如，固定就餐地点和时间有利于培养有效的进食条件反射，促进消化液分泌，增进消化吸收。你看到过家长端着碗追在婴幼儿身后喂饭吗？你看到过大人让孩子一边看动画片一边喂饭吗？这些可都不是什么好主意。

安静的进餐环境有利于婴幼儿进餐时注意力的集中，激发其对食物和进食的兴趣。如果进餐时有言语性鼓励和情感交流，婴幼儿的喂养就更加健康、有益。

当我看着宝宝吃得摇头晃脑、津津有味时，好希望听到他们说一句：哇——真好吃！是啊，宝宝该到说话的时候了。

婴儿辅食添加进度表

月龄	辅食食材	辅食内容
0—5个月	无	母乳和配方奶可以为宝宝提供足够的营养。
6个月	米粉、香蕉泥、苹果泥、半个蛋黄	以母乳或配方奶为主。第一口辅食建议选择好口碑的婴儿米粉，以及少量尝试一勺蛋黄和奶粉的混合，还有半根香蕉泥。辅食浓度要从比较稀的开始，每天一次并观察孩子反应。没有湿疹、腹泻、吞咽困难或其他消化道问题，就可以继续食用。喂养量以婴儿实际接受度为准，一般从1勺开始。容易过敏的婴儿可以在8个月之后再尝试蛋黄。
7个月	米粉、各种水果泥、一两种蔬菜泥、大半个蛋黄	饮食仍以母乳或配方奶为主，占总能量约80%，每天奶量在700ml以上，每日4—6次。1岁以内不需要添加糖和盐，尝试新食材要用3天时间观察是否过敏。不能同时添加两种新食物。辅食浓度从流质过渡到半流质，再到糊状。注意粗细搭配，循序渐进。喂养次数和量以婴儿实际接受度为准，一般建议辅食2次，第一顿在上午10点左右，第二顿在傍晚。

月龄	辅食食材	辅食内容
8个月	一个蛋黄、各种水果泥、一勺猪肝泥、两三种蔬菜泥	8个月婴幼儿饮食仍以母乳或配方奶为主,占总能量约70%,辅食占30%。8月龄婴儿可以尝试吃完一个蛋黄了。辅食可以增加一点稠度及颗粒度,选择以家庭常用食材。蔬菜泥、水果泥的品种可以逐渐增加。
9个月	各种水果泥、三四种蔬菜泥、米粉、烂面条、二勺猪肝泥	9个月婴儿的饮食,奶占总能量约65%,辅食占35%,每天奶量在700ml以上。辅食注意多样性,尝试新食物依然要用3天时间观察是否过敏。辅食可增加稠度,从稀糊到泥糊状。一般建议辅食2—3次,第一顿在上午10点左右,第二顿下午,第三顿晚餐。
10个月	各种水果泥、各种蔬菜泥、少量鱼肉和适量猪肝泥	奶占总能量约60%,辅食占40%,每天奶量在700ml以上。1岁以下禁食盐、糖、蜂蜜、果仁,也不能吃花生及榛子等,防止过敏。
11个月	半片完整的水果(如苹果)、一两种切碎的蔬菜、少量鱼肉和肉末、粥	奶占总能量约60%,辅食占40%。水果每日20—30g,蔬菜每日25—50g,米粉逐渐加至3—4勺。10—12个月的辅食可以进一步加粗,并带有一定的颗粒,还可尝试小型较硬的块状食物。
12个月	颗粒状的水果、蔬菜,学习咀嚼如切碎的鱼肉、虾、肉末等,少量米饭	奶占总能量约60%,辅食占40%,每天奶量在700ml以上。随着乳牙的萌出,辅食可以带有一定的颗粒,有能力的宝宝还可尝试小型较硬的条状食物,如肉丝。过敏体质的婴幼儿谨慎添加海鲜,不建议1岁左右的宝宝吃海鲜。

0-3岁宝宝身高体重发展表（男/女）

宝宝年龄	男宝宝体重（kg）	男宝宝身高（cm）	女宝宝体重（kg）	女宝宝身高（cm）
出生	2.9—3.8	48.2—52.8	2.7—3.6	47.7—52.0
1月	3.6—5.0	52.1—57.0	3.4—4.5	51.2—55.8
2月	4.3—6.0	55.5—60.7	4.0—5.4	54.4—59.2
3月	5.0—6.9	58.5—63.7	4.7—6.2	57.1—59.5
4月	5.7—7.6	61.0—66.4	5.3—6.9	59.4—64.5
5月	6.3—8.2	63.2—68.6	5.8—7.5	61.5—66.7
6月	6.9—8.8	65.1—70.5	6.3—8.1	63.3—68.6
8月	7.8—9.8	68.3—73.6	7.2—9.1	66.4—71.8
10月	8.6—10.6	71.0—76.3	7.9—9.9	69.0—74.5
12月	9.1—11.3	73.4—78.8	8.5—10.6	71.5—77.1
15月	9.8—12.0	76.6—82.3	9.1—11.3	74.8—80.7
18月	10.3—12.7	79.4—85.4	9.7—12.0	77.9—84.0
21月	10.8—13.3	81.9—88.4	10.2—12.6	80.6—87.0
2岁	11.2—14.0	84.3—91.0	10.6—13.2	83.3—89.8
2.5岁	12.1—15.3	88.9—95.8	11.7—14.7	87.9—94.7
3岁	13.0—16.4	91.1—98.7	12.6—16.1	90.2—98.1

把握语言关键期

言语是人类所使用的最有效果的药方。

——吉卜林《演说》

我去美国调研时，租住在一个华人房东的家里。他家有个18个月大的女儿，小名叫"漂亮"。刚到他们家的时候，小漂亮还不会说话。小姑娘和我熟了，就围着我的桌子转圈。我问她要不要出去玩，她说："哼哼。"她外婆解释说，"哼哼"就表示"好的"。我告诉外婆，应该鼓励小漂亮说话，用"好"来代替"哼哼"。

哦，顺便说一句，我后来才明白小姑娘为什么总说"哼哼"——因为她妈妈最爱给她播放的动画片是《小猪佩奇》。

有许多家长，像小漂亮的外婆一样，只要宝宝手一指、眼神一瞟，甚至哼一声，家长就知道孩子要吃还是要玩，立马积极满足。这种默契固然满足了大人的心理需求，却阻碍了孩子的语言发展。这样的话，宝宝干吗还要费劲自己学说话呢？就哼哼呗。

我的孩子们当时也住在小漂亮家，每天叽叽喳喳和她说个不停。虽然小妹妹不会说话，雨果却一直不停地唠叨："小漂亮，看哥哥这个呀。小漂亮，给哥哥那个呀。"

雨果是个爱交流、爱说话的孩子。外出玩时，哥哥的玩具丢了。我问了几个路人，都说没看见。一只黑底白翎毛的小鸟飞了过来，停在翠绿的枝头。雨果大声对着小鸟喊："小鸟，小鸟，你看到我哥哥的玩具了吗？"逗得路人直发笑。

小漂亮每天跟在大孩子后面跑来跑去，一个多月后的一天，雨果照常碎碎念着："给哥哥这个好不好啊？"小漂亮口齿清晰地回答说："好的。"语言关键阶段通过和大孩子的积极交流，她很快变得伶牙俐齿。

"语言发展关键期"从出生开始，一直贯穿整个童年。语言发展对孩子的人际交往、智力和性格发展都有很大帮助，可以使孩子的心理发展更加健康，社会能力更强。比如奥巴马，良好的演讲水平是他竞选总统获胜的重要因素之一，据说给拜登拉选票时这些演讲技巧一样发挥了重要作用。

有的父母问我，是不是4—12岁是语言关键期，只有这一时期习得的语言才会成为母语，未来可以灵活运用？还有父母问我，小时候学英语好不好？也有家长说，孩子2岁了还不会说话是咋回事？

人类大脑中掌管语言学习的区域叫"布罗卡"区。有研究者认为12岁之后，大部分人的"布罗卡"区会关闭，新学的语言会被存储在大脑的记忆区，运用时就没那么自如灵活了。当产生思维想表达的时候，不是直接从母语区反射出来，而是要绕到记忆区，在记忆区提取，然后再说出来。

不过，大脑的发育有着独特性。当代的脑科学研究发现，童年早期大脑发育速度是最快的。但人脑的结构一直在不断进化中。因此，活到老学到老有它的科学道理。如果儿童错过了语言发展关键期，通过后期的弥补学习，也有学得很好的范例。比如我身边有不少中学才开始学英语的同事，英语水平也特别好。林语堂、胡适都是通过后天努力，掌握并能自由运用多门语言。读丰子恺译的《猎人笔记》时，我也对他翻译的娴熟和语言的优美流畅钦佩不已。

不一定说大人就学不好一门语言。我依然赞同母语发展有关键期，但不是4—12岁，是0岁—12岁。这个时期为什么是语言发展的关键期呢？原因一是小孩子学得更快，能够在 3 年左右达到任意母语口语的娴熟水平。无论他们出生在法国里昂，还是浙江温州，三四岁的孩子基本都可以用母语自如地表达自己。原因二是掌握好母语，幼儿就多了一个与世界沟通、表达自我的重要工具，反过来又能够促进儿童其他领域比如社会性的发展。原因三，语言学习有一个特点——第二语言学习越早，发音的纯正程度越接近于母语。例如，12 岁之前移民到国外的孩子，会很快融入当地社会，发音纯正。而成年移民往往一生都带有或多或少的家乡口音，很难纠正。这个理由其实不是真正的问题，因为一个人只要能够恰当、自然地用语言表达自己的想法，发音纯正的确可以锦上添花，但也不是必不可少的。

许多儿童发展的案例支持了语言关键期的存在。在一个儿童虐待案件里，美国一位叫吉妮的女孩出生 20 个月后，被暴虐的父亲囚禁在小屋中 12 年。这期间，她既听不到声音，也看不到电视。只要她发出任何声音，便遭到父亲的毒打。她由盲人母亲定时喂饭，但很少与她交谈。吉妮直到 13 岁时才被人发现，这时她完全不能说话。语言专家后来对她进行了 7 年的语言训练，但是她仍然不会正确使用时态，说出的句子仍是生涩和语法错误的。还有一些有听力障碍的儿童，在成年后接触发音学习，但口语水平也始终进步缓慢，不如早期接受干预的同伴们。

因此，我特别鼓励家长们尽早地、积极地和宝宝交流，哪怕宝宝还不会说话。心童 3 岁时语言表达就非常好，因为家人都喜欢和她说话。一天我逗她说："你老是不想着妈妈，算了，明天不带草莓酸奶给你吃了。"心童连忙说："我想妈妈的，我只想妈妈一个人。"

我说："那爸爸怎么办呢？"

她立刻揪着自己的右耳朵说："我用这个耳朵想妈妈。"然后摸着左耳说："我用这个耳朵想爸爸。"

我好奇地问："你都是用耳朵想吗？不用心想吗？"

她斩钉截铁地说："不用心，心只有一个啊。要是用心，想了爸爸就想不了妈妈，想妈妈时就想不了爸爸。我用两个耳朵想，可以一起想。"

她还对即兴创作歌曲充满了热爱。每次灵感一来，她就要我们安静。"接下来，我要唱一首小狗的歌。"

然后她开始用沙哑磁性的喉咙说唱："小狗小狗真可爱，飞来飞去很有趣……"

我问："不对啊，小狗怎么飞来飞去？是小鸟吧？"

她不慌不忙地说："我唱的是天狗，有翅膀的狗，就是会飞的。"

在孩子说出第一个字之前，如果家长经常亲密地和孩子交流，孩子会积累大量的语言信息。18—24 个月，孩子会进入词汇的爆发期。这时候宝宝的词汇会突然产生一个质的飞跃，能够出现大量你想象不到的词语。但男孩子的语言发展普遍略迟一些。一般而言，男孩子比女孩子的语言发展水平迟，性别导致的发育差异会持续到童年晚期（有时候可能持续一辈子，像林博士这样），不必着急。

比如笑笑的语言发展就比姐姐略慢一些，他 18 个月时只会说：唧唧（汽车）、公共机（公共汽车）、挖挖（挖土机）、卡卡（卡车）、拌拌（搅拌车）……

如果大孩子和弟弟妹妹有更丰富的沟通，小宝的语言发展有可能更快。雨果的语言发展就很好。一只大狗在路边汪汪汪地大叫，雨果看了一会儿说："大狗在骂人咧——"声音太大就是骂人，这个逻辑很清楚。

以单词的出现为界，宝宝的语言发展过程分为语言准备期和语言发展期。语言准备期从出生就开始，哪怕宝宝不出声、发出无意义的音节，或只是咿呀学语。这一段时间，语言的大量输入是宝宝学说话的前提。这时候，孩子可能发出各种语音，而家长只会对其中一部分产生回应。比如笑笑说："噢啊！"我就说："噢，笑笑饿啦！饿了我们就去吃奶啊！"雨果哭："嗯妈……妈……"我会说："雨果喊妈妈，妈妈在这里呢！"

先天语言机制认为儿童是可能发出不同种族的语音的。比如一次笑笑哼哼唧唧地说："ab-ove。"我高兴地发现笑笑还会说英语呢，他说above！他还会发出法语般的小舌音 r……

宝宝的语言输出是从他们 1 岁左右讲出第一个真正的字开始的——就是家长经常会产生分歧的、到底是先喊了"爸爸"还是"妈妈"的那个时期。中国家长特别重视孩子说出的第一个词，有时还会发个短视频秀一秀。可惜，家长往往不重视之前的语言准备期。没有足够数量的语言输入，孩子是不可能输出语言的。听得越多，才会说得越好、越早啊！

有一个家长咨询我：儿子 2 岁了，为什么还不会说话？我猜他们家主要是老人抚养孩子，老人大约讲方言的，不大说普通话。他惊讶地说："对啊，我岳母是福建人，帮我们带宝宝。我老婆和他们讲话时都说福建话的。但是我和老婆是说普通话啦。"对啊，问题是你和老婆陪宝宝的时间占了多大比例呢？还有，你们是如何和孩子交流的呢？

孩子处在语言关键期的时候，家长应该采取以下陪伴策略。

从胎儿期开始，家长就要多对宝宝说话。出生之后，更要保留和孩子交流、对话的习惯。小婴儿的语言学习特点是学得慢，学习效果不即时显现。从语言输入（听）到输出（说）有一个长达 1—2 年的过程。孩子在听大人说话时会慢慢理解这些词的语意。听得越多，孩子才有厚积薄发的机会，语言表达越好。

如果一个家庭的方言比较丰富，孩子的语言发展略显滞后是正常的。好处就是，他会同时掌握一种以上的方言。但只有大量的输入，才能提高宝宝语言的输出水平。为了让孩子学会组织语言，家长要尽量使用简短但完整的句子，循序渐进地提高孩子的语言水平。

我喜欢在日常生活中观察家长们是如何和小婴儿相处的。许多家长和孩子缺乏互动，或者互动内容不恰当。

比如，许多家长在和宝宝交流时，喜欢模仿孩子的无意义音节。例如，电梯里进来了一对夫妻，抱着婴儿。婴儿欢喜地笑，试图用手去摸电梯，妈妈就握着他的手去摸电梯按钮，嘴里说："嗯哪、哦哦！"她为什么不说"电梯""按钮"？一直到出电梯，也没有听见妈妈和宝宝说一个有意义的词语。

在公园里，我看见一个爷爷陪着宝宝。老人满眼欢喜，一会儿低头亲亲孙子、逗逗他，嘴里模仿着婴儿的声音说："唔嘟嘟，唔嘟嘟……"这些大人，学着小鸟说"啾啾啾啾"，难道以为小鸟就会听得懂吗？

笑笑的第一个阿姨喜欢把笑笑带去楼下公园玩，省得笑笑和姐姐吵架。但阿姨性格特别内向，她总是沉默寡言，只用行动表示对婴儿的关心，严重影响了笑笑语言习得的速度。我下决心辞退了这个自己不爱说话、还不让笑笑和姐姐说话的阿姨。

那时，笑笑学会用手指挥我们的腿。比如他希望出去玩，知道自己开不了门。不会说话的他就用手推我的腿，把我使劲往门口拨拉。

他非常聪明地认识到，大人的行动方向是由腿决定的。所以他既不拉手，也不推大人屁股，就是直接去拨腿，拨了一条腿再拨另外一条，像赶羊一样。

有时他拨我的手，示意我去替他打抱不平。比如玩具被其他小朋友拿走了，他走上前两步，朝人家打量一番，自认不是对手，就退回来，抓住我的手，朝前一推，意思是：妈妈，上！

我往往是摆摆手，然后用言语描述一遍他的意图："笑笑想要哥哥还你汽车吗？妈妈不去要，笑笑自己去拿。你对哥哥说：给我汽车。"

随后，笑笑的语言发展终于突飞猛进，开始说一些长的句子。2岁1个月，笑笑开始创造性地使用语言。我对他说："宝宝一边吃酸奶，一边坐车好吗？"他学会了"一边……一边……"这个句型，吃早饭的时候，他高兴地拿着包子爬到床上，说："一边吃包子，一边看爸爸。"受到我们的表扬，他很得意，继续发挥："一边看爸爸，一边看妈妈。一边看妈妈，一边看姐姐……"过了几天，他不断地拓展这个连接词的造句功能："宝宝一边吃鱼，一边看汽车……"

雨果的思维更加有跳跃性。一天，2岁半的雨果一边骑滑板车，一边说："妈妈，你来摸摸滑板车吧。"我依言摸了一下："嗯，摸过了，硬硬的。"雨果同意："硬硬的，像爸爸一样（爸爸胡子硬啊），像猴哥一样（猴哥硬，石头里蹦出来的），像子豪一样（子豪堂哥长得壮，所以是硬的，有道理）……"

在厨房里，雨果踮着脚尖看我煎鸡蛋，我用勺子试着给鸡蛋翻面。雨果大声喊："鸡蛋，加油！"鸡蛋翻了一面。雨果激动地说："鸡蛋翻跟头啦！鸡蛋你真棒！"他伸出小手，给鸡蛋比出一个胖胖的大拇指来。

当孩子开始说话时，家长要认真倾听，并对不适宜的表达进行规范的示范，但不是纠错，更不能责备。比如2岁的宝宝会错误地使用"你""我"之类的代词，这是语言发展的必经阶段。

我们在超市购物，购物车前面画了两只小汽车的大眼睛。笑笑走了几步回头看看，说："小汽车看你。"我问笑笑："小汽车是看妈妈还是看宝宝的？"他说是看宝宝。"那小汽车是看我还是看你？"他继续说：

"小汽车看你。"

晚上睡觉，他要我看着他入睡，说："妈妈看你。"我说："是'妈妈看我'。"他重复一遍"妈妈看我"。但下次还是说："妈妈看你。"

同样是 2 岁，雨果也开始混淆"你"和"我"，经常要东西时嚷嚷："给你！给你！""抱你！抱你！"其实是"给我""抱我"。他也不清楚谓语和宾语的顺序。比如他很害怕螃蟹，有时说螃蟹怕怕，有时说雨果怕怕。如果问他："到底是螃蟹怕雨果？还是雨果怕螃蟹呢？"他"嗯——"地歪着小脑袋，想了一会儿，还是说："螃蟹怕怕。"

姐姐搭了一个积木给笑笑。我说："你谢谢姐姐了没有？"他摇摇头，赶紧到房间里找姐姐，说："谢谢姐姐。"姐姐说："不用谢。"他回答："没关系。"姐姐扑哧笑了，他也笑了。他跑出来，想了想又跑回去，大声说："姐姐对不起！"还鞠了一个躬。

笑笑能够把"谢谢""不用谢""没关系""对不起"这些词放在一起使用，说明他理解这些词的共同特点都是礼貌用语。虽然场合不完全对，我们一边解释，一边继续鼓励他说得好、有礼貌。

儿童早期的发音也经常不准确，这是发展的正常阶段。有的儿童会发不出个别音节，比如 t、g。但随着年龄的成熟，一般到 7 岁左右发音会变得准确。比如心童有一只宠物小兔，笑笑也特别喜欢，每天要喊若干遍："小裤（兔）子，小裤子！我的小裤裤！"从幼儿园回来，笑笑会说："我在幼儿园有好几个好朋友，一个是螺丝糖，一个是鲤鱼尾，还有一个是……"雨果小时候一直会把"他们"说成"哈们"。

随着语言的发展，幼儿开始变得幽默，喜欢开玩笑。这也是大多数孩子喜欢小丑和马戏的缘故。

有时，我拿出一本绘本说讲个故事吧。笑笑会说："不要，要讲笑话！"我很诧异，就说，你先给妈妈讲个笑话吧？——你看，我经常把自己解决不了的问题抛回给孩子。

于是他咯咯地笑了几声,大声说:"笑话!"然后又笑起来。这就是笑笑的笑话。说完他的笑话,我们才继续阅读。

心童3岁的时候也喜欢讲笑话,她的笑话是:"蝴蝶结!"只要一说这3个字,她就乐不可支,自己笑成一团,饭桌上喷了许多米。

"为什么"是两三岁孩子最后掌握的疑问句,因为涉及因果关系,相对抽象。我问2岁的笑笑:"旋转木马为什么不转了?"他说:"嗯。"我再问他一遍,他再回答:"嗯。"

显然,他不明白这个问题的意思。我重新问一次:"旋转木马为什么不转了呢?因为没有小朋友坐,所以旋转木马就关了,不转了。对吗?"他说对的。我问他明白了吗?他说明白了。第二天,我问同样的问题,他仍然回答:"不知道。"总之关于"为什么"的问题,他要么回答"嗯",要么说"不知道"。

但我不气馁,也不着急,继续自问自答。一天,我们从医院回来的路上,他拿了一张注射单在手里,说要送给阿姨。我问:"为什么要送给阿姨呢?"他回答:"因为阿姨会高兴的。"我再问:"为什么阿姨会高兴呢?"他说因为阿姨笑了,然后模仿了一下阿姨的笑声:"呵呵呵……"我们都笑了。笑是高兴的表现,是结果不是原因。不过,孩子慢慢会明白的。

2岁4个月时,我问笑笑最喜欢哪个小朋友?他说喜欢奇奇。我问为什么最喜欢奇奇,以为他又会说"嗯"或"不知道"。但笑笑这次一本正经地回答:"因为奇奇长得高。"

每天亲子阅读1小时。如果你实在没空,至少保证周末阅读1小时。你会发现,孩子很喜欢这样亲昵的阅读时间。亲子阅读对培养亲子感情,提高孩子的语言发展水平很重要。可惜,适合3岁以下亲子阅读的中国绘本比较少。而国外的许多经典绘本更加适合大孩子，适合小孩子的呢？往往又没有文字，不适合中国家长使用。后来，我干脆自己编写了一套低幼故事书，给儿子女儿。

我写书主要是为给家长一些亲子阅读的引导，还设计了一些互动。因为 3 岁以下的宝宝不喜欢长时间的单向倾听，他们会扭来扭去，表现出注意力不集中的样子。其实，只是讲故事的方式需要调整。比如，小宝宝喜欢一边听，一边交流，也喜欢家长在讲故事的时候，结合家里的情况临场发挥，更喜欢家长用夸张、有趣的表情来演绎故事。

雨果对美食特别有感情，从小就琢磨怎么吃，是个小吃货。看着绘本上的樱桃，他垂涎欲滴："妈妈喂雨果吃一个吧！"我就作势从书上捏了一个果子，放到他嘴边："吃吧！"雨果"啊唔"一口吃下去，还皱眉说："嗯！有种子！"

戏精，你就装吧。

看到书上画着哈密瓜，他高兴地笑了："哈密瓜！宝宝要吃！"我抓了那个半块的哈密瓜，他"啊唔"吃了之后，不满意地指着旁边那个完整的哈密瓜图片说："吃大的，吃大的！"我再在大哈密瓜上空抓了一把送他嘴边，他满意地收下了。他还嫌弃我只给他吃一口，太小气，连忙自己伸手在纸上多拿几次，拇指与食指对捏着送到嘴里，然后发出吧唧吧唧的声音，咂嘴不已。

我问："好吃吗？"他说好吃，甜！

他接着说："再喂雨果吃个鱼吧！"书上只有水果，我就从空气中抓了一把，递给他："吃鱼吧！"他"啊唔"一口，然后一脸痛苦的表情，说："有刺——"我不配合他发挥，只管自行引导读书的节奏。我对着书上的樱桃捏了一下，喂给旁边的松鼠吃："小松鼠，吃吧！哎呀呀——有种子！"

雨果哈哈地笑了。

你真逗！他欣赏地看看我，用满怀期待的眼神暗示我再来一次。我再喂松鼠吃鱼，还模仿小松鼠说："哎呀呀，有骨头！"

他哈哈大笑，笑得几乎岔了气。

儿童语言发展阶段

0—3 个月	用哭表达所有需求，会发出简单、无意识的单音节："啊""哦"。
4—7 个月	连续音节阶段。发音增多，可出现一些重复的、连续的音节，像是咿呀学语，如"爸—爸""打—打"等，这些音为以后正式说出词语和理解词语做了准备。
8—9 个月	语言——动作的条件反射，如说"欢迎"婴儿会拍手，说"再见"婴儿会摆手等，可以按照指示去做一些事情，并开始模仿成人发音。
10—14 个月	可以听懂一些简单的故事，但能说出的词比较少，一般都是单字词。叫"妈妈""爸爸"，会说一个字的音，如"拿""好""坏"等。能听懂伴有手势的吩咐。
15—18 个月	听懂一些指令，并懂得摇头拒绝、点头同意等。
19—24 个月	此时孩子可以用简单的语句清晰表达出需求，或回答大人的问题，还能唱几句儿歌。
25—30 个月	这个时期，孩子差不多能掌握 300 个词汇量，学会用"你""我""他"这类人称代词，可以用简单的复合句描述一个事情。此外，还知道常见日用品的名字，儿歌储备量也增至 8—10 首。
31—36 个月	孩子可以掌握并运用大概 500 个简单词汇，还能说出字数不多的复杂句子，"谢谢""请"等礼貌用语也可以流畅使用。孩子逐渐开始理解故事情节，还会尝试询问"为什么"。

第二章
早教的那些误区

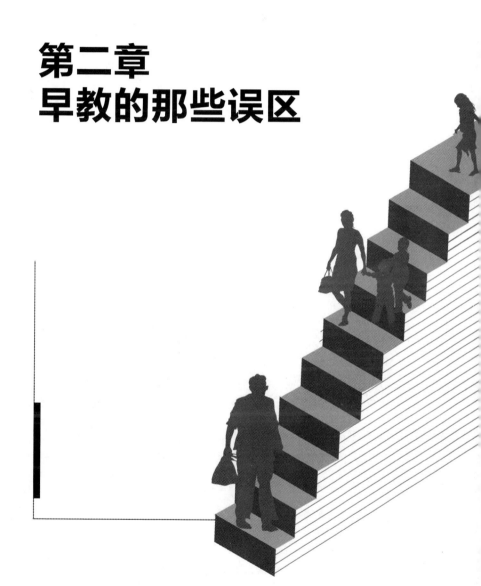

早教课有用吗？

言语问答，教以诚实，勿使欺妄也；

宾客，教以拜揖迎送，勿使退避也。

——万全《育婴家秘》

似乎一夜之间，早教机构席卷了所有的城市。经常有家长咨询我：孩子到底要不要上早教？早教课有没有用？哪一家机构最好？这些都是直击灵魂的问题啊。

早教课有没有用，不可一概而论，得结合孩子的特点和机构的专业性来讨论。理论上来说，好的早教课是非常愉悦的体验，给孩子带来了单纯家庭生活难以获得的经验与发展机会。

不夸张地说，我带着孩子参加过全上海几乎所有的早教体验课。从婴儿游泳到宝宝足球，从音乐特色到运动特色，从国学到双语，从陶泥制作到糕点烘焙……有愉快的体验，但失败和失望的体验更不少。

我相信优质的早期教育对儿童一生的发展发挥重要作用。如果早教课没用，还研究学前教育做什么呢？我所在的高校是全国第一批开展0—3岁早教研究的，许多同事都是杰出的早教专家。不过，有用的早教必须是优质的早教。如果选择了质量低下的早教，往轻了说是大人浪费钱，往重了说，有可能对孩子的身心造成伤害。

中国古代就有提倡早期教育的著作。明代万全的《育婴家秘》说："小儿能言，必教之以正言，如鄙俚之言勿语也；能食，则教之恭敬，如亵慢之习勿作也"，"言语问答，教以诚实，勿使欺妄也；宾客，教以拜揖迎送，勿使退避也；衣服、器用、五谷、六畜之类，遇物则教之，使其知之也；或教以数目，或教以方隅，或教以岁月时日之类"。

中国的孩子格外需要早教和托育服务，因为中国父母的就业率远远高于西方。在美国，许多父母会在孩子幼小时辞去工作，全职照料孩子。但中国父母中全职妈妈的比例远低于美国。因此，中国的早教职责主要是由祖辈负担的。在这种情况下，早教机构可以替代老人涉及他们指导不了的领域，覆盖老人教导不了的课程，成为城市父母的第二助力。

智商主要是先天的，但孕期和出生后的营养与后天教育也会影响大脑的发育。比如0—2岁宝宝处于感知运动期，这个时期，身体的动作发展与智力发展有密切联系。如果鼓励宝宝多爬、多操作各种材料，对孩子的大脑发育有良好的促进作用。再比如宝宝0—3岁时，语言环境很重要。照料者要给宝宝各种语言词汇的刺激，提供一个丰富的语言环境，帮助宝宝掌握语言这个人生最重要的工具。好的早教可以满足宝宝在不同生长发育时期的不同需求。

不过，即便早教机构质量不错，每个孩子的特点也不一样。笑笑讨厌所有的早教课，每次去早教中心就从头哭到尾。这种对陌生人的排斥，笑笑比一般孩子更加强烈。他手紧紧抓着我的衣服，头也不抬。老师一开始很有信心，说新宝宝都会哭的，过一会儿就好了。但他大声哭、拼命哭、一直哭……直到下课。

"下次上课就好了！"老师说。可他下次还哭，一直哭，影响其他所有宝宝，只能抱出教室。就这样折腾了整整两年，最终我放弃了早教，直接送去幼儿园。

早教报名费不给退怎么办？还好有弟弟。

雨果小朋友性格开朗，喜欢所有的早教课。他第一次上早教的状态绝对是可圈可点。记得那一年，我的研究生写早教论文时需要搜集数据，临时借了10个月的雨果冒充1岁宝宝，去某家早教中心上体验课。雨果笑眯眯地在地上爬来爬去，抓到什么都眉开眼笑。开始上课了，1岁宝宝基本可以站起来拍拍手、拉拉手了，只有雨果稳当当地坐在地上，笑眯眯地看着大家。

雨果会走路之后，就正式报名上早教课了。我们结合课程特点和需求（主要是口袋里的钱），选择了一家公立和一家私立的早教机构，每周去1—2次。

第一次正式上课时，他眼睛睁得大大的，在老师面前走来走去，试图吸引老师注意。老师开始发玩具，他赶紧去取一个。旁边的宝宝也伸手想要，雨果就把自己手上的玩具给了别人。他在早教机构交到了人生第一个朋友，还互相留了联系方式。

早教课的一大作用就是给宝宝交朋友的机会，并学习和老师等陌生成年人相处。除了双胞胎家庭，孩子一般很难有机会长期、稳定地接触大量同龄伙伴。例如，今天雨果自由活动时先和好朋友致元一起玩小汽车，然后一起玩钓鱼。每次钓了小鲸鱼或小乌龟，他都会慢慢地、小心翼翼地连着竿拎着过来给老师看，还把手工课做的小乌龟带回家，说跟哥哥一起玩。

一天，快上课了，老师要求小朋友排队进教室。一个新来的2岁小男孩号啕大哭，就是不肯站到队伍里去。他的家长哄不住孩子，急得满头大汗。雨果突然从队伍里跑出来，跑到洗手池旁边，抽了一张餐巾纸，又跑到小男孩身边，轻轻地、温柔地擦他的脸，嘴里安慰说："别哭了，擦擦吧。"

要找到高质量的早教课程，首先要选择正规的、有资质的托育机构。按照要求，所有的学前机构资质证明（如教育局审核批准办学的证明），都是会挂在前台的墙壁上的，家长一眼就能够看到。其次，要看机构里的教师学历资格，是不是有专业的学前教育或早教的专科、本科学历，有没有学前教育教师资格证……最后，直接和宝宝的老师交流，看她们和孩子的沟通是不是温和、回应性的。如果这三点都满足，那么机构的质量还是 OK 的。

市场上常见的早教机构课程大致可以分为以下几类。

促进语言智能的。促进宝宝运用口头语言的能力，即听说能力。根据哈佛大学心理学教师加德纳的多元智能理论，这种智能在作家、演说家、记者、编辑、节目主持人、播音员、律师等职业中非常重要。你会发现，在家时能言善辩的宝宝，到了陌生环境不一定肯开口。这就说明语言发展时期要给宝宝丰富的语言环境和更多的交往机会。

促进逻辑数学智能的。从事与数字有关工作的人特别需要这种有效运用数字和推理的智能。通过适宜的早教课程，幼儿可以学习简单的推理，促进思考，变得喜欢提出问题、执行实验以寻求答案，对科学现象有兴趣。正规的早教机构培养的是科学探究兴趣，而不是"1+1"的答案。

促进空间智能的。这类课程强调宝宝对色彩、线条、形状、形式、空间及它们之间关系的敏感性的感受，让宝宝辨别、记忆、改变物体的空间关系并借此表达思想和情感；表现线条、形状、结构、色彩和空间关系，通过平面图形和立体造型将它们表现出来。形象的空间智能是画家的特长，抽象的空间智能是几何学家的特长。建筑学家则融合了形象和抽象的空间智能。

促进肢体运动智能的。许多早教课聚焦婴幼儿的运动能力，这一点往往是老人抚养的孩子缺乏的。通过早教指导，可以帮助宝宝调节身体大肌肉的跑、跳、平衡、拍球等运动能力，学习控制自己的身体，利用身体语言来表达自己。运动员、舞蹈家、外科医生、手艺人都有这种智能优势。

促进音乐智能的。这种智能主要是指幼儿敏感地感知音调、旋律、节奏和音色等能力，促进宝宝对音乐节奏、音调、音色和旋律的敏感，通过欣赏、律动、演奏和歌唱等形式发展幼儿表达音乐的能力。

促进人际关系智能的。人际能力是指能够有效地理解别人及其关系，及与人交往的能力，包括组织能力、协商能力、分析能力和人际联系，能够对他人表现出关心，对团体合作很重要。许多优质的早教课是在不知不觉中发展宝宝的人际关系能力的。

促进内省智能的。内省指认识到自己的能力，正确把握自己的长处和短处，把握自己的情绪、意向、动机、欲望。这是一种面向未来的核心素养，但许多早教课还没有能够很好地开发相关课程。许多自诩培养小领袖的课程，并没有实现这些目标。因为婴幼儿时期，显著的内省能力还没有显露端倪。所以这类课程往往徒有其表。这种智能多在成人世界中的政治家、哲学家、心理学家、教师等人员那里有出色的表现。

而促进自然探索智能的早教课非常少。在城市里，幼儿不太有机会认识植物、动物和其他自然环境（如云和石头）的能力。自然智能强的人，在打猎、耕作、生物科学上的表现较为突出。自然探索智能包括对于社会的探索和对于自然的探索两个方面。城市早教课一般来说更加侧重语言、社会、艺术以及运动类课程。

很难从装修上识别早教机构的优劣。装修得有档次，可不代表机构质量一定有保证。有一些简单的原则，可以向大家介绍。

原则一，如果这个早教中心向你大力推销知识学习、早期书写等学习型的早教课，我的建议是：千万别去！别去！别去！知识学习和写字等绝对不是婴幼儿早期发展的适宜内容。我随后会提到，什么时候是开始学习文字、书写和书面知识的最佳时期。

　　原则二，如果这个早教中心的环境是全新装修、带有异味的。我的建议是：暂时别去！并且通过摸、闻、问的手段，了解更多信息。许多早教中心为了吸引家长的眼球，经常置换鲜艳的塑胶地毯，定期重新刷彩色墙漆。许多装修材料并不符合婴幼儿环境质量标准，会导致甲醛等有害气体超标。家长可以闻一闻气味的浓度，摸一摸墙角和柜角的锐利程度，还可以问机构索要最新的空气检测报告。

　　原则三，如果这个早教中心的老师向你大力鼓吹不要输在起跑线上，我的建议是：尽量别去！真正理解婴幼儿早期发展的教育者都知道，人生是长跑，早期拼命发力，并不适宜幼儿的身心特点。急功近利的早教机构会把错误的价值观传递给大人和小朋友，对我们并没有好处。我国当前的托育师资水平实在是参差不齐，家长们一定要听取有教师资格证、有专业背景或早教经验丰富的老师的介绍，学会辨别错误信息哦。

　　随着早教课的开展，雨果交了许多好朋友，学会了分享玩具，学会了轮流和等待。专业的早教课也是家长们获得家教知识的重要途径呢。

　　随着各类早教课的经验拓展，宝宝可以学会许多本领，发展许多能力。当然，许多重视教育的家长会觉得，除了早教课，各类兴趣班的选择也很重要啊。

兴趣班怎么选择？

知之者不如好之者，好之者不如乐之者。

——《论语·雍也》

很多家长纠结孩子应当如何选择兴趣班。你放眼看看身边，城市孩子几乎个个都在上各种各样的兴趣班。不过，兴趣越多越好，但兴趣班不是。原因很简单，孩子和我们一样，一天只有 24 个小时。所以，兴趣培养可以用加法，兴趣班选择必须用减法。

选择兴趣班有个"过度负荷"（over scheduling hypothesis）理论，也就是俗话说的"过犹不及"。适度参与兴趣班有助于儿童发展，但参与太多或者强度过大的话，兴趣班的作用将会遵循收益递减的规律，甚至产生负面的影响。我认为，在有限的时间里，选择儿童兴趣班的基本原则是：

运动优先——先运动后静坐；

艺术优先——先艺术后学术；

儿童优先——先儿童后家长。

运动优先

世界卫生组织认为 23% 以上的成年人和 80% 以上的青少年身体活动不足。例如我们夫妻俩都属于电脑一族，活动量极少，健康状况堪忧。中国城市儿童的运动时间也远远低于健康标准。

科学家发现，在生命早期养成身体活动、运动行为和睡眠方面的健康习惯，有助于今后的学习成就和认知发展。我的同事在 2020 年做了一项研究，发现运动类的兴趣班对幼儿的认知水平促进最大。这是因为体育锻炼有许多积极的"副作用"。许多国外学者都曾经指出，体育锻炼有助于加强大脑血液流动、改善大脑神经递质的传递、调节大脑的激活水平，从而刺激儿童的认知发展。体育锻炼往往还要求儿童学习控制自己的身体，有利于自我调节能力的发展，而自我调节能力对儿童一生的学习非常重要。

从幼儿期开始，孩子就应当每天多次以多种方式进行身体活动。对于 1 岁以下的小婴儿，可以通过每天 30 分钟的互动式地板游戏——清醒时的俯卧位游戏（西方俗称"肚皮时间"），也就是在有大人监护的时候，让婴儿趴在地毯上或者床上玩耍。趴卧玩耍对婴儿的脊椎、大肌肉力量发展等都有益处，坚持趴的孩子更早会翻身，更早会坐、会走。

小婴儿每次坐在婴儿车、婴儿餐椅里，或抱在大人手中的时间不应超过 1 小时。中国家长喜欢长时间抱着孩子，哄一哄，晃一晃，这其实对婴幼儿发展不利，束缚了孩子的运动自由。1 岁以上的幼儿至少每天要开展 180 分钟的身体运动，其中至少包括 60 分钟中等以上强度的身体活动，并且保持 10—14 小时的优质睡眠。

适合小宝宝的首选运动当然是游泳，因为他们在妈妈肚子里就是泡在水里的。英国心理学家发现，新生儿在水里还会自动地闭气，当然是短暂的。总之，他们能轻松适应水下的状态。

笑笑出生第一周就在医院里游泳，脐带贴着防水贴，脖子套着游泳圈。他看似对水里的状态很满意，安静地在水里待完规定时间。但 8 个月后，随着他能识别陌生人面孔，就再也不肯下水，每次都会声嘶力竭地从头哭到尾。每回游泳结束时，我身上似乎更加湿，也不知是汗水还是池水。

雨果则超喜欢游泳。最初他和我一起去健身馆游泳。和妈妈一起游泳的好处是宝宝很放松，不会害怕水。但健身馆水温一般低于27度，小婴儿的体温流失很快，泡在水里久了很容易着凉。婴儿游泳池价格贵，但水温一般在34.5度左右，不容易感冒。

笑笑小时候被照顾得太细致，连洗头和洗脸都避免让水流进他眼睛里，结果他非常怕水，只要有水进入眼睛就会大声哭。这个毛病至今没有明显改善。所以在给雨果洗澡时，我会故意用热水从他头上淋下来，让干净的水哗啦啦地流过他的眼睛。

游泳和艺术启蒙可以早早开始，但正规的兴趣班建议在孩子进入中大班之后再开始，而且兴趣班的运动强度不能太大，因为孩子的骨骼和肌肉还没有发育好。最适合中大班幼儿的运动依次为：游泳、乒乓球、足球、跆拳道、空手道、轮滑和舞蹈启蒙。西方许多家长和老师还会为孩子选择体操类的兴趣班。教练会根据孩子的年龄特点制定一些发展平衡、倒立能力的体操动作。

不过，中国的体育教练态度有时容易急躁、脾气比较大。心童和笑笑从小学习乒乓球，教练动不动就呵斥一番。我一直哄笑笑说："教练骂你就是喜欢你呢！"笑笑憨憨地说："那我们教练特别喜欢我，他天天骂我。"

有一次，某小朋友的妈妈带我们去参加了一个日本留学生教的幼儿足球课。日本人的足球水平比中国人怎么样呢？我不太懂（不想说）。但这个足球教练很注重儿童心理学，采用的是适合幼儿的游戏教学法。课前热身就是玩游戏。小朋友们听教练口令，两人一组，中间摆了一只足球。教练喊：摸眼睛！摸鼻子！摸屁股！摸耳朵！摸足球！

大家先是摸自己的身体部位，最后，谁先抢到球就算赢。因为笑笑是新来的，年龄最小，和牛牛一组总是抢不到球，足球教练特意把他和自己放在一组玩，目的是让笑笑赢一回。这一点我很欣赏，这才是理解并尊重孩子身心发展特点的好教练呢。

中国的教育好像总盼着孩子输，以便给他个教训。就算孩子赢了，也会冷眼旁观地说："不要骄傲，你迟早要输。"林博士就经常会这样，看孩子出个糗，带点幸灾乐祸地说："哈哈，我跟你说过不要这样吧！"我忍不住给他一个白眼。不知道这是种怎样的心态！

我还尝试过让孩子参加篮球和羽毛球训练，发现运动强度相对较高，5岁以下幼儿的关节可能承受不了。总的来说，6岁以下的孩子不适宜强度太高的专业集训。如果选择各种球类运动，要以培养兴趣为主，活动内容必须采用游戏的形式。高强度的体育训练必须到小学中高年级之后再开展。

心童动作灵活、反应灵敏，颇有运动天赋。她9岁去学习乒乓球，立刻后来居上，成为区运动队的一号种子选手。从遗传基因上来说，笑笑可能有一点运动天赋，但由于早产，他体能较弱，幼年表现出协调性差、耐力差等弱点。因此，我们家孩子的运动都以鼓励兴趣为主。

艺术优先

同事的研究还发现一个结论：参加艺术类兴趣班的儿童在社交能力方面发展更好。所以，一个小艺术家往往更擅长表达自己的情感需求。也许，因为艺术本来就是儿童表达自我思想和情感的重要媒介。幼儿的思维和情感发展依赖于具体直观的事物，特别是通过动手做来理解概念和探索情感，而艺术活动恰恰提供了这些直观经验。比如，儿童将抽象的情绪情感借助直观的绘画加以表达。所以，如果幼儿参与的艺术活动不仅仅侧重艺术技能培养，还鼓励儿童的自由探索和自我表达，那么艺术活动当然会促进幼儿的社会性水平发展得更好了。

从幼儿园开始,我带着心童尝试了各种艺术辅导班。她参加了舞蹈班——不喜欢,腿压得好痛;钢琴课——不喜欢,练琴好烦;声乐课——不喜欢,对五线谱没兴趣……那你喜欢什么呢?

心童说:"我喜欢玩,还有做手工。"好吧,她就去上手工课了:油泥、陶土、手工编织……

笑笑则非常非常腼腆。他尝试了街舞课、钢琴课等所有的艺术类课程。

遗憾的是,作为一个典型内向性格和重度腼腆儿童,他拒绝一切兴趣班,和小时候拒绝早教课一样。除了和家里人一起玩,笑笑什么兴趣班也不愿意参加。

不过笑笑有一副天籁般的嗓音,最终他同意报名儿童合唱团。我一直鼓励他,夸他音色好听、歌唱得好,他也相信了。

他对合唱倒不太排斥——反正是大家一起唱。但第一次圣诞节合唱表演时,他仍然紧张得脸都抽搐了。

雨果小朋友则对艺术活动充满兴趣,愿意积极尝试所有的艺术课类型。他参加了拉丁舞课、钢琴课、街舞课、体操课、空手道、爵士鼓……各种体验课,我们从中选择了几个性价比高的课程。

有趣的是,当小小孩开始对这些感兴趣后,哥哥姐姐也重新燃起了艺术兴趣。最后,钢琴、街舞和空手道都变成了大小孩一起上。

这也说明了,对孩子的兴趣培养不要着急。有时候,兴趣会变化——从无到有。有时候,兴趣会消逝——从有到无。

我看了郎朗的父亲写自己培养孩子弹琴的书,吓了一身汗。真的,这个父亲很幸运,郎朗小时候非常热爱钢琴演奏,个性又很温和。否则,家长对孩子的过分苛责,如压力下的训斥、失控的情绪反应,都有可能导致亲子关系的破裂,逼迫孩子放弃对钢琴演奏的追求。

许多家长希望孩子能够掌握一种乐器，中考和高考录取时有不少乐器加分项呢。但我觉得艺术首先是给孩子带来另外一种浪漫的幸福可能。想想看，无论未来风吹雨打，孩子打开钢琴的那一刹那，他们可以走进另外一个世界，沉浸在艺术的海洋里，表达自己的喜怒哀乐。

不同的乐器对儿童年龄和先天条件也有限制。例如，吹奏类乐器长笛、小号等都要等孩子换牙之后，七八岁才能开始学，还要肺活量大。而且吹奏类乐器要求孩子必须牙齿整齐，不能有龅牙，嘴唇最好不太厚。笑笑对此很不满意，他的嘴唇比较厚，觉得受到了歧视。我只好反复夸赞他手指修长，是个学钢琴的好料子。而且，话说回来，嘴长在你脸上，你非要学吹笛子的话，当然可以。

世上无难事，只怕有心人。有些舞蹈家的先天条件并不好，腿短头大，但也可以成为一代舞蹈大师。所有的标准都是参考标准，在人类的热情和决心面前不值一提。

学习钢琴、小提琴的孩子最好从大班开始。为了追求专业发展，个别中班和小班幼儿开始学小提琴的，家长会比较辛苦。小孩子学习乐器既费钱又费妈，此中悲喜一言难尽。

学习钢琴和提琴的孩子如果手指长就有优势，尤其是学习小提琴、大提琴和吉他，孩子的小指最好是修长的，超过无名指的第二指节。

儿童爵士鼓可以从中班就开始学习，不过爵士鼓只发展孩子的节奏感，而且练习场地的问题较难解决——需要隔音，否则邻居会投诉你，一定的。此外呢，学习钢琴、柳琴、琵琶都一定要修剪指甲，剪得光秃秃的。如果喜欢留一点指甲，可以试试古琴，至少可以留下右手大拇指的指甲。

荀子曾提出过对知识的鉴别。他说有些知识是无聊的、无趣的，"不知，无害为君子；知之，无损为小人。"就是说，你知道了这样的知识，并不能够因此成为君子，不知道这个知识也不会因此成为小人。而艺术教育对孩子的人生很重要，这是博雅教育的一部分，可以为人生带来不同的色彩，可以让孩子成为谦谦君子。其他一些拼音、数学、识字课程，在入学准备里又有多重要呢？我下文会说到这些问题。许多兴趣班的所谓学术知识，是无聊的、无趣的，又何必让孩子耗费精力和时间呢？

香港纪录片《没有起跑线？》中一位妈妈说道："你以为我想这样（报各种兴趣班）吗？如果其他家长停止，我立刻停止。"报那些学术型兴趣班的家长，都承认自己是受"大环境"影响，似乎没有退路。但许多课外辅导班的科学研究却发现，恰恰是那些学术型的兴趣班，对幼儿的认知水平提高作用最少。总之，如果幼儿园期间，孩子们对艺术类兴趣班没有太大的兴趣，我就更加不会选择其他的学术兴趣班，剥夺他们自由自在的游戏时间。

儿童优先

虽然是个教育工作者，在兴趣班选择时尊重自己的孩子也并不容易。我在给孩子们尝试所有类别的兴趣班时，都会首先询问他们。例如，心童特别爱画画，所以首选美术兴趣班。上完第一节课回家问她："你喜欢美术班吗？"她低头不语。我再问，她严肃地说："不喜欢，太难了！"

我没料到她会这么说，因为她一直说自己最喜欢画画。她继续说："太难了，老师要画蘑菇，还要画衣服。太难了，我不想上。"原来，她希望自己随心所欲地画画，不喜欢听从美术老师的指挥。

我当时有点失落，但提醒自己，至少她还是喜欢涂涂画画的，不喜欢上绘画课也没关系。但当她不喜欢舞蹈、唱歌、弹琴等所有的艺术课时，我真的好失望啊。有朝一日能够在台下欣赏自己孩子的艺术表演，比如民族舞、乐器演奏……妈妈的虚荣心得到多大的满足啊。

但无论如何，孩子的兴趣要优先考虑。如果孩子不喜欢画画，你可以让他们尝试乐器；如果孩子不喜欢游泳，你可以让孩子尝试轮滑、体操。孩子的兴趣千变万化，适度的沟通和尝试后，温柔的坚持还是必要的。否则，孩子有可能在小小挫折面前打退堂鼓。兴趣培养考验的是孩子的热情和大人的坚持。

比如雨果的游泳。前面说过，他从小喜欢水。于是我们花费了大量时间在游泳池里。他4岁的时候，我请了专业教练指导他游泳。没想到，他在一次跳水时呛水了，从此很畏惧游泳。我等了一年，不再提游泳这件事。直到第二年的夏天，我用了很多小故事，告诉他人类和水的关系、学会游泳的重要性等，鼓励他再次尝试。他终于答应再去试一试，可是在去游泳馆的路上，他就害怕得号啕大哭起来。

我也不强迫雨果。回家后，我打了一脸盆的水，带他玩在水面上吹气的游戏。我先教他分辨吸气和呼气的动作。

幼儿最初不知道什么叫憋气，吸气和吹气也会混淆。需要大人反复告诉他，呼气，就是吹蜡烛的动作。游泳时，还要练习用嘴吸气。我说："你可以用嘴吸一大口气，然后在水里吐泡泡。"这个动作让他觉得很有趣。我们还在睡觉之前玩憋气游戏，用秒表看谁憋气时间长。慢慢地，他开始试着去游泳馆的水面上吐泡泡，然后把头放在水里吐泡泡……温柔的坚持终于有了好的结果。

还有一回，我发现自己沾染了兴趣培养中的"功利病"，忘记了兴趣对孩子本身的价值，只想着急功近利。

笑笑从大班起，每周去少年宫学习合唱。合唱团的老师是个第一次来中国的年轻美国小伙子，经验不足，教的合唱曲目都很难。

第一周要学习的歌曲，有一定音乐造诣和英文基础的我居然连一个字都没看懂。这首歌名叫 *The Girl from Ipanema*，歌词是西班牙语！我上网查了一下，原来是首爵士乐，难度颇高，唱的是一个男人对一个路过的女孩一见钟情。

合唱团里都是幼儿园大班的小朋友哎！

我起先想，管他呢，随他去吧。反正老师多教几遍，可能过两个星期就会唱了。可第二周的歌曲又换成了一首德语歌和一首英文摇篮曲。上周的爵士乐还没有学会呢！美国小老师还说下周要考试。这下我有点急了。

晚上，好容易把孩子们哄上床。我打开音乐，让笑笑仔细地听几遍"考试曲目"。拳不离手、曲不离口嘛，多听几遍孩子可能就学会了。谁知这小子非要听第一周的那首爵士乐，还说："妈妈，那个爵士乐我太喜欢听了，真好听。"我一急，脱口而出："那首歌不要考试的，听它干什么？"儿子被我的大声训斥，吓了一跳。

话一出口，我自己就沮丧得不行。

难道，我把孩子送到合唱团，是为了让他考试吗？我的初衷不是希望歌声能够陪伴他一生，并且从中获得乐趣吗？我的梦想不是让他爱上音乐，和我一样，可以沉浸在音乐的美妙旋律中，这样，在未来的某个寂寞冬夜，在音乐中可以暂时忘却所有烦恼，看见光明，感到温暖吗？

而我，为了应付小小考试，已经完全忘记了自己的初心，成为一个功利主义导向的家长。

歌声啊歌声，你到底是用来美化生活，还是用来折磨孩子（家长）的？

童年啊童年，你到底是用来尊重的，还是用来为未来做准备的？

总之，我们选择的兴趣班，真的代表了孩子的兴趣吗？在兴趣班获得的东西，是孩子发展真正需要的吗？兴趣班的学习只是为了未来的竞争，还是也为了孩子一生的快乐和成长？家长能否放慢一些节奏，为儿童在自由玩耍中学习成长的天性保留一丝空间？

在《音乐之声》里，一位理解玛利亚的睿智嬷嬷吟唱着：我们不能"将浮云拴牢，令海浪止息，使月光在掌中停留"。孩子的兴趣像浮云、像海浪、像月光，理解孩子的特点，保护孩子的兴趣，这是对每一个孩子自由天性的尊重。

幼儿园怎么选？

——姬昌《周易·蒙卦第四》

把最小的儿子雨果送进幼儿园的那一天，我不悲反喜，内心充满了雀跃。老母亲对自己说：谢天谢地，终于熬到小宝上幼儿园啦！翻身农奴得解放，咿呀咿得喂——

雨果小朋友欢欢喜喜地走进新教室，找了张椅子坐下来，对我挥挥手说："妈妈再见！"我则满怀感激地离开了幼儿园。终于有人可以替我看孩子了，感谢社会！感谢老师！

我感到安心的主要原因，是我选择了一所了解并且放心的幼儿园，他有热爱孩子的老师照顾，有安全的环境可以游戏。

老师告诉说，我走后雨果哭了一会儿。老师原话是："宝宝有些情绪，但能接受安抚。"老师带他玩喜欢的玩具转移关注点。到了午饭时，雨果开始大展雄风，饭菜汤全部吃（喂）光。我来接他时，他和所有的小朋友一一拥抱，场面十分感人。大家挥手喊："雨果再见！雨果再见！"

雨果则豪迈地挥手说："放心吧朋友，我明天还会来的！再见啦我的朋友们！"

我认为，孩子上幼儿园是每个年轻父母的第一件社会性大事。为了克服孩子和家长的双重恐惧，我们必须慎重地准备入园事宜。首先，最重要的事，是要选择一所适宜的幼儿园。

　　幼儿园怎么选？怀揣这个问题的家长可真不少。一个人如果只念完本科，一辈子至少要上 18 年学。如果念了硕士和博士，至少得在学校待 24 年。因此，选择幼儿园是孩子人生很重要的一步，可谓是正规教育生涯的开端。而我认为，不同幼儿园带给孩子的体验是截然不同的。

　　简单来说，在优质的幼儿园里，孩子就像一颗茁壮生长的种子，你可以感受到语言能力、社交技巧等许多美丽的花瓣在不知不觉中绽放。你时常会为孩子不经意之间蹦出的一个精彩念头而惊喜。而在质量较差的幼儿园里，你和孩子可能很难感受到尊重和被爱，孩子时常处于压抑状态，见了生人依然紧张，不知所措。

　　很多妈妈在怀孕期间就开始物色合适的幼儿园了，公办的还是民办的？双语的还是蒙特梭利？还有瑞吉欧、华德福、IB 课程……话说，这些词到底是什么意思呢？幼儿园到底应该怎么选呢？

　　在上海，政府财政投入多，公办幼儿园的质量挺不错的。因此，家附近的优质公办园是居家首选，性价比高。我们家一直都是选择公办园就读的，否则早就破产了。

　　但一些有特定喜好的家长，或者附近没有合适公办园的家长们，则经常会纠结：选择什么民办园好呢？哪一家更适合自己的宝宝？

　　有次我乘出租车，开车的是位年轻的女司机。她和我聊起她 3 岁的女儿，就读于嘉定区一所双语私立幼儿园。每个月要交 4000 多元学费。为了节约钱，她在疫情期间干脆不去了，打算等到大班再去读一年，好直接上小学。我好奇地问她住在哪个区，她说了地址。我记得那里有一所不错的公办园，问她为什么不选择那所公办园呢？她说："因为邻居和朋友都去了双语园，所以我也就给孩子报名了。"

　　朋友推荐的双语园好在哪里呢？她也说不上来，只觉得既然大家都去，肯定不错吧。由此可见，家长们对幼儿园真的不了解，大多都是人云亦云。

在各类私立幼儿园和国际幼儿园里，有一些看似高大上的名词和术语，我先来言简意赅地解释几个常见的。

蒙特梭利幼儿园，采用蒙氏教学法。这个名字来源于它的创始人，意大利第一位医学女博士、世界著名儿童教育家玛丽亚·蒙特梭利（Maria Montessori）。这是目前世界上影响范围最广的早教理念之一。据不完全统计，全世界至少有2万多所蒙特梭利学校。

其实玛利亚·蒙特梭利最早设计这一教学法，是为了帮助"儿童之家"里一些心智发展缓慢的特殊孩子。后来她将蒙氏方法应用到普通孩子身上，也获得了巨大的成功。在意大利改用欧元之前，意大利的货币"里拉"上面印有蒙特梭利的头像。这也是全世界唯一一个印在通用货币上的学前教育家，还是位女性。

蒙特梭利强调秩序、协作、专心、独立，蒙氏课程里的娃娃总体而言，秩序感比较好，相对比较"乖"。美国蒙特梭利协会给出了4个选择蒙特梭利教育的理由。第一，孩子会成为一个有能力（capable）的人。蒙氏老师会根据学生的发展准备活动，小朋友需要自主选择参与哪些活动，是一个人完成任务还是合作。第二，孩子会成为一个有责任感（accountable）的人，学会如何学习、照顾自己，并不断地修正错误、寻找问题的答案。第三，孩子会成为一个知识丰富（knowledgeable）的人。第四，孩子会成为一个有自我感知能力（sense of self）的人。

蒙氏课程中，孩子们可能会被分成混龄的小组，年龄大的孩子会照顾、指导年龄小的孩子，小孩子也可以从大孩子身上学习更多经验。

问题是，不是所有的牛奶都是有机奶，也不是每个蒙特梭利幼儿园都是真正的蒙特梭利幼儿园。

真正的蒙特梭利教师必须持有正规证书。这些证书的培训和考试费特别贵，需要上万元的投入，以及长达数年的时间才能完成课程的知识学习和实践环节要求。最权威的蒙氏认证机构包括国际蒙特梭利协会（AMI）和美国蒙特梭利学会（AMS）。所以，获得专业认证的蒙特梭利教师在国内并不多。

家长可以亲自到现场去了解一下教师资质，可以问问这里的教师持有的是 AMI 的认证还是 AMS 的证书。如果拿得出正规证书，还是值得信赖的。此外，蒙氏教具比较贵，有的幼儿园因为财力限制，无法购置足够的教具，孩子的操作空间就很少。家长可以带孩子去看看活动室的教具，直观地了解幼儿园投资方的经济实力。

IB 课程全称是"国际文凭幼儿园小学项目（IBPYP）"。IB 课程由总部在瑞士日内瓦的国际教育组织（IBO）于 1968 年开发，最初是为了让世界各地的外交官子女可以接受标准统一的教学，以便他们申请大学。

最开始只有高中的 IB 课程，后来逐渐有了幼儿园小学（PYP）、中学（MYP）、高中（DP）和职业（CP）四套课程体系。其中，针对幼儿园的 IBPYP 是 1997 年建立的，针对 3—12 岁的儿童。

IBPYP 是一套国际化的课程体系，要求学生学习知识（knowledge）、概念（concepts）、技能（skills）、态度（attitudes）、行动（action）等 5 个方面的系统内容。

知识是指对传统学科或者跨学科知识体系的掌握。

概念指通过有规划的研究对学科有较深的理解，这种理解甚至超越学科本身。

技能指学生能够掌握一套在课堂外和生活中也能广泛应用的技能。

态度指学生可以形成一套国际化思维，为个人以及社区的幸福考虑。

行动指学生最终的行为应该是有责任感的、体恤他人的、恰当的。

IB 课程包括六大综合主题：我们是谁，我们处在什么时空，如何表达自己，这个世界如何运转，我们如何组织自己，以及共享地球。

通常在最后一年，学生们需要合作完成一个深入的研究项目，并展示自己如何解决现实生活中的问题。老师会基于 IB 学习者档案来培养和评估小朋友。如果未来要送孩子出国念书的话，IBPYP 更容易和国外的高中、大学学习衔接。

最近几年，还有很多幼儿园号称自己是"**瑞吉欧特色**"。瑞吉欧又是什么呢？它其实是意大利的一个北部小城市的名字——Reggio Emilia。瑞吉欧的幼教体系特别出名，曾经被美国的《新闻周刊》评为世界十大优质教育体系之一，是其中唯一的幼教体系。瑞吉欧的特色是采用生成性的课程，基于项目让幼儿进行积极主动的学习。

我个人很喜欢瑞吉欧课程。在瑞吉欧，好的老师会给孩子创造机会去接触各种不同的学习机会，鼓励他们在不同的项目中自我表达、互相交流。瑞吉欧的创始人马拉古齐说，孩子有"一百种语言"，意思是孩子有很多种自我表达的方式。在瑞吉欧的项目展示中，孩子们可以通过绘画、陶土、音乐、戏剧或者任何形式来展示自己的研究。在表达和展示的过程中，孩子们可以更好地理解自己的研究，并将各种概念关联起来。

不过，瑞吉欧教师也有专门的认证，目前这一认证只能由意大利瑞吉欧地区颁发，通过意大利语培训。嗯——所以国内基本没有正规认证的瑞吉欧教师。所谓的瑞吉欧特色幼儿园，大多代表着一种美好的教育理想。至于能否兑现这一理想主义的承诺，家长只能自己辨别了，比如，先看看师资水平如何，该园的孩子是否自在自主地发展，孩子脸上是否洋溢着自信的微笑……

很多家长也听说过**华德福学校**。第一所华德福学校由奥地利哲学家、教育家、人智学创始人鲁道夫·施泰纳（Rudolf Steiner）创建于 1919 年的德国。从最初的华德福烟厂子弟学校，发展到现在全球约 3000 多所华德福学校。华德福学校从学前班一直开到高中。一旦进入华德福体系，大多孩子就只能继续读下去，很难回归常规教育体系——因为他们的课程几乎无法和一般教育体系衔接。

"人智学"是华德福教育的根基。人智学强调人本主义，通过身体、灵性、智慧的协调发展，惠及他人及社会。华德福学校也有混龄学习，比如 3 岁和 4 岁一个班，5 岁和 6 岁一个班。每个班有一个老师和一个助理老师。

施泰纳认为在 7 岁以前，孩子还不具备正式读写的能力，在孩子的低龄阶段应该鼓励"玩耍"而非学术／学科学习。老师需要激发学生内在对学习的热情，而不是通过考试、排名、奖励等来激励学生学习。

华德福学校通常有以下几个特点：崇尚艺术、推崇自然、优律诗美教学以及完人教育。

华德福学校偏重艺术、自然和想象，孩子们会花大量的时间和大自然相处。小朋友可能会收集树叶，也可能会用树根做个小作品。优律诗美由施泰纳发明，是一种通过在音乐中移动肢体来表达的方式。优律诗美让孩子们学会通过动作来表达音乐和语言，学会理解自己、他人和人与人之间的关系。像电脑、手机等电子产品在华德福是不被鼓励使用的。

不过，在某些地区，华德福学校的举办受到限制，据说较难取得正规许可。而且，华德福的师资水平差异比较大，许多教师没有专业的知识背景，对孩子心理和教育学缺乏系统认识。说白了，再好的教育理念也要靠人来实践。

此外，还有一些小众的幼儿园课程，如**道尔顿制**（Dalton Plan），也称道尔顿计划。1919年，美国教育学家海伦·帕克赫斯特（Helen Parkhurst）创建了12年制的道尔顿学校。道尔顿计划希望在孩子天赋发展和社会要求之中寻找一个平衡。道尔顿学校目前在美国、日本、荷兰等地都有，但在中国数量不多。道尔顿学校的孩子需要学会如何规划自己的时间，发掘自己的能力，并且为自己的学业负责。老师要和学生协作，帮助学生完成目标。

在道尔顿学校，每个学生都属于一个学舍，由学舍老师辅助他们学习，孩子有一定的自由度。学舍相当于一个小的社团/社会。作业是学生和老师之间的一种合约。学生要和老师一起规划每天的课堂内容、要做的长期项目和家庭作业。另外，实验室是孩子和老师一对一或者小组学习的时间，在这个时间里，学生们可以和老师讨论自己的作业项目，提一些新的问题，探索新的感兴趣的主题。

还有一些幼儿园打着"Te Whāriki"或者"多元智能"的旗号。其实Te Whāriki是新西兰的幼儿园国家课程大纲的名称，是针对新西兰儿童提出的幼儿园教育目标。课程着重强调了对新西兰原住民毛利人的多元文化尊重。

多元智能则是哈佛大学的心理学家加德纳提出的人类智能多元理解理论。他认为人的智能包括多种维度，如数理智能、音乐智能、运动智能、言语智能等8种。可加德纳本人从未对幼儿园课程设计发表过任何见解，也没有参与过任何幼儿园的实践。顺便说一下，我在哈佛大学的电梯里偶遇过他，挺帅的一位老人家。加德纳教授彬彬有礼地让我先进电梯，我欢迎他有空来中国。他哈哈一乐，说好的。

总之，多元智能是帮助我们更加全面地评估孩子的一面镜子，可以让成人对儿童更加包容。好孩子的标准也不再是单一的。

总的来说，选择幼儿园的首要关键是教育质量。教师的资质、环境的安全、课程的科学是保障质量的前提。其次是价格适宜，接送方便。我曾经把雨果送到离家较远的一所心仪的幼儿园，但每天接送孩子乘公交车要花费 2 个小时来回。我坚持了 1 年多，最终还是疲惫又遗憾地放弃了。

入园准备 123

一年之计，莫如树谷；

十年之计，莫如树木；

终身之计，莫如树人。

——管仲《管子·修权》

我还记得心童第一天上幼儿园的情形。她之前上过半年的半日托班，但还是哭着进了小班的门。她一哭，我也要哭了。下午，不到老师说的放学时间，我就早早等在幼儿园大门口。幼儿园门口人头攒动，巍巍壮观。那是我头一次以家长的身份站在幼儿园门口。

我突然理解了我做幼儿园老师时发生的一件事。有一年秋天，我带幼儿园小班。班里有个可爱的小男孩伦伦，每天早晨入园时都要哭几分钟。这对新入园的宝宝来说是很常见的现象。哭完之后，他就平静了，很容易安抚，一整天也都很开心。但有的小宝宝大哭时容易引起呕吐，我们俗称"喉咙浅"。心童也是这样的孩子。

伦伦每次哭时，都会把衣服吐得一塌糊涂。初秋的早晨很凉，换衣服有点冷。保育老师想了个办法，每天早晨先把他带到洗手池旁边。伦伦很配合，每次稍微哭几下，然后呕吐一堆早饭在水池里。这样衣服就不会弄脏了，老师再给他擦干净小脸，洗洗手，愉快的一天就开始了。

但没两天，他的奶奶气愤地推门而入，一脸严肃地要和我谈谈。她板着脸，气呼呼地质问："每天早上我在门缝里头都看见了呢！你们把伦伦带厕所里去，在里头干啥？说老实话，你们老师是不是在里头打他呢?！"

我哭笑不得，一再和她解释老师很喜欢伦伦，而且老师绝对不能体罚孩子一星半点儿，否则是犯法的。当时，我真心觉得现在的家长实在太焦虑了，真是疑神疑鬼、草木皆兵。

可当自己的孩子入园时，我心里不断涌现各种不可思议的烦恼和担忧：小朋友会打人吗？会咬人吗？中午孩子能吃饱吗？午睡能睡着吗？热了会自己脱衣服吗？……总之，我可以相信这个世界吗？

一瞬间，我对人世间充满了怀疑。

特别是大儿子笑笑，出生以来从没离开家人半天以上，他会哭吗？他能适应集体生活吗？他可是早产了一个多月的宝宝，老师会不会认为他和其他孩子没什么不同？如果老师真把他看作异类，我又会担心。

反正，他快要上幼儿园的那几个月，我忐忑不安，仿佛世界末日来临。

笑笑性格格外害羞，从来没有上过早教和托班。他的入园准备也是我们家三个孩子中难度最大的，我就用他来举例说明吧。

简单来说，入园准备包括：第一，克服对陌生人的恐惧，熟悉新的环境，交到新朋友；第二，家长和孩子克服分离焦虑，知道分离是暂时的；第三，适应幼儿园日程，如吃饭、午睡时间，培养孩子的自理能力。然后，咱们的孩子就可以高高兴兴上幼儿园啦。

克服对陌生人的恐惧——多去陌生的场所，多和陌生人交流

选择了适宜的幼儿园，接下来要从儿童个体发展的角度，帮助他们适应新环境。第一步要做的就是克服陌生人恐惧。

认生是 7 个月左右小婴儿的本领。这意味着婴儿长大了，能够区分熟悉和陌生的面容。家长们应该为此高兴。不过，作为一名教师母亲，

我认为笑笑的陌生人焦虑特别严重。

笑笑5个月就开始认生。当陌生人靠近他时，他会紧张而严肃地看着对方，一旦对方靠近到令他感觉危险的距离，他就皱皱鼻子，发出小声的抽泣。如果对方还不后退，或者妈妈没有及时安慰，他就会号啕大哭了。

我希望帮助笑笑平稳度过认生阶段，想帮他认识到：这个世界上到处都是陌生人，而我们不必为这一点哭泣。

为了克服陌生人恐惧，我一直积极主动带小婴儿笑笑去人多的地方，比如大型演出、公园音乐会、儿童艺术节开幕式……刚开始很完美，他在一千人的大礼堂里也不哭闹，睁大了圆溜溜的眼睛看演奏和灯光变幻。可半岁后，他出现了强烈的陌生环境排斥，拒绝所有陌生人靠近，拒绝一切早教活动。每次去早教中心他都哭哭啼啼、吵吵闹闹，严重影响其他孩子的活动。

他在早教中心的表现如此之糟糕，以至于我开始自我否定：我是个失败的教育者，连自己的孩子都没法鼓励。但理智又告诉我——得坚持，只能坚持。

我继续努力带他适应陌生环境，先从熟悉的环境，如小区内、公园内开始，然后利用他喜欢车的特点，利用一切机会东奔西走。白天，我们看到一辆公交车停在路边，我就带笑笑上车，开往陌生的下一站。

其次，我主动和陌生人交流。在公交车上，我活像个话痨，和前排的人说话，和后排的人交流。我努力让笑笑看到一个积极沟通的榜样：看！没事的，妈妈一点都不怕陌生人。

整整两年，我的努力开始显现作用——儿子开始愿意待在热闹一点的地方，偶尔也敢主动和陌生人说话。

最后，尝试让孩子短时间和陌生的可靠的大人相处。2岁半时，我开始把他和陌生的大人单独留在一起。例如，我把他留在人少的游乐场里，坐在自己喜欢的小汽车上，然后托熟悉的工作人员看着他。我哄他说："妈妈要去洗手间，一会儿就回来，好不好？"他答应了。我走开，远远地观察他。10分钟后我回来了，他如释重负，赶紧扑到我怀里。我说："妈妈答应回来，就一定会回来的，对不？"他高兴地点点头。

再大一点，我鼓励他去楼下超市买东西。附近超市的收银员都认识他，说这个小孩真能干。现在，他是客人交口称赞的孩子，在饭桌上不卑不亢，和陌生人交流时平静而镇定。他仍然属于害羞的孩子类别，但他和陌生人打交道的表现连那些最开朗的孩子也比不上。他会认真倾听别人的话，平静而准确地回应。

克服分离焦虑

克服分离焦虑分为两步，首先克服孩子的分离焦虑，建立健康的依恋关系。老师会通过家访了解孩子的许多特点，如孩子一般几点午睡，在家时谁带得多，挑食吗。不过，说实在的，这些并不能解决入园的分离焦虑，只是让老师心中有数而已（估计一下有几个崽哭得最厉害）。

入园的焦虑包括孩子的分离焦虑，和大人的焦虑。有些时候，是大人离不开小孩。我的3个孩子都黏我，结婚后，我就没法独自出门。最初是出门时心童一定会说不行，她也要去！后来是笑笑，现在是雨果。有时候，我只能带着孩子一起上班，笑笑在我的办公室玩玩具，等我下课。有时候我要开会，心童就坐在会议室的角落里剪纸。

心童有严重的分离焦虑。我一直努力不懈，但很难彻底改变。她从小和生母分开，周末可以去生母家玩一天。但生母还要照顾小妹妹，无论周末过得多么愉快，当分别的时候到来，她被坚定地送走时，都会撕心裂肺地哭泣。有时候，周末探望出现不可预知的意外，被临时推迟或取消，我们也没有办法。这种强制性的分离让心童幼年一直处于焦虑状态，没有建立安全的依恋关系。她缺乏安全感，半夜经常惊醒、啼哭。所以，幸福的人生一直在被童年治愈，不幸的人生一直在治愈童年，是有道理的。

现在她选择去加拿大念高中，和生母同住，但她又会想念我们。此事古难全啊。每年她回中国过暑假，走的时候又要哭一次鼻子。我用了很长时间消化自己的不放心，既担忧世界和平，又担忧孩子柔弱。真是牵肠挂肚。

笑笑和雨果则在亲子陪伴中建立了安全的依恋。他们相信妈妈，知道妈妈无论去哪里、发生什么事都不会抛下孩子，说过的话一定会兑现。不过笑笑腼腆、害羞，从小就容易紧张。所以，我很早开始重点培养笑笑的安全感和信任感。

首先，大人要说话算数，言出必行。外出时，答应几时回来，就一定按时回来。在超市购物，我推着婴儿车时会故意说："妈妈去货架的那边看一看有没有牙膏，1分钟就回来。可以吗？"他坐在婴儿车上乖乖地点头，说："嗯！"我就把他独自留在婴儿车上，转到货架的另外一边。

我透过货物的缝隙观察他。1岁多的他安静地坐在婴儿车里，偶尔有人从他身边经过，他的神态很镇定。1分钟后，我回到他面前。他露出一个快乐的微笑，脸上仍然是愉快的神情。他坚信妈妈会回来，事实的确如此。这种信赖的建立对孩子很重要。

2岁10个月，我试着把他留在熟悉的小伙伴家玩一会儿。我和笑笑说好，妈妈有点事，马上会回来。第一次，我刚走，他就哭了。邻居赶紧打电话叫我回去。第二次他就不肯回来了，还让我把午饭给他端到邻居家去吃。他高兴地和小朋友一起玩了很久，丝毫没有哭闹。

有时候，孩子需要带一个自己熟悉的玩具、抱被或毯子去陌生的环境，这是可以理解的。不过，含着奶瓶上幼儿园就有点过分了。我看到个别家长给孩子带奶瓶来上幼儿园，随着孩子乳牙长全，过度地吸吮奶嘴对他们并没有好处。

克服分离焦虑的第二步是克服大人的焦虑。有些时候，是大人离不开小孩。我就看到过在孩子第一天上幼儿园时，哭得比孩子还凶的妈妈、奶奶。还看到过爸爸哭呢！

孩子都不哭了，有的家长还在幼儿园的栅栏外头抹眼泪呢！每个秋天，在每个幼儿园的门口，都可以看到徘徊不去的家长，眼巴巴地试图在操场上的若干身影中寻找自家的孩子。真是可怜天下父母心啊！

当家长舍不得孩子入园时，大人的焦虑和担忧也会传递给孩子，让孩子的入园适应期变得更漫长。比如有个家长，孩子2岁时舍不得送去托班，觉得孩子小，容易被欺负，容易不适应……有这样想法的家长，往往会在孩子3岁上幼儿园时，仍然保持着焦虑的心态。而她的孩子，肯定会哭好几天。孩子能非常精确地感受到父母的担忧。所以，家长们也必须积极调整自己的心态啊。

适应幼儿园日程，培养自理能力

离开学一个月时，最好就开始逐渐调整孩子的午饭和入睡时间，达到和幼儿园日程一致。多数幼儿园都要求8点左右入园，11：30左右午餐，12：00—2：30是午睡时间。大部分幼儿园会在上午9：30左右和午睡起床后各提供一次点心。如果能够在8月份把孩子作息时间和幼儿园日程安排接轨，孩子就会更加顺利地适应幼儿园。

笑笑能够顺利适应幼儿园生活，日程接轨起到重要作用。一整个夏天，我都按照幼儿园的作息时间安排他的活动。之前，他和多数宝宝一样下午入睡晚，随心所欲，想睡就睡，有时两三点才上床，一觉睡到太阳落山。为了配合幼儿园作息时间，我最迟中午 12：30 一定要求他躺下来，陪他说说故事，听听歌曲。哪怕折腾到 2 点才睡着，2：30 我也准时把他唤醒。这时，他往往没睡够，会闹情绪，但家长必须坚持。否则入园之后，孩子一个人在新环境里辗转难眠，大人心里不是更难过吗？

此外，要反复提醒孩子，他们在幼儿园里可能遇到哪些新事物，让孩子对此有个心理准备。入园之前的整个周末，我都在有意无意地和他聊天。

星期五。妈妈："笑笑，你大后天就要去幼儿园了，要有好多小朋友和你一起玩了。好开心啊（其实妈妈不开心）！你开心吗？"

笑笑："开心。"

星期六。妈妈："笑笑，你后天就要去幼儿园了，你知道在幼儿园要干什么吗？"

笑笑："不知道啊。"

这还不知道？我都说了一百遍了。没关系，再告诉你一次："去了幼儿园会先玩游戏，玩了游戏老师会给你吃牛奶和饼干，然后再玩游戏。之后老师会给你两个小碗吃饭，一个装饭，一个装菜。吃完了，老师会给你一个小床。看！这个绿色的枕头就是老师送给你的（其实那是妈妈花一百块钱买的）。你高兴吗？"

笑笑："嗯，高兴！（他用脸贴贴小枕头，做出亲昵的样子）我的小枕头！"

妈妈："很多小朋友和你一起睡觉。睡完觉，老师又给你吃好吃的点心。吃完了，妈妈就来接你回家了。好不好？"

笑笑："好！"

星期天，重复以上环节……

到了那个星期一，早上笑笑就大声唱歌："我去上学校，花儿对我笑，小鸟说早早早，长大要为人民立功劳……"林博士说："哟，状态很饱满嘛！"笑笑高兴地说："爸爸，快起床吧，我要上学啦！"

一路上，他高兴地拉着爸爸妈妈的手，哼着小曲，喜气洋洋的。到了教室门口，他忽然看见隔壁班的玩具，想过去玩一玩，我赶紧哄他："你们班也有的。"我问："等下妈妈走了，你会哭吗？"

笑笑干脆地说："不会！"

"如果有小朋友哭，你会哭吗？"笑笑说："不会！我不哭。"我说："如果有小朋友哭，你就劝劝他说，别哭了，妈妈3点半就来接了。"笑笑懂事地点点头说："3点半妈妈就来接了。我叫小朋友别哭了。"

教室的门开了。我们和老师打招呼，笑笑很镇定地走进去，到教室里的一张桌子上，拿了一个玩具在手里摆弄，再也不看我们一眼。我恋恋不舍地看着儿子，那一瞬真的舍不得走。我在幼儿园门口徘徊，如果能找到一条门缝，我也会探头去看，和那位奶奶一样！

下午3：30，我准时去接他。在熙熙攘攘的家长身后，我一眼看到笑笑身子笔挺地端坐在中间的椅子上，表情严肃而认真。他一看到我就从椅子上蹦起来，双脚在地上跳着，一边欢呼一边转圈。老师说笑笑今天没哭，但笑笑自己说，下午起床以后，他旁边的小朋友哭了，他也哭了，因为想妈妈。他性格腼腆，哭也很隐蔽、很小声，难怪老师没发现。我问："明天还想上幼儿园吗？"他大声说："想！"我问他在幼儿园开心不开心，他说开心，然后指指额头上，告诉我："老师还给我一个笑脸（贴纸）。"他小心地把贴纸揭下来，说："妈妈，你把头低下来。"然后把贴纸小心翼翼地贴到我额头上，满意地打量一番，说："嗯，走吧。"

最后，一定要引导孩子养成好的饮食习惯，培养生活自理能力。如果你不完全信赖外部世界，至少可以相信自己的孩子有能力应对这个世界。这样我们是不是也会感觉好很多？

如果成年人意识到自己的饮食习惯不健康，比如重盐、重辣、多肉……我们可以有意识地去调整。例如，从多肉到半荤半素，再到蔬菜为主；或者从重辣到中辣，再到微辣。营养学家认为个体 4 个星期后就能适应新的口味，25 天就可以重塑一个好的饮食结构与习惯。但改变孩子的挑食习惯比成人更加困难，因为大人往往坚持不了 25 天，就向孩子的兴趣妥协了。

我做幼儿园老师时发现，不挑食的、咀嚼能力强的孩子更加容易适应幼儿园生活。记得那时，给小班娃娃喂饭特别麻烦。有的孩子咬不动肉片。在家里，老人会把肉切得细细碎碎喂孩子吃，做得跟婴儿辅食似的。这样的孩子换牙都有麻烦——乳牙因为缺少咀嚼迟迟不落，新牙始终长不出来。我们班有一个聪明伶俐的小女孩慧慧，挑食很严重。别的小朋友都适应幼儿园生活了，她还是不能够习惯幼儿园的饭菜，每到吃饭就眼泪汪汪的。

我还见过各种挑食的小朋友：只吃蛋白的、只吃蛋黄的、蛋白蛋黄都不吃的；我也见过孩子只吃肉、只吃菜，或者对菜和肉都没胃口的……每次老师喂他们，他们眼泪汪汪地吃一口，哭一会儿，最后老师都不知道自己是在做好事还是坏事了。这些不良饮食习惯，老师可以和孩子讲道理，但真正的变化要靠家庭来实施。

心童和笑笑不挑食，我就有点骄傲轻敌。中年母亲工作忙，有点忽略雨果。等小弟弟雨果上了幼儿园之后，老师向我报告，我才发现雨果特别挑食！

是啊，家里烧的菜都是雨果爱吃的。比如他喜欢面条，家里每天都有一餐是吃各种面条。但幼儿园里有更加丰富的膳食搭配，其中许多雨果根本没有尝试过，例如菜粥、杂粮饭。雨果有个特点，没吃过的东西就不肯吃。和 2 岁时分不清你、我相比，现在的雨果语言进步很大。他吹嘘说："我在幼儿园一般都是自己吃饭的。"可惜啊，他是二"班"的。

事实是，碰上他爱吃的东西，他就主动吃。五天里有四天的饭菜他都不爱吃，嘟着小嘴坐在座位上，等老师喂才勉强囫囵吞一口。问他为什么，他说菜里面有个东西很奇怪，圆圆的、小小的、味道怪怪的……老师说那是坚果。我们家很少吃坚果。我批评他挑食，他忧伤地说："妈妈，难道你不爱我了吗？"

为了改变他挑食的毛病，我们开始逐渐拓展家庭菜谱和零食铺子，把各种健康的膳食添加进来。比如爸爸不爱吃的杂粮、妈妈不爱吃的胡萝卜……你看看，孩子的挑食其实是大人生活的缩影。

此外，独立性差的孩子在集体生活中很被动，容易被欺负，也常常会感到紧张、失落。心童从小就很有自主意识，独立性特别强。大人在走廊里自言自语说："嗯，让我想个办法……"心童就会喊着："我来，我来……你要什么呀？我来吧……"一边冲出来帮忙。她的荧光棒断了，我想拿透明胶粘起来。她立刻说："要透明胶？我去拿！"她不知道透明胶在哪里，但她自信地在沙发上掏了一会儿，拈出一张小指甲盖大的贴画给我们："贴吧！"爸爸很配合地把小贴画贴在荧光棒上，当然没有任何实质效果。她仰头看着，说："够不够，还要吗？不够啊？"然后再从墙上撕下一张贴画递过来。

有一次，心童把球滚到沙发最里面去了，急忙跑去拿荧光棒，然后趴在地上用棒去够球，一边嚷嚷："你别着急，让我来啊……"我说不着急的，你来。她就满意地把球拨出来，再一脚踢进去，重复这组动作 N 次。

　　总之，入园前后是儿童自主性与主动性发展的关键期。这个时期，家长要多鼓励孩子，尽量提供动手操作的机会，对儿童自主服务和主动帮助他人的行为予以肯定。心童、笑笑和雨果在家已经明显发挥了类似小管家的作用，大事小事一把抓，事事都要参与，充分体现了"小主人翁"的主动意识。这样，孩子就可以很快适应幼儿园生活啦！

越玩越聪明

只学习不玩耍，聪明孩子也变傻。

All work and no play makes Jack a dull boy.

——英国谚语

一个朋友咨询我："2 岁的儿子最近正在学写字，很不专心，注意力不集中。"他们一家人都很失望，觉得孩子的注意力有问题。

但是，才 2 岁的孩子为什么要学写字呢？他的小手指还远不能胜任写汉字这样的精细操作。通过涂涂画画来培养手指小肌肉的精细动作发展倒是可以的。

不如这么说吧，在整个童年早期，孩子的聪明与其说是学出来的，不如说是玩出来的。英国有句俗语：只学习不玩耍，聪明孩子也变傻。鉴于"玩"的重要作用，美国儿科学甚至建议儿科医生们在孩子出生后的头两年写一份"游戏处方"给家长。

中国家长是不是特别缺乏游戏处方指导？还记得小的时候，踢着一颗石子当足球玩耍，或是用小刀把橡皮细细地切碎做"菜"喂娃娃吃，或是拾一段葱翠的树枝当马骑……那时候我们是如此快乐，简单的快乐。成年后逐渐地淡忘了自己童年的魔力，那时，捡一片树叶放在口袋里就会带来很大的满足。

对于那些失落童心的成人来说，儿童的世界是一个梦幻之乡——"永无岛（Neverland）"。鲁迅曾说："凡一个人，即使到了中年以至暮年，倘一和孩子接近，便会踏进久经忘却了的孩子世界的边疆去，想到月亮怎么会跟着人走，星星究竟是怎么嵌在天空中。但孩子在他的世界里，是好像鱼之在水，游泳自如，忘其所以的，成人却有如人的凫水一样，虽然也觉到水的柔滑和清凉，不过总不免吃力，为难，非上陆不可了。"

孩子越玩越聪明。许多新的研究结果显示，在儿时有机会多跑多动、多发呆、多做白日梦、多在自然环境中随意玩耍的孩子，在青春期另一个大脑发育的关键期中，如果有机会身处良好的教育环境中，反而会呈现出异乎寻常的爆发式学习能力。

2019年4月24日，世界卫生组织（WHO）首次发布了《5岁以下儿童的身体活动、久坐行为和睡眠指南》。根据《指南》，幼儿要想健康成长，必须减少坐下来看屏幕，或被限制在婴儿车和座椅上的时间，应当获得更高质量的睡眠，有更多的时间积极玩耍。

游戏是儿童探索大千世界的桥梁。一天，我把一只空饮料瓶子拿给1岁的笑笑玩。他把瓶口送到嘴边喝，当然什么也喝不到。他失望地"啊"了一声，发现声音在瓶子里变得闷闷的，真有意思。他来了精神，大声地唱起歌来。瓶子于是变成了麦克风。

唱了一会儿，他再把瓶子拿开试试。瓶子外面的声音是洪亮的，和里面闷葫芦的声音不一样。他停下来思考一下，辨别着两者的差别，认为还是闷闷的声音好玩，再把麦克风拿上继续演唱。唱着唱着，他觉得这游戏太好笑了，自己边唱边咯咯地笑起来。

孩子并不在意玩具的价格。对他们而言，玩具没有贵贱之分。年轻的父母往往会被玩具的精美程度打动，结果买回家玩不了几次就成了摆设。

其实小孩子最喜欢的玩具大多是家居和自然用品，经济又实用，还具有低结构的特点，想象的空间更大。一棵仿真蔬菜，无论多么精致逼真，它只能是一棵青菜。而一只空瓶子可以转、敲，可以涂画、插花，可以放进豆子、糯米变成乐器，可以去接雨水……简直可以装下整个世界。

　　有时候，雨果趴在奶粉罐子上，看红色的商标，仔细研究上面古里古怪的文字，然后用一根玩具棒敲敲打打，把奶粉罐当小鼓。包快递用的塑料泡沫尤其受欢迎，心童用手捏、用脚踩……发出嘎吱嘎吱的声音，然后一脚把它们踩爆，引发全家的惊呼。

　　惠而不费的玩具还包括快递盒、胶带、一次性纸杯……其他适宜的家居用品玩具还包括：饼干罐、卷纸的空心纸芯、圆头的衣夹、糖果包装盒、玩具说明书……

　　选择家庭简易玩具的原则是安全——不要有尖角和锐利的边缘；干净——必须是清洁过的，宝宝很可能会把它放到嘴里啃一啃；色彩丰富——这样才能促进宝宝的智力发展；触觉多元——要有硬有软，有粗糙有柔滑。

　　游戏也是孩子发泄情绪的重要途径。比如，当孩子遇到不开心的事情时，通过角色游戏的扮演，可以缓解负面情绪。

　　周日的上海经常下雨，心童吵着要出去玩，可上了出租车又晕车。她吐得稀里哗啦，哭得一塌糊涂，一路上吵闹着要下车。回家后，她却提出要和我一起玩"乘车"的游戏。她和我分别抱着一个娃娃，然后做一个拉开车门的动作，要我们坐在"车上"。没等车到目的地，她就气呼呼地说："娃娃晕车了，都吐了。快下车吧！我们不坐车了，走回家吧。"

　　她做出拉车门的动作，指引我下车，坐到另一张椅子上面。这张椅子就是我们的"家"。到"家"后，她说："娃娃得休息一会儿。"她把娃娃放在椅子上，盖上毛巾睡觉。过一会儿，她再次拉着我上车，重复刚才的过程十次，丝毫不觉得厌倦。

在这个过程中，林博士在一旁大声打电话，引起了她的不满。心童生气地对他说："你吵醒宝宝了，她在睡觉啊！她晕车哎！"

总之，晕车给心童留下了深刻的负面印象。她借助于游戏的形式发泄自己乘车的难受与负面情绪。通过把痛苦一次次转移到娃娃身上，她获得了某种安慰，自己真实的痛苦在虚拟的游戏中得到了部分缓解。

她还会在自创的游戏里重现生活中遇到的不高兴场景。有一次，有位客人向我描述了她和心童的游戏情景。

这位阿姨坐在沙发上，心童跑过来："我们来玩个游戏吧。"

"玩什么呢？"阿姨非常配合。

"我们假装那里有个门，你去敲门，喊我来开门。"（心童指指客厅中间）

于是阿姨很听话地走过去，敲敲空中的门。而心童嘴角噙着一丝笑，坐在沙发上一动不动。

阿姨说："咦，有没有人啊？开门啊！"

心童慢悠悠地回答："有人的……不过我在看电视，很忙的，不能来开门。"

阿姨傻了："那你也要来开门啊。"

心童真诚地说："我没办法来开门，我的鞋子找不到了。我下不来。"

阿姨微嗔："那我就做灰太狼，我冲进来了！"言毕，她破门而入。

阿姨挟破门之势对沙发上的心童说："你是喜羊羊，我是灰太狼，我来捉你啦！"

心童皱眉说："不行！我不是喜羊羊，我是红太狼。我是你老婆，你要去捉羊给我吃的。"

阿姨呆了。心童不依不饶地催："快去捉啊。"阿姨挠着头转了两圈，拎了一只毛绒兔子回来："给，你吃啊！"

心童用维护世界和平与正义化身的语气，悲天悯人地说："啊，你怎么能捉小动物呢？我们要爱护小动物，知道吗？"阿姨晕倒。

在家里，大人可以带着孩子玩许多亲子游戏，我把它们分为运动类游戏、自然类游戏、语言类游戏、益智类游戏和生活类游戏。

1. 益智类游戏：培养孩子的逻辑思维、数理认知能力

钓鱼，纸牌游戏：适合 2 岁以上宝宝，趣味指数：☆☆

我是个孤单的独生女，漫长的童年里，除了一个人发呆之外，扑克牌和象棋是表哥带我玩得最多的游戏。漫长的暑假里，我们不知道钓过多少鱼。长大后，我才意识到已经上高中的表哥愿意陪幼稚的我玩钓鱼，是多么富有牺牲精神。一般 3 岁以上的孩子就可以理解"钓鱼"的规则，找到两张同样数字的牌，把中间的牌全部拿走。3 岁以下的孩子需要在大人指导下才能在一长溜牌中发现同样的两个数字。这个游戏特别适合刚刚开始数数，和初步认识 10 以内数字的幼儿。

干瞪眼：适合 4 岁以上宝宝，趣味指数：☆☆☆☆

这个扑克游戏据说起源于四川，但上海人也特别喜欢玩。这个扑克游戏和"跑得快"的规则差不多，但更加简单一些。经过改编后，它也适合低龄幼儿。最少可以 3 个人玩，6 人玩一副扑克也可以。头家摸 6 张，其他人 5 张，谁先出完牌就是谁赢，其他人所剩下牌的数量就是赢家所赢得的牌数。上家出单牌，下家必须出只能大一张的单牌，没有就说："干瞪眼！"同样，上家出一对牌，或者连牌，下家也必须出大一点的对牌或连牌。3 张及以上相连叫连牌，2 是最大的单牌，可以吃任意单牌，"王"可做替用，替代任意牌。观察发现，4—5 岁的幼儿可以理解扑克游戏的规则。

"玩"麻将：适合 3 岁以上宝宝，趣味指数：☆☆☆

在奶奶家，心童和笑笑自发自觉地玩起了麻将。

玩法 1：骰子比大小。按下按钮，骰子自动滚动，看谁的点数大。目标是加强数的概念，知道多与少。

玩法 2：根据点数拿牌，3 个点就摸 3 张牌。可以学习数物对应，积少成多。

玩法 3：读牌面，学认字。弟弟学数数，认识一筒、二筒，姐姐还可以学习繁体字，如"發"等。

玩法 4：用抓来的牌搭城堡、停车场、机器人等。可以发展建构游戏中所有动手和创造性技能。

此外还有各类桌游益智游戏，如拼图、大富翁等。

2. 运动类游戏：培养孩子的跑、跳、平衡、攀爬等大肌肉能力

抛枕头：适合一切宝宝，趣味指数：☆☆☆☆☆

抛枕头特别适合精力旺盛、需要发泄的孩子，它就地取材、安全、刺激。下班回来，女儿照例喜笑颜开地跑过来喊"妈妈"，然后手脚并用往我身上爬。她把汗津津的脑袋靠在我肩膀上，安静地趴了一会儿，然后跳下来要和我玩丢枕头的游戏，说："妈妈，你要接住哦！"我说："谁接不住就刮谁一下鼻子，好吗？"她说好。她把枕头朝天一丢，我跳起来接住了。然后我把枕头小心地丢给她，她还是没接住。我作势要刮她鼻子，她不依了，把头左摇右摆，最后把头埋到被子里，像鸵鸟一样撅着屁股，也不管是否闷气。

再玩时，她故意把枕头往后面扔，让我接不到。她坏坏地说："要刮妈妈的鼻子。"我说好吧。她得意洋洋，狠狠地在我鼻子上刮了一把。再玩，她又没接住。这次我要刮她的鼻子，她又赖皮，连连后退，还用手打我。我说："这可不好，你不守信用，那妈妈就不和你玩了。"我转身走了。她发脾气了："你，坏蛋！"

我瞪大眼睛说："你怎么能说妈妈坏蛋呢？快和妈妈说对不起。"她不吱声。我威胁说："不然妈妈就不陪你玩了。"这是她最害怕的。她很不情愿地转转眼睛，说："那你先站起来。"这是她惯用的手法，以退为进。我就依言站起来："你快说对不起啊！"她又说："你坐到跳跳球上先。""坐到跳跳球上你就说对不起吗？"她点点头。我坐到跳跳球上，她一边笑，一边很快地说"对不起"。我们和好如初。

捉尾巴：适合一切宝宝，趣味指数：☆☆☆☆☆

捉尾巴也特别适合精力旺盛、需要发泄的孩子。我第一次看到某综艺节目在玩"撕名牌"时，就在想，这不是捉尾巴的升级版吗？依我看，还是捉尾巴更加有趣一些。每人塞一张餐巾纸或者一条丝巾、绳子等在裤腰后方做尾巴，先抓下对方尾巴的人就赢啦。

球类游戏：适合 3 岁以上宝宝，趣味指数：☆☆☆☆☆

踢球、拍球和羽毛球都是适合亲子的球类游戏。

躲猫猫：适合一切宝宝，趣味指数：☆☆☆☆☆

如果孩子多了，往往是他们一个躲一个找。有时候，我也参加，躲在漆黑的窗帘后面，等着被发现。心里好紧张！你要不要试试？用躲猫猫的眼光来看，家里的一切角落都变得不一样啦。原来洗脸池下面的柜子还可以塞进一个人呢！

3. 自然类游戏：培养孩子对大自然的认识和理解，发展自然智能

挖野菜：适合 3 岁以上宝宝，趣味指数：☆☆☆☆☆

春天，漫山遍野开满了野花。白的，紫的，最多的是蒲公英，金黄色的小菊花洒满了草地。笑笑学校旁边一个很大的缓坡，他称它为蒲公英乐园。我们每次经过时，雨果和笑笑都会抢着摘白色的小球，吹得蒲公英的种子飘飘洒洒。一天，发现冰箱里的蔬菜吃完了，我忽然想起满地的蒲公英来。干吗不吃它呢？蒲公英味甘苦、性寒，入肝、胃经。药书记载它清热解毒，消肿散结。我让孩子们一起摘，他们很快乐地摘了许多蒲公英。烧成菜后他们尝了一口，有点苦啊！用开水焯一遍，苦味淡一些，有点中药的感觉。

我倒是很喜欢这种苦涩回甘的味道，于是干脆连根带花一起漂洗干净，煮汤或烧肉时都放一些。还可以把蒲公英花单独采摘，洗干净后晾干，再用水煮成凉茶，煮的水有淡淡的青草气味，加一点蜂蜜，味道还不错呢。关键是不要钱、不要钱、不要钱！而且很好玩！很好玩！很好玩！

顺便说一下，城市里最容易采摘的野菜是蒲公英、马齿苋和荠菜哦。

野餐：适合一切宝宝，趣味指数：☆☆☆☆☆

带一些美味食物，带一块地毯，随时可以野餐！大孩子帮忙烤一盘鸡翅，自制一个比萨，带上喜欢的饮品。出发——

4. 生活类游戏：培养孩子的人际交往能力和生活自理能力，发挥创造性和想象力。

想象游戏：适合一切宝宝，趣味指数：☆☆☆

晚上，4岁的女儿要玩生孩子的游戏。她说："妈妈，我们一起来生婴儿吧！"我白天讲课累得很，就敷衍一下说："好的，你生吧。"她不满我的消极怠工，要把我从沙发上拽起来："你也站起来生啊！"我顺着沙发咪溜一下滑下去，干脆睡在沙发上，装作很权威地告诉她："生孩子都是躺着生的。"她于是不再勉强我，也学着我的样子躺在沙发上。

这样的姿势似乎不过瘾。一会儿，她又站了起来，手撑到腰后面，把肚子挺起来说："我又生了一个婴儿。"一眨眼的工夫，她生了 9 个孩子。她使劲把我拽起来看她生的 9 个小婴儿。我说："在哪儿呢？"她转了转眼珠，指着沙发上的某处说，在那儿。我拿了一支水彩笔，问："是这个吗？"她说是的。"好的。"我把水彩笔放在沙发上，排在第一个。那第二个小婴儿呢？她递给我一块小毛巾。第三个是一块积木，第四个是一个功夫熊猫，第五个是半个瓶盖，第六个是一个小勺子……我指着每个小婴儿，编了一个故事。第一个小婴儿，有鉴于他是一支水彩笔，我说，他长大以后成为一名画家，画出来的画很漂亮。第二个小婴儿非常爱干净，每天用毛巾洗澡。第三个小婴儿是个建筑师，搭的楼房又高又漂亮。第四个小婴儿，嗯，那个功夫熊猫，会的功夫很厉害，嚯嚯哈哈……作为总结提升，故事的最后，我问心童："你长大了要干什么呢？"她毫不犹豫地回答："我长大了要生个孩子。"长大后，你还记得今天的话吗？

角色游戏：适合 2 岁以上宝宝，**趣味指数**：☆ ☆ ☆ ☆

自制服装或者利用家里的道具，一起扮演厨师、警察、国王、医生……想做什么就做什么。是不是很爽？

家庭装饰游戏：适合 2 岁以上宝宝，**趣味指数**：☆ ☆ ☆ ☆

画一面卡通墙，可以用水彩或者丙烯颜料，甚至喷漆、马克笔等，让孩子自由设计墙面。最简单的是用孩子的绘画作品布置一面墙。

5. 语言类游戏：发展孩子的语言表达和沟通能力

绕口令：适合 2 岁以上宝宝，**趣味指数**：☆ ☆ ☆ ☆

所有小孩子都很喜欢绕口令。一般我会根据难度，从易到难带着孩子玩绕口令。我把绕口令贴在门上，每隔一段时间更换一个。大孩子和小孩子经过那道门时都会念一遍，笑一遍。

吃葡萄不吐葡萄皮，不吃葡萄倒吐葡萄皮。——雨果刚开始每次都会说成"吃葡萄吐葡萄皮，不吃葡萄吐葡萄皮"，把哥哥姐姐笑翻。

四是四，十是十，十四是十四，四十是四十。——南方人平舌音和翘舌音真心不分。

黑化肥发灰，灰化肥发黑。黑化肥发黑不发灰，灰化肥发灰不发黑。——这个连口齿不伶俐的林博士也不会念。

扁担长，板凳宽，板凳没有扁担长，扁担没有板凳宽。扁担想要绑在板凳上，板凳不让扁担绑在板凳上，扁担偏要扁担绑在板凳上。——为什么三个小孩一说这个就都很激动？像启动了疯狂模式。

八百标兵奔北坡，北坡炮兵并排跑，炮兵怕把标兵碰，标兵怕碰炮兵炮。——这个挺难，娃的舌头直抽筋。

猜谜语：适合 3 岁以上宝宝，趣味指数：☆☆☆☆

当孩子们逐渐掌握了越来越多的词汇，忽然会对谜语感兴趣。哥哥每天都要考考弟弟："像冰不会化，像水不会流；看不见，摸得着，是什么？"弟弟大叫："是玻璃！"猜多了之后，大家都很有创编谜语的欲望。弟弟编一个谜语问我："大大的，圆圆的，可以吃。是什么东西？"我猜是西瓜，雨果说不对，谜底是他的"头"。你的头怎么吃呢？是恐怖片吗？他辩解说，我不是经常亲他的头吗？亲亲就是假装吃嘛。

第三章
不完美的小孩

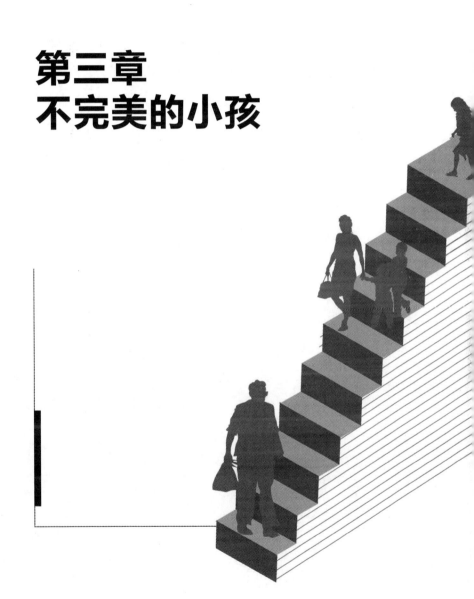

　　有个学生写论文时想要访谈我的育儿经验。她问："作为教育专业人士，你抚养孩子会有压力吗？"当然有啊，压力非常大，但压力不仅来自我从事的专业。舞蹈家的孩子不爱跳舞怎么办？鞋匠的子女不愿意做鞋呢？医生的孩子就一辈子不生病？我的压力，主要来自完美主义的毛病。

　　我们都是不完美的家长，却满心奢望拥有一个完美的小孩。

接纳孩子的不完美

> 爱，不是寻找一个完美的人，
>
> 而是学会用完美的眼光，欣赏那个并不完美的人。
>
> —— 宫崎骏《哈尔的移动城堡》

如果人生是一场赛跑，大多数家长在有了孩子之后，修改了比赛规则，把赢得人生的重担交给了自己的孩子。说实在的，我也经常忍不住这样做、这样想。为了让孩子跑得更快、更远，父母们从起跑线就开始伤脑筋。不过，孩子的成长不仅和父母的职业有关。育儿压力也不是出于和其他孩子的比较。我们都知道，幸福生活的前提就是不和他人做比较。

虽然理论上，我们都知道对孩子应该一视同仁，尊重每一个孩子，但每个父母都希望自己的孩子多才多艺、聪明伶俐。他小时候是个学霸，未来能够改变世界。我也曾经对孩子有过许多完美主义的幻想。

一天，我和笑笑聊天："如果你可以变，你想变成什么动物？"笑笑有点不明白。我解释："比如鸟啊，老鹰或者麻雀……"他不假思索地回答："变麻雀。"

我还没来得及提到狮子、老虎、龙。

但他这个回答肯定不是我想要的。我立刻想起平日常见的一幕：麻雀成群结队在地上啄着草籽，傻乎乎地跳来跳去。每当有人靠近，轰——一下全飞走了。真是一种典型的平凡无奇、乏善可陈、胆小的鸟类代表。

我试着引导他抬头看天："为什么不变老鹰呢？"想象那雄鹰在天际飞过，划过森林，越过田野，气势豪迈而壮美，有着王者睥睨天下的风范，令人神驰……

笑笑坚决地说："不要！我怕高。"

唉……幽幽叹口气，当妈妈的心里真的很失望啊。男孩子不是都应该梦想着展翅翱翔，一冲云霄吗？这就是传说中的"燕雀焉知鸿鹄之志"吗？

他不懂，也压根儿不向往鹰的生活。

说真的，在做了妈妈之后，我一次次失望，发现孩子和我不一样。孩子不是我的复制品，也不是我实现梦想的桥梁。他们有那么多性格、爱好、追求……和我不同。最大的不同，就是我的孩子们有一个更好的母亲，却不知道珍惜。我愤愤地想。

我和林博士日常吵架的一个重要主题就是：这孩子这方面到底像谁？肯定不是像我……

孩子有自己鲜明的缺点，或者说特点。如果父母不能接受，这特点便是缺点。如果父母接纳孩子的一切，这缺点也不过就是特点。

所以，我的大儿子是一个宁可做麻雀在泥地里蹦蹦跳跳，也不愿意飞上蓝天成为展翅雄鹰的孩子。承认这些未免有些难受。但只要他喜欢在林间蹦蹦跳跳的日子、在草丛里打打闹闹的时光，有危险时能勉力飞上树梢的力气，并且乐此不疲，那就也不错啊。麻雀有麻雀的快乐，老鹰有老鹰的烦恼。谁知道谁过得更好？

而大女儿呢？她从小就要做医生，这倒没什么，虽然我很担心大大咧咧的她会把手术刀落在患者肚子里忘记取出来。上了中学后，她的理想突然微调，从医生变成法医，立志要解剖尸体！一想到她浑身上下透着福尔马林的味道，手指拨弄着一个个人体器官，我就寒毛直竖。

第二章 不完美的小孩

中国父母有一个普遍的毛病：希望孩子长成我们期望的样子。读研究生时，有位老师给我们讲了她在国外生活的故事。她说，她的一位邻居是个收垃圾的。在中国，这应该是社会地位不太高的职业，俗称"收破烂"的。可邻居太太毫不避讳，每天看到丈夫收旧货的卡车开进小区，就喜笑颜开地迎上去，一点也不觉得寒碜。中国人很难理解这点。我们吓唬孩子时都会说："再不好好学习，长大了只能去收破烂！"

如果最爱的儿女选择收垃圾为职业，望子成龙的中国父母会高兴还是痛哭流涕？新闻里介绍北大毕业卖猪肉的、大学生卖烧烤的，都会引发很多争议。说明不少中国家长对职业是有高下之分的等级观念的。邻居小文有天沮丧地对我说：班里写作文《长大后干什么》，儿子竟然说长大后要去送快递——她问怎么办？我说："凉拌吧。"

我很谨慎，从来不对孩子说类似职业歧视的话。我最多在孩子不肯复习时告诉他们："好好学习，你才有更多的选择机会，可以选择你喜欢的工作。"

所有的职业都是平等的，如果你读了北大，依然想去卖猪肉，相信你也能卖出高水平的猪肉。如果你念完哈佛的博士，依然想去收垃圾，我也相信地球一定会因为你更洁净美好。

我没有职业歧视，但也一直对孩子有着许多文艺幻想。内心里大概住了一个文艺青年，喜欢琴棋书画、唱歌跳舞。因此，我对孩子的艺术天赋特别看重。

我欢欣鼓舞、满怀期待地把儿女们送去学钢琴、古典舞、芭蕾、声乐、街舞等各种艺术类辅导班。可惜心童从小五音不全，她嗓子虽然倍儿响亮，但五音不全。连"一闪一闪亮晶晶"的《小星星》都不在调上，我彻底绝望。

笑笑音准也一般，而且特别害羞。他和姐姐都没有明显的舞蹈细胞，不要说街舞、民族舞，连幼儿园的韵律操都跳得七零八落。这两个娃的韧带也特别硬，民族舞第一课，一压腿就鬼哭狼嚎。

雨果音准倒是特别好，却天生嗓音有些沙哑，可谓好一把烟嗓。将来也许可以尝试唱摇滚、组乐队，但目前却不适合演绎甜美的童谣。

潜意识里，我特别希望抚养一个和我志趣相投的孩子。

他们和我爱看同样的电影和书籍，喜欢静静地坐着看星辰大海、新月初上。可是，心童的兴趣爱好和男孩差不多，喜欢打打杀杀，一刻也静不下来。笑笑唯一的爱好是汽车，后来多了抗日战争影视剧。

雨果呢？目前为止他眼里只有奥特曼家族，我已经变成了"奥特之母"。

此外，笑笑的理解能力有点弱，这导致他小学时代阅读理解失分特别多。比如我给他们讲《咕咚来了》的故事。

> 一只小兔子听到"咕咚"一声，以为是怪兽来了，其实只是一个木瓜掉进了水里。小兔子的胆子真小啊，这就是人们为什么把胆小的人比喻成"兔子胆"。

心童和雨果都能够理解故事。而笑笑听到这里也高兴地说："我知道，我知道。"我微笑着看着他，他下一句话却是："这就是为什么人会说'守株待兔'。"

他应该明白守株待兔的意思，但守株待兔的故事和"兔子胆"有什么关系呢？唯一的关系是，故事的主角都是兔子。

所以这是什么神逻辑？

笑笑有一种简单、天真的思维方式，或者说理解别人的观点有一定障碍，经常让我扶额。为此，我要花费很多时间和他讨论其他人眼里的

世界。

　　一次，我告诉笑笑，姐姐的自尊心很强。笑笑不太理解自尊心强是什么意思。我解释："就是不喜欢别人说自己不好，如果别人批评她，她就会觉得不开心。"

　　笑笑认真听着，然后说："哦，就是骄傲、不谦虚！"

　　自尊心强和骄傲是不太一样的，并不等于不谦虚。自尊心强的人也可能与人交往时很谦虚啊。这是几个不同的形容词，说的是人不同的性格特征啊！

　　我对笑笑的阅读理解能力表示高度忧虑，失眠了好一阵子。男孩子的语言表达和理解能力普遍低于女生，只能通过阅读的积累来慢慢提高。

　　2020 年全世界爆发了大规模的新冠疫情，停工停学导致许多原本不了解孩子的父母突然多了大把和孩子朝夕相处的亲子时间，结果亲子矛盾大幅增加。

　　一天晚上，我收到一个朋友发来的邮件，谈论他育儿的困惑。疫情宅家期间，亲子陪伴时间增加，他发现自己对 3 岁的儿子图图忍无可忍。他总结了图图的一堆问题。

　　1. 说话不算数，写作业拖拉。说好"不做作业没有午饭吃"，也没能执行到位。

　　2. 脾气急躁，专注力不够。图图在玩耍、作业中遇到问题，就会哭闹急躁。我们一再讲道理，告诉他"急没有用，不能解决问题，发脾气也不能解决问题"，但是效果一般，遇到问题还是会着急。除了玩自己的汽车，学习、看书专注力不够，经常听着故事又去做其他事情了。

3.耐挫力不强，输不起。每次一起玩汽车游戏或者其他游戏，一定要做赢家。输了会不承认，情况严重会哭闹。

4.不肯认错。在他犯了错误，我们批评教育甚至有时候打屁股的情况下，他也不认错。还会一再指鹿为马，颠倒黑白，不承认错误。不像有些小朋友，看到要吃苦头、吃亏了，就乖乖承认。

这个家长担心图图马上就要进入幼儿园不能适应，甚至成为"另类"。他们想采取学习比赛的形式，比如诗词大奖赛、认字大奖赛，激发孩子的学习兴趣，把喜欢的小汽车作为奖品（太厉害了，堪比CCTV）。他也很困惑，不知道儿子这样的情况是普遍性的，还是他们对孩子要求太高了。

这位爸爸还强调，自己家庭对于学习倒也不是特别有要求，主要还是希望图图能养成健全的人格。

从咨询中可以看到家长内心很矛盾的地方：自认为更重视健全的人格，其实整个家庭氛围都特别重视学习。

如果所有的家庭日常活动和亲子互动都指向了学习和书写，其实是违背了两三岁幼儿发展的身心规律，当然会引发幼儿的焦躁和抗拒情绪。家长一边担心孩子以后学习不好，一边又担心孩子脾气太坏。

中国家长是如此地希望把孩子塑造成自己期望的样子。我告诉图图爸爸，上海市教委规定小学二年级之前不布置书面作业，是有道理的。孩子的手眼协调能力需要生理上的成熟。5岁时费很大力气、半天才写得人模狗样的几个字，八九岁时轻轻松松就写得端正流畅。

而许多家长都会提到的专注力问题，其实也是个伪问题。为什么孩子玩汽车、打游戏就好专心，学写字就不专心？因为他不喜欢学写字呀。对于小孩子而言，不喜欢就是不喜欢。外在的约束还没有对他构成威胁，内在的学习动力还没有在他心中形成。做自己喜欢的事情，是孩子和所有动物的一种本能和天性。强迫、外在奖励可以发挥一些有限的作用，但不能持久。

等一等、想一想、忍一忍，才是理性的家长应该做的事情。

你知道《睡美人》的故事吧。从前，有一个国王，他和王后结婚很久也没有孩子。他们渴望有一个孩子。后来，他们终于生了一位公主。国王非常高兴，他邀请了全国的仙女来参加庆祝宴会。仙女一共有十三位，而仙女用的银盘才只有十二个。因此国王没邀请那位坏仙女。宴会当天，十二位善良的仙女都打扮得十分漂亮，带着最好的祝福来参加盛宴。当第十一位仙女献上她的祝福之后，没被邀请的坏仙女突然出现了，她诅咒说，公主将在满十五岁时被纺针扎中，倒地而死。还好，第十二位仙女尚未献上祝福，于是补充说："大家放心，公主不会死，只是会昏睡一百年。"

现实生活中似乎总有一位坏仙女，把我们不要的东西塞进孩子的生活。有时是任性、调皮、偏科，有时是生病、挫折……作为父母，我们到底是希望孩子有高学历还是高个子？希望孩子将来富可敌国还是貌美如花？

当我在餐桌上写这些文字的时候，我的3个孩子正在一旁玩拼图——这是非常适合全家一起玩的安静游戏，一副1000块的拼图可以玩2个月！

他们都有天使一般的面孔，有十二位好仙女送来的祝福。但那个坏仙女显然也曾经来过，在他们身上留下不完美的痕迹。

对于他们的这些不完美的特质，我从最开始的五雷轰顶、忍无可忍、垂头丧气，到视若无睹、适当说服、听之任之。改变一个人很难，接受一个人更难，哪怕这人是你的孩子。

我以为孩子一定会令父母骄傲，其实不然。哈佛大学有个心理学教授丹尼尔·吉尔伯特（Daniel Gilbert），教授了一门有名的《幸福课》。

2020年我的学弟学妹们采访了他，他在访谈中说：一件很有趣的事是，人们总以为有了孩子会更加幸福，其实孩子对人们的幸福感几乎没什么影响，即使有也是略微负面的影响。

吉尔伯特说，人们要小孩有各种各样的原因，不过增加日常幸福感并不是其中之一。没有小孩的人通常比有小孩的人更开心，而那些有孩子的人，最幸福的时刻是孩子离开家去上大学的时候。

厉害啊，他说出了我们的心声。对于有小朋友的家长来说，开学的时候最开心。想想疫情停课的时候，家长们的日子多么地难熬。复课的时候，我们是如何举国欢庆的？

我必须时刻提醒自己，要有耐心，不要因为面子问题而伤害自己和孩子之间的感情。像有位作家说的，母子一场，不过是场缘分。你不嫌弃我，我不嫌弃你，这就够了！很多时候，他们不是你想象或期待的那样，但这就是他们自己。

昔日的小婴儿终于长大了。心童每个暑假自己坐国际航班来往于加拿大和上海。笑笑也可以独自坐飞机去远方旅行。他早晨起来自己准备早餐，还接送弟弟去幼儿园。他还是内向型性格，但已经从一个极度害羞的小宝宝，变成了一个敢于和陌生人聊天、愿意表达自己感受的男孩子。他不喜欢演讲和竞争，但他是一弯暖暖的月牙儿，喜欢和妈妈一起做菜，喜欢阅读和写字。

我坚信心童会成为全世界最优秀的法医，笑笑和雨果会分别成为考古学家、设计师，或者任何他们喜欢的职业。

第三章　不完美的小孩

皮格马利翁（Pygmalion）是古希腊神话中的一位国王。他精心地用象牙雕塑了一位美丽可爱的少女，结果却深深爱上了这个"少女"。他每天拥抱她，亲吻她，真诚地期望自己的爱能被"少女"接受。皮格马利翁来到阿佛洛狄忒的神殿求助，他的真诚感动了女神。那天，少女雕像的脸颊慢慢地呈现出血色，嘴唇缓缓张开，露出了甜蜜的微笑。少女向皮格马利翁款款走来，用充满爱意的眼光看着他，浑身散发出温柔的气息。她活了，并且真的成了他的妻子。

"皮格马利翁效应"说明期望和赞美能产生奇迹。这一效应在教育和心理学领域也被称为"罗森塔尔效应"。1968年，美国心理学家罗森塔尔（Robert Rosenthal）在《课堂中的皮格马利翁》一书中提出，教师对学生的期望会影响学生的学习成绩。如果教师认为某些孩子聪明，对他们有积极期望，认为他们以后智力会发展很快，那么若干个月后，这些孩子的智力果真得到了较快、较好的发展。

所以，家长到底想要什么样的孩子？应该如何合理表达自己对孩子的期望？合理的期许也许真的会变成现实。

期许孩子要注意细节。

期许要聚焦在能力，而不是盲目的夸奖。

例如，你可以每天鼓励孩子："你真会想办法。"这是针对孩子解决新问题的勇气和能力。但不要一味地说"你真聪明"。

对孩子的涂鸦说："你画得真好，看这根线条绕来绕去，好像龙卷风一样，你是怎么画的？"而不是说："你看，房子应该这么画。"

期许要针对长期学习目标，而不是短期学习成果。

例如，赞赏孩子："你真爱读书。""你用来背诵的方法真有用！"这是培养孩子终身学习的能力。

但尽量不要说："你这次作文考了第一名！"或者"你这次默写满

分，你真棒！"否则，当孩子名次变化、偶尔失误时，他会很失落。

宫崎骏在《哈尔的移动城堡》中说："爱，不是寻找一个完美的人，而是学会用完美的眼光，欣赏那个并不完美的人。"期许要针对孩子身上的闪光点，找到他们和别人不一样的地方。例如："你对小朋友很友好。""小朋友难过时你安慰了她，你真是个有同情心的孩子。"这是为了培养孩子的社交和合作能力。还比如："你对外婆真孝顺，我看到你今天帮助她搬东西。"

总之，夸奖他们那些值得赞美的地方，接受他们不完美的地方。因为，我们也是不完美的大人啊。

孩子叛逆怎么办

> 我的小毛驴儿，小毛驴儿，有个倔脾气，倔脾气。
>
> 叫它往东不往东，叫它朝南它偏向西。
>
> ——《小毛驴之歌》出自动画片《阿凡提》

有什么比不完美的小孩更加令人难以忍受的吗？大概就是逆反期的小孩了。心理学认为，儿童成长过程中有两次典型的逆反心理阶段，第一逆反期在 2—4 岁期间出现。第二逆反期伴随着青春发育期，一般从 10 多岁开始。在逆反期，儿童对一切外在的强加力量和父母的控制予以排斥和反抗，也就是我们俗称的"不听话"。

两个逆反期其实都体现了孩子独立自主意识的增强，想要求独立自主权。不过，对青春期逆反的解决方案，无论心理咨询师说什么"疗法"还是"流派"，有一点很容易操作，也很有效：做孩子的朋友，大多数儿童的逆反问题就会迎刃而解。

而第一反抗期的宝宝伴随着成长和自我意识的形成，既不可理喻，又不通情达理，反而更加难以应付。大部分家长的痛苦是从这个阶段开始的。

好消息是，两三岁的孩子开始正式认识到自我的存在。坏消息是，他们也开始探究自我和他人的边界，并做出许多过分的尝试，探究大人和外在的世界可以在多大程度上容忍他们。

2—3 岁的孩子逆反、任性、难管，是世界性难题。要不然西方怎么说麻烦的 2 岁和 3 岁呢（Trouble 2 和 Trouble 3）？曾经是多乖的一个小婴儿，现在非要和你对着干。从逆反期开始，孩子有可能提出许多"无理"要求。比如有家长咨询我："孩子总是吵闹要乱买东西，怎么办呢？"

其实，提出"无理"要求是因为孩子不明白道理是什么。比如孩子总是希望购买更多的玩具、零食、糖果……家长说不行，不可以买，但孩子不明白为什么不可以买。

其实，家长可以通过一些方法引导孩子理解正确的购物态度，比如怎么分辨我们"想要的东西"和我们"需要的东西"？

这是西方幼儿园里，老师经常会引导孩子学习分辨的内容。在下面的图片中，有些是我们"需要的东西"，它们会给我们带来健康、幸福，比如食物、衣服、生活必需品、安全的睡眠，以及阳光、温暖等。没有这些，我们就无法健康、自在地生活了。如果爸爸妈妈有钱，必须优先购买那些需要的东西。

而什么是我们"想要的东西"呢？比如游戏机、电脑、手机、零食……那些是可有可无的东西，有时候对我们还没有好处。家长可以和孩子约定一些可以购买、在购买能力许可范围内的"想要的东西"，但必须是有节制地购买。孩子在反复思考这些区别之后，也会对自己今后的购买冲动形成很好的引导。

家长还可以在下页的图片区放上更多和自己生活有关的物品图片，让孩子剪下来，分别贴到"想要的东西"和"需要的东西"栏里面。

孩子有逆反意识，其实最初是件好事，说明他发现了自我。

小雨果对着镜子照啊照啊，他突然意识到镜子里面就是自己，高兴地指着镜子里面说：果果！果果！他一高兴就做了个下蹲动作，却发现镜子里面的小孩不见了。他猛地跳起来，镜子里面的小孩也跳了出来。这不是躲猫猫吗？雨果高兴地笑了。他反复地蹲下去站起来，乐此

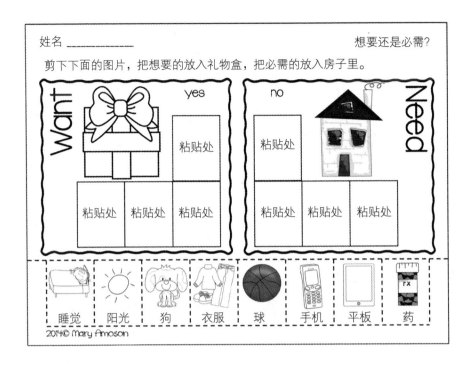

不疲。发现自己的动作可以引发镜中人的变化，这是自我认知的初步表现。

我给雨果剃了一个小光头。他再去照镜子时，惊讶地看到一个小和尚。我问他："镜子里面有雨果吗？"他很确定地说："没——"我指着镜子里的人问他："这是雨果吗？"他摇摇头，但发现镜子里的小孩也摇头。他歪着头，左看看，右看看，最终认可了自己的新形象。著名的意大利瑞吉欧学前教育体系就曾经提到过在幼儿周围多放置镜子的作用。镜子可以帮助儿童认识自我，接受自我。

随着孩子认识了镜子里的自己，镜子外的他们却变得越来越麻烦。许多家长都有这样的体验。

有一次做家长讲座，一对青年夫妇非常苦恼地问我："孩子2岁了，要吃很多糖，不给她吃就哭，还满地打滚。这该怎么办？"我严肃地说："那就让她在地上滚一会儿呗——子弹还要飞一会儿呢。"年轻的父母面面相觑，说："这……不好吧，衣服会脏的……地上多凉啊！"说得好像他们在家天天洗衣服似的。

我说："平时孩子都是老人看的吧？"他们连连点头。"这话也是老人说的吧？"他们又点头。我语重心长地说："放心吧，满地打滚儿时孩子运动量挺大，相当于街舞里面的地板舞，绝对不会着凉的。不信你回家在地板上滚几分钟试试，看热不热？"

一般而言，2岁左右，逆反期的、满口"不"的宝宝就会如期出现。我还记得那一天，笑笑想看看邻居家小哥哥手里的小汽车。他可怜巴巴跟在哥哥身后，嘴里念叨着："给宝宝看一下嘛！给宝宝看一下嘛！"小哥哥奶声奶气、斩钉截铁地说："不、行！"笑笑立刻学会了这句话，开始广泛应用。

回家后，我说吃饭吧。他大声回答："不、行！"我说睡午觉啦，他回答："不、行！"

接着，他又开始说："不要！"每天都要重复几十次。要喝水吗？"不要！"自己下来走吧？"不要！"吃苹果吧？"不要！"去尿尿吧？"不要！"……

可爱（讨厌）的逆反期！总的来说，在宝宝3岁前，家长应该尽可能耐心。心理学家认为，儿童在这个阶段还处于前道德阶段。也就是说，即便他调皮捣蛋做了一些大人觉得是破坏性的事情，也不说明他是个坏孩子。

摸清小家伙的脾气后，对付他并不难。有时候，只要大人反着说话——你记得阿凡提的那头小毛驴吗？

"笑笑，你别来吃饭哦，妈妈先来吃饭。""不要！我要先吃饭。""好，那你来吃吧。"

第二章　不完美的小孩

"笑笑，这个苹果还是给小兔子吃吧。""不要！我要吃。""好，给你吃。"

"笑笑，我们今天不回家了，一直在公园逛吧。""不要！"谢天谢地，总算可以回家了。

还有一次，笑笑站在小书橱旁边，左手扶着柜子，右手把里面的书一本本抓出来，丢到地上。每扔一本，他就大笑一阵。

他认为这个很好玩，笑着扭头看我，希望我分享他的快乐。但我没有像以往那样和他一起大笑，而是严肃地摇摇头，说："笑笑，乱丢书不好。"他有点困惑，犹豫了一会儿，但丢书的快感占了上风。他继续伸手去抓书，只是不再回头看我，也不再肆无忌惮地放声大笑。我没有继续制止，因为那样会让他更加逆反，也没有继续关注他，只是扭头去做其他工作了。

对你不喜欢的行为，采取忽视政策。经过几次无视，孩子觉得挺无趣的，下次就不这样了。

总的来说，笑笑还算好对付的那种。记忆最深刻的是女儿的3岁。

那个时期，心童脾气越来越大。她原本就狡黠机灵，胆气过人。阿姨吓唬她道："你再不听话，我就把你用衣架晾到阳台上去！"她夷然不惧，吸一吸鼻子，慢悠悠地回答道："你把我晾到阳台上，我也干不了！"

她爱好练功夫，以奥特曼、超人、孙悟空等实力派为崇拜偶像。常常在家挥拳，口中"呵呵"有声，对着假想敌一番拳打脚踢，方解心头之恨。情绪高涨之际，必定要把维尼熊、Kitty猫等齐齐搬到沙发上，一个个打将过去，直杀得人仰马翻方才作罢。

心童脾气火爆，性子急，高兴了就"嘎嘎"大笑。一蹦老高，撞到头、打翻碗是常事。不开心了就放声痛哭，梗着脖子对天长号，全然不考虑自身形象。一旦要求没得到及时满足，她就会拼命哭喊，甚至拳打脚踢或赖地不起。她一边哭，一边大声咳嗽和呕吐，吐得衣服上和地上全是。最终大人只得投降。这样的情况每天都得好几回，白天哭，夜里哭。

其实，当孩子第一次发脾气哭闹时就忽视她，让她尽情发泄。等她平静下来后，家长再温柔地讲道理，坚持原则。重复几次，撒泼打滚的习惯都会慢慢变好的。难就难在，最好在第一次发生这样的情况时就这么做，药效最佳。对于我来说，已经错过了心童的太多第一次，早期最佳矫正时机已过。我该怎么办呢？

从学校下班回家要公交转地铁，一个多小时的路，足够我思考启动"不发脾气"项目的内容。首先，我认真观察她的个性特点，并概括总结。经过归纳，我发现心童发脾气基本有以下三种情况。

意外的刺激。摔倒了、磕疼了、好吃的洒了、好玩的丢了、意外的礼物、上门的客人……都会引发她的激烈情绪。晚上，她一边用吸管杯喝奶，一边兴奋地摇头晃脑。吸管大概戳到了牙龈，她突然扔了杯子号啕大哭。问她怎么了，她就是一个劲地号叫。爸爸说："你再不说我们就走了，你一个人在这里哭吧。"她还是不说话。无论是喜是悲是痛是怒，她的表现方式是一致的，都会手舞足蹈、大喊大叫。而且，她的神经系统很容易兴奋，属于典型的外向型性格，喜形于色，从来控制不了自己的情绪。

撒娇求抱抱。她喜欢撒娇，有时故意通过发脾气来吸引大人关注。昨天，她听了一个《咕咚来了》的故事。我问她"咕咚"是什么，她说："是木瓜。"她没有见过木瓜。我说："家里就有一个木瓜，拿给你看看好吗？"她转了转眼睛，忽然仰头发火："不行不行，没有没有，哪里有什么木瓜！"很多次之后我才意识到，回应她的最佳方式，是我扭着腰，用傲娇的表情说："就有就有！我就是木瓜！你就是木瓜！"然后一把抱住她，她就哈哈笑了。说白了，就是缺乏关爱的孩子求抱抱。

要求没满足。这种情况最多见。比如她要阿姨抱，阿姨手里拎了许多东西没法抱，她就号啕大哭，用手揪住阿姨的衣服，赖在地上不走。她力气大，赖在地上阿姨拖都拖不动，只好投降。一天，她穿着鞋在床上乱蹦，爸爸说："你把床弄脏了，赶紧下来！"她置若罔闻。爸爸把她抱下来，她就满地打滚儿，又哭又喊，非要回到床上去跳。

作为教育学者，我给许多家长做过家教咨询，写过家教文章，回答家长的育儿难题。可当问题出现在自己家里时，我依然感到深深的困扰。首先，女儿毕竟不是我生的。我真让她在小区广场满地打滚儿，邻居会怎么看我？面子还要不要啦？其次，母女二人从零开始，没有任何感情基础，我的首要任务应该是迎合她的喜好，以便她更快地接纳我。

连续几天，我都没有睡好（回头看看，我从那时起再也没睡好过）。这一次，我不仅需要提出理论性的指导意见，还要从实践上落实它，亲自执行它。呵呵，恐怖的感觉笼罩着我。万一计划不灵怎么办？万一以后的日子都要在这种漫长的号啕大哭中度过怎么办？十一楼的邻居已经来我们四楼投诉好几回了，说孩子半夜三更哭得太大声，扰民了。

矫正儿童的不良行为是一个系统工程、一个民生项目。"不发脾气"项目需要制订详细的目标、具体的步骤，并和相关人员进行深入、彻底的沟通。幸好，我和先生看法很一致，乱发脾气可能给孩子的长远发展如人际交往、克服挫折等带来影响。由于在家时任性成习惯了，心童不喜欢和其他孩子一起玩。在小区里玩的时候，她一般不喜欢和别人说话，很胆怯拘谨。但回家后就特别疯狂，在压抑中彻底爆发。

针对她的三种发脾气原因，我制定了三种方法。第一种，由于意外的刺激引发的情绪爆发，需要引导她进行情绪识别。第二种最简单，撒娇求关爱的孩子，只是渴求拥抱，那么拥抱就好。接纳她，她就会平静（少许）。第三种，因为要求不满足的哭闹反而是最难矫正的。

针对第一种问题，我首先为女儿开展了儿童情绪识别教育。人是复杂的动物，有时候，连大人都说不清楚自己当下的心情。你发过无名火吗？你会在一个普通的清晨或阴天的傍晚突然心情低落吗？你会时而觉得拥有全世界，有时又怀疑自己被全世界抛弃吗？

所有这些负面的情绪：忧虑、烦躁、痛苦、疼痛、焦虑、抑郁、失落……它们很相似的一点是让你不开心。对孩子来说，所有的负面情绪都很像，让自己不舒服。当他们不会命名、分辨这些情绪的时候，表达和发泄的最简单途径就是哭闹。痛也哭，饿也哭，怕也哭……小孩子不就是这样吗？

心理学经常说，培养人的共情能力特别重要。未来社会是一个不可预测的社会，但有一些核心素养是得到欧盟、联合国、OECD 经贸合作组织国家共同认可的。比如创新能力和复杂交往能力、专家思维能力是最常被提及的核心素养。复杂交往能力和专家思维都离不开个体的共情能力。

所谓共情能力又叫"移情"，指的是一种能设身处地体验他人处境，从而达到感受和理解他人情感的能力。简单地说，就是对别人的情绪感同身受，理解别人的痛苦与欢乐，并做出适当的回应。这是一种成熟的社会能力。比如说，你看到一位同伴摔跤了，面上流露出担忧的神情，走过去询问他疼不疼？要不要帮助？这就是一种健康的共情能力和正常的反应。

心童小朋友当时几乎没有共情能力，很多情绪反应也很不恰当。比如看到一位老人走路摔跤了，她就拍手哈哈大笑。我给她炖绿豆粥，不小心烫出几个水泡，疼得很，心童不停来看我的手，看一次乐一回。

　　我暗暗握拳，一定要培养她的共情能力。培养共情能力的第一步是识别情绪，命名情绪。我画了许多张脸，类似现在的聊天表情。我把这些脸谱一张张出示给她，让她分辨不同的面部表情。

　　比如，我拿出纸，画了一张害怕的脸。我说："这个表情是害怕。你害怕时会怎么样？"心童想了想，大声喊："我就叫：啊——！"她大声叫了很久，很兴奋。我耐心等她叫完，然后问："你大声地叫，声音特响亮，大家都会听到的。但别人知道你在害怕什么吗？"她摇摇头。我问她害怕哪些东西，她想了一下，说虫子。我说："那你怎么叫，别人才能帮助你把讨厌的虫子赶走呢？"她说："我就叫：虫子！虫子——"

　　我继续问："你一直喊'虫子'，别人会不会以为你喜欢虫子？也许他会送个虫子给你。"心童跳起来尖叫："啊——不要！"我总结："所以你可以大声说：我害怕虫子。这样别人就知道你害怕什么了。你试试看？"她试着说了一遍"我害怕虫子"，然后露出了笑容。

　　我再给她看一张生气的脸，问她这是什么表情。心童说，这是不高兴。我说："你猜猜这个人为什么不高兴？"心童说饿了。我说："不对，如果饿了，他应该是这样。"我在纸上画了一张流着口水的脸。

　　心童"扑哧"笑了。我说："如果你饿了，生气有用吗？"她摇摇头。我说："对啦，饿了就去吃饭，不用生气。"她说："没饭吃呢？"我说没饭吃就去烧饭。她说："不会烧呢？"我说："那我来教你烧。"她说："那我们去娃娃家烧饭吧。"我从善如流地说好，结束了情绪教学谈话，陪她去玩洋娃娃烧饭游戏。

　　身边有一个脾气特别大的人，哪怕是个孩子，日子也是很难过的。就像埋着一颗炸弹，一旦爆炸就特影响生活秩序。后来，我和先生进行了多次谈话，把心童当前最主要的问题一一列举出来，从中选择了一些主要的"必须做"和"不能做"的事情。"必须做"的事包括：讲卫生、认真刷牙、按时上床、每天洗澡；"不能做"的事情包括：不能玩家电、不能玩火、不发脾气等。

在教心童认识自己情绪的基础上，我们共同讨论了一些规则——关于发脾气行为的"奖惩措施"。这一点下文会继续探讨。行为主义心理学认为，一切行为归根结底都是刺激和强化的结果。儿童最早的任性行为一定是通过成人的包容而获得了强化，儿童发脾气的目的得到了满足，从而使哭闹得到了巩固。比如她发现：哭闹很有用，本来不给我的东西，一哭一闹我就拿到了。很好，继续……

经过长期的艰苦努力，心童的坏脾气有了（一点点）改善。但有时候也会反复。教育真的是个春风化雨的过程，急不得啊。必须承认，先天的气质与性格特征在儿童成长过程中起着很重要的作用。

心童的脚步声始终是急匆匆如同敲打小鼓，咚咚咚咚，从一边到另一边。我一开始不明白心童为什么总是以跑代走。后来发现她性子太急。每当她想要一个东西时，就恨不得立刻能够拿到，所以总是跑着去。每次心童要做一件事的时候，她总是说："我现在就要，现在！！"我说天黑了，明天吧。她摇头："不行！我今天就要！"

脾气可以改善，急性子却是很难修正的。而教育的作用，是为后天的成长营造一个良好环境，保证儿童健康、和谐地发展。提高心童情商的教育还需要继续坚持。一天，我在看电脑写东西，心童左手拖了几个玩具过来，右手还抱了一杯水，正是我的小猪杯子。她奶声奶气地说："妈妈，我特意给你带了杯水喝！""特意"这个词用得很好，不过我更感动的是宝宝给我倒水了。做妈妈的幸福就是在这些平常的日子里，通过这些平淡的小事感受到的吧。

孩子要离家出走

既然太阳上也有黑点，"人世间的事情"就更不可能没有缺陷。

——车尔尼雪夫斯基

新冠疫情期间，所有的亲子矛盾都激化了，家庭矛盾都升级了。原来就觉得孩子不顺眼的，现在简直是没眼看。以前就认为孩子学习不认真的，现在几乎是不学无术、朽木不可雕。过去有点不听话的娃，现在好像分分钟要造反。新闻上说，许多好莱坞大明星都扛不住疫情宅家的亲子压力。

这期间，大儿子笑笑和我们发生了有史以来最激烈的一次争吵，起因是玩手机。某天傍晚，他一直在玩手机游戏，而当天的网课作业还没有完成。

林博士问他："作业还没做完就玩手机，你觉得，你有什么问题吗？"爸爸没有发脾气，问题也很平淡，但笑笑敏感地从爸爸的话中捕捉到嘲讽的意味，反应很激烈。笑笑突然大喊一声："我没问题，你才有问题呢！"然后就哭了起来。

林博士冲我耸耸肩，意思是"你看我也没说什么，你去搞定吧"。

安慰孩子的第一步是接受孩子的情绪，命名情绪。我就去安慰儿子："你很生气，是吗？那你想怎么办呢？"笑笑一边哭一边说："反正我想好了，你们再让我生气，我就离开这个家。"

他想离家出走？

有一本绘本叫《逃家小兔》，讲述有一只小兔子，很想离家出走。

125

他对妈妈说："我要跑走啦！"妈妈说："如果你跑走了，我就追去，因为你是我的小宝贝呀！"小兔说："如果你来追我，我就要变成一条小鱼，游得远远的。"妈妈说："如果你变成一条小鱼，游得远远的。我就变成渔夫，用钩钩住你。"最后，小兔说，"我不如就待在这里，当你的小宝贝吧。"于是妈妈说："来根红萝卜吧！"

所有孩子都可能出现逃家的冲动。这一招也是家长们最害怕的。但怕也没用——堵不如疏。今天孩子没钱，出走也走不了多远。可导致他们离家出走的因素如果一直存在，有朝一日翅膀硬了，他想飞多远就飞多远，还不就飞了？如果他们一言不合就逃家，有点训斥就不活，家长还怎么教育孩子？

我有一个亲戚，养了一个优秀的女儿，从小就严格管理，衣食住行悉心照顾。女儿成绩优异，高考时不负众望，读了当地的一流大学。大学毕业后，她要求去美国读研究生，父母同意了。她从此一去不复返，足足十年杳无音信。

父母不知道她住在哪里，做什么工作，电话号码多少，有没有对象是否成家。我说，孩子会不会出了什么危险，有什么意外？她母亲说，曾经联系到她的同学，都说她过得挺好的，也结婚了，就是不愿意和家人联系。你想想，这得多大的仇恨？她的父母始终不知道问题出在哪里，女儿为什么要这么对待他们?!

所以，笑笑一说离家出走，我们内心非常紧张。林博士赶紧冲我挥手，叫我别说话了。

我满怀忧伤地说："真的吗？再让你生气，你就离开这个家？那……你还是离家出走吧，今天，不，现在就走。因为，下次肯定有让你更生气的时候。"

笑笑有点吃惊，忘记了哭。他试图辨别我是否在开玩笑。

我诚恳地说："你看，你一生气就想离开这个家，肯定是觉得外面有人更关心你。你觉得谁家的爸爸妈妈更好？我去和他们商量，我们两家交换孩子。是小豆家，还是天天家？只要是对你好的，我们都愿意帮助你实现心愿。"

我把羽绒服递给他："现在天黑了，你出去记得穿羽绒服哦。"他傻乎乎地穿上。我再确认一次："你生气的话就非得离开我们家不可吗？"他还说是的。

我叹气，帮他拉上拉链，送他到门口："那就只好再见了！"然后关上门。

林博士目瞪口呆地看着，虽然没有立即阻止我，但一副随时要破门而出把儿子拉回来的样子。

我看看他："镇定！淡定！想想看，疫情封锁了小区，他能去哪里呢？"

林博士担心笑笑遇到危险。我说："根据我对笑笑的了解，他一定会走楼梯，坐在楼道间里冷静冷静。等他害怕了就会回来了。再说了，疫情防控这么严格，那么多在逃的罪犯都不得不自首了，笑笑能去哪里？"

教育其实是勇敢者的游戏，需要温柔地坚持。或许你也曾有过带孩子时恨不得夺门而逃的烦躁，或是辅导孩子作业时怒发冲冠的咆哮。但教育是春风化雨的过程，唯有温柔地坚持，才能守候到种子发芽、蓓蕾初放、硕果累累的那天。

既然要离家出走，就让他尽情地撒野。外面温度只有10度，但也冻不坏。天已经黑了，我估计他一个小时之内就会回来。

林博士拉开门想看看，被我阻止。孩子很爱面子，你拉开门去追，他反而不好意思回来了。其实，坦白说，那一瞬间，我也心慌不已。如果孩子出事，我一定晕过去了。

我们灭了灯，静静地坐在黑暗里。这情形，如卡夫卡所说，"垂下眼睛熄了灯，回望这一段人生"，倒也不失为很美好的一件事情。除了我心跳特别快，口干舌燥。幸运的是，儿子是我了解的那个儿子。透过大门的猫眼，我看到走廊的感应灯亮了，说明有人在靠近。我还听到犹豫试探的脚步，在门口张皇失措地踱步。感应灯亮了又灭，灭了又亮。

确定了他就在门外，我一口气才喘过来，心放回原来的地方。过了很久很久，至少 45 分钟，轻轻的敲门声响起来。我打开门，把一只逃家小兔放进来。

我问他："感觉怎么样？"

笑笑说："一开始我很生气，后来在楼梯上坐了一会儿，越来越害怕，我就想回来了。"

"下次生气时你还想离开家吗？"

他摇摇头。我把他搂在怀里，亲亲他的额头，祝他今晚做个好梦。

亲子之间的剑拔弩张源自哪里呢？是试图用成人的观点取代孩子的想法，一味让孩子听话。电影《囧妈》里，儿子对妈妈说："在你心里面住着一个幻想出来的儿子，你为什么要锲而不舍地改造我呢？这么多年过去了，你难道还没有意识到，我不是你想的那个人吗？"

起初，我的抚养压力主要来自孩子自身的特点。拿大儿子笑笑来说：早产 2 个月的他如何在身体发育上追赶正常宝宝的发育标准？非常内向的他如何在语言发展上不太落后？特别害羞的他怎样掌握必要的交朋友的策略？……再比如我的女儿：她性格过于活泼、容易兴奋，会不会注意力不够集中？自我意识太强的话，是否会忽视与他人的交流和他人的情感需求？……

后来，家教的烦恼变成孩子成长的烦恼。比如，孩子离家出走，大人该怎么办？

　　如果是年幼的孩子嚷嚷着离家出走，当周围环境比较安全时，让孩子尝试一下离开大人照看的感觉，比如我之前所做的那样，是可行的。孩子在气头上，认为大人对他们不好，但真的离开了大人，年幼的孩子很快会感到恐惧。恐惧陌生人，害怕黑暗，担忧陌生的环境带来危险……他们会比大人更加害怕。

　　大人可以悄悄跟在他们后面，保证他们的安全。当孩子表现出害怕时，及时出现，安抚他们。

　　如果是 12 岁以上的大孩子离家出走，问题往往更加难办一些。家长必须提前解决，避免和孩子发生激烈的正面争执，同时了解孩子有哪些好朋友，通过孩子的朋友和孩子沟通。日常就理解、接纳孩子的坏情绪，比一味训斥更重要。孩子的所有问题，其实都是家长的问题。解决孩子发展问题的第一步，是找到家长的问题。

自我反思：我是完美主义的家长吗？　

	是	不
我希望孩子少犯错甚至不犯错吗？		
孩子犯错时我特别生气吗？		
你对孩子说过"这个你都不会"吗？		
你经常拿其他孩子和自己的孩子做比较吗？		

如果回答都是"是"，你是典型的完美主义家长。小心哦，世上没有完美，提醒自己更加包容。

接纳不完美的爸爸

中国旧理想的家族关系父子关系之类，其实早已崩溃。

——鲁迅《我们现在怎样做父亲》

说真的，不完美的小孩特别需要一个"完美"的爸爸。在这本书里，聪明的读者可能发现，和其他家教书差不多——爸爸出现的次数比较少。

爸爸去哪里了呢？一项研究发现，城市孩子平均每天有超过 2 个小时的时间在看电子产品，但爸爸的平均陪伴时间每天只有 5 分钟！大部分爸爸要么不在家，要么在家就在厕所。

这部分内容写不好，林博士一定会生气，后果很严重！所以这部分内容到底该不该写，我一直很犹豫。

客观地说，十多年来，林博士的角色还是有明显变化的。今天的父亲角色比昨天的要积极、胜任，这是值得肯定的趋势。

我们没有完美的小孩，自己也不是完美的父母。但我们追求完美的态度永远也不会改变。尤其是"爸爸"这一角色，到底什么样的爸爸才是一个成功、胜任的爸爸角色呢？

结婚的头些年，林博士总在下班后迟迟不回来，每天辅导完女儿的功课就迫不及待地出去散步。我想，他和我一样对陪读有种莫名的恐惧。后来，我不同意他给儿子陪读，他下班就越来越迟（官方理由是工作越来越忙）。

有一天，疲惫不堪的我对林博士发火："你从来不管孩子！你下班

第三章　不完美的小孩

回家都不和孩子玩！你真不是个好爸爸！……"说完我感觉好多了，看到他目瞪口呆的样子，我心里颇觉痛快。

但林博士是标准的理工男，特别受不了我使用"从来""绝对"这样的绝对频率词。在这一点上，他永远是对的（"永远"也是个不该用的词汇）。

他会举例说，曾经他还带孩子们去公园踢过球——也许不止一次。

如果我发火说："你从来不去接孩子！"他就会说："怎么是'从来'，我明明接过的！"是的，我也记得他接过孩子，虽然屈指可数，我还特意在博客里记录了这件事。

　　昨晚，爸爸决定明天要去幼儿园接雨果放学……

　　雨果小朋友好激动，早晨兴奋得大声说话，是一蹦一跳地去幼儿园的。他恨不得告诉全世界："今天我爸爸要来接我！"我也很激动，提醒雨果到时一定要向班上的老师和小朋友们介绍一下：这是我爸爸。

　　爸爸从来没去过雨果的幼儿园，顺便说一下，雨果已经上中班了。今天上午，爸爸详细地询问我幼儿园的具体地址与门牌号码、有几个分部、几栋楼。我都认真地一一解答，重点提醒他雨果在中（3）班，千万别走错了。爸爸也特意问了雨果是否认识回家的路。雨果保证，自己能够找到回家乘坐的公交车站，爸爸很宽慰。这下他就有导航了。

　　我很担心爸爸找不到中（3）班在哪里。上海幼儿园的有些教室位置很难描述清楚，只能建议他到现场问保安。我反复提醒爸爸一定要带接送卡，否则进不去。接送卡就挂在大门挂钩上。嗯，感觉我就像个唠叨的老母亲。

最后，我随口说了一句："两年了，你终于去接一次小儿子了。"

林博士立刻叫了起来："什么两年，这才中班！最多是一年多一点！"

在他接雨果的过程中我一直提心吊胆，打了很多电话，怕他迷路，怕他把雨果丢了……突然想起来，去年有一次他也说要接笑笑的。不过笑笑3点半下课，林博士4点才到学校。笑笑那时三年级，等了一会儿，看没人来接，就自己走回家了。否则爸爸的人生经历就可以说：我还去小学接过笑笑的。嘿嘿……

你看，写博客还是很有必要的，可以考证历史。其实，我真的没有怪他。在幼儿园门口，接送孩子的爸爸确实不多，甚至连妈妈都很少——接送大部队是由老人组成的。

我和林博士自结婚以来一直举案齐眉、相敬如宾，大多时候很客气。但吵架的频率也不低。多年来，只要一聊到孩子的教育问题，我们音量就会越来越高，总是以争辩开始，吵架结束。

林博士经常回家第一句话就是："我们同事的孩子去学了A辅导班、B培训班……"或者，"同事的女儿考上了某重点初中，同事的儿子考上了某重点高中……"

我很想说服那些和林博士一样固执的父母：童年的学业成绩并没有那么重要。我耐心地对他解释："人生不是短跑，前面那一段跑得再快也没有用的，反而后劲不足。"林博士非常不赞同："问题是，大家都在跑，你不跑很可能连高中都上不了。大家都上培训班，大环境就是这样，你没办法的。"

我说："OK，只要你找到一个质量好的培训班，我们就送孩子去学。"林博士果然去考察了一个著名教育培训机构。

他兴致勃勃地考察回来，告诉我一件趣事：机构的前台站了个胖胖的男青年，起初林博士以为这位男士是机构工作人员或者老师，结果发现那人竟然是该机构的老学员，已经在机构就读多年了。

应该说，辅导是有效果的——他已经被美国某大学录取就读了一年。可辅导也有反面效果——他虽然成为大学生，却依然不能适应大学学习，所以暑假回来赶紧到机构继续补课，生怕来年挂科被请回家。

心慌慌，月光光。这些辅导机构带大的孩子，离开了辅导老师的监督，连自己打开课本学习的欲望都很淡薄。学习变成了外部的督促和奖励，而来自学习本身的乐趣却被压制了。即便帮他一路考进美国大学，他却依然无法独自适应大学生活。

我真不希望自己的孩子成为他这样的人。林博士还在犹豫是否把孩子送去该培训机构。他说："毕竟，所有的孩子都在课外机构读书……"

"不是所有人都做的事情就是对的。"我照旧这样回答，"相反，真理往往在少数人手里。"

我们再次开吵。不过，自从看到那个考上美国大学、还在国内培训班回炉的胖孩子后，林博士提及培训班的次数逐渐减少。

笑笑3岁的时候，有一天，林博士谦虚地要求给他带孩子的表现打个分，我真诚地表示他那天做得很好。记得吗？孩子需要鼓励，老公也一样。

但事实上，我一直承担了陪伴孩子的主要责任，有几次我去国外访学，带着孩子们一走就是一年多，爸爸的角色在亲子陪伴中没有得到应有的发挥。

说实话，很多时候，我懒得让爸爸参与亲子陪伴，以免花费过多的时间纠正他的错误亲子陪伴行为。妈妈们太忙了，与其费时间指导队友的错误育儿技巧和常识，不如直接把互动时间留给孩子得了。

有次在旅途中，我遇到一家三口带着孩子，太太一直在埋怨丈夫："你别动这个……你又拿错了……"这位先生干脆举高了手机，专心打游戏，不再理会孩子。这一幕让我沉思。

林博士不大和孩子交流，其实也有我的原因。比如，偶尔他兴致高昂时，喜欢和孩子聊他最新的研究项目，说谷歌新出了一个人工智能模型叫"BERT"。我忍不住打断他："这个词（智能）太难了，孩子听不懂。"有时他把手边的论文念给孩子听，孩子确实听不懂，但努力在听。我问："你就不能给孩子读个绘本吗？"他被打断了，很不开心，就悻悻然、头也不回地走了。

我当时认为，对爸爸们要求不能太高。即便是贵为天子，也不大擅长家庭教育。想想康熙的二十多个儿子吧，有多少有性格缺陷？再想想那些名门望族的败家子吧，就不一一枚举了。

但随着岁月的流逝，我陪伴孩子日益吃力。特别是最小的孩子会走路之后，一刻不停地在奔跑、追逐，而中年老母亲已经疲于奔命。不管是从心理学、教育学还是运动学的角度，我终于意识到，父亲的陪伴都是不可替代的。友情提醒大家，早点改造队友，以免后患无穷啊。

今天，我由衷地觉得，如果林博士能够注意以下几点陪伴小细节，我们举家庆祝父亲节、制作父亲节礼物的时候一定会更加热情、真诚和投入。

1. 儿童化的陪伴：说小孩子听得懂的话

说到好爸爸典范，我立刻就会想起丰子恺。他在散文里把童年称为黄金时代，夸奖自己的孩子"是身心全部公开的真人"："小小的失意，像花生米翻落地了，自己嚼了舌头了，小猫不肯吃糕了，你都要哭得嘴唇翻白，昏去一两分钟。外婆普陀去烧香买回来给你的泥人，你何等鞠躬尽瘁地抱他，喂他；有一天你自己失手把他打破了，你的号哭的悲哀，比大人们的破产、失恋、丧考妣、全军覆没的悲哀都要真切。"

相比之下，好多爸爸一旦看到孩子啼哭，就摆出一副厌恶的表情，避之不及。

丰子恺无聊的时候，就会把孩子抱到膝头玩一玩，聊一聊孩子最喜欢的事情。孩子随口说到自己最喜欢的事是"避难"，于是丰先生又写出一篇散文来。我非常好奇，为什么有些爸爸无聊时只会刷手机、上厕所呢？

比如雨果问爸爸问题："爸爸，甘蔗为什么甜？"

林博士回答："甘蔗甜的原因……因为它有糖啊。"

雨果："为什么它有糖呢？它里面加糖了吗？"

林博士："没有加糖，它就是有糖！"

雨果："为什么它有糖呢？"

林博士："因为它甜……为什么甜……爸爸要开会了。"

我仔细观察，这样的提问一般不超过三个回合，招架不住的林博士就一脸烦躁，赶紧拿起手机躲进厕所，逃避小问号。

他向我解释："我不能陪小小孩，他们说话我听不懂。我适合陪大孩子。"

问题是，随着孩子逐渐长大，他们更需要同伴的陪伴、社会的教育，父母的影响则在逐步减少。相反，越小的孩子才越需要父母的陪伴。

经过观察，我发现林博士和孩子沟通不顺利的一个重要原因是语言不够儿童化。比如他会用许多书面语："原因""逻辑""变相""人工智能"……

如果爸爸能够结合孩子的特点，把许多生涩的词汇替换为简单的口语指令，就会发现孩子听话多了。一个简单的例子就是爸爸给孩子讲解数学题，孩子听不懂，最后爸爸就发火了。所以好爸爸和好老师一样，必须能够用儿童化的语言，帮助儿童理解大千世界、爱上大千世界。

2. 男性化的陪伴：展现和妈妈不一样的那一面

过去的父亲更加重视权威性。1919 年鲁迅在《新青年》上说：中国的"老子说话，当然无所不可，儿子有话，却在未说之前早已错了"。我能感受到，每个爸爸在孩子面前渴望保留的面子和尊严。所以，我一直很尊重林博士的权威。如果妈妈不尊重爸爸，孩子就不会听爸爸的话。我经常在孩子面前大肆赞美林博士，如：我们家的爸爸多棒啊！球打得多好！歌声多美妙！数学多厉害云云。

无论妈妈或者祖辈如何尽心抚养孩子，也取代不了家庭中爸爸的作用。他们往往是全家跑得最快的人、体力最好的人、唯一能够把孩子举过头顶的人……因此最适合做孩子户外的良师益友。

当一个妈妈紧张着孩子会不会从攀岩壁上掉下来的时候，爸爸可能已经成为他的攀岩伙伴，鼓励孩子一起登顶。当奶奶阻止孩子跳过一条小沟的时候，爸爸完全可以做一个完美示范：看看老爸是怎么跳的！厉害不？留下满眼冒崇拜的小星星的孩子原地鼓掌。

不，你千万别误会，我说的不是我们家爸爸。

林博士不爱运动，怕晒太阳，几乎过着吸血鬼一样的生活。过去 10 年他运动的次数不能说没有，但少到我几乎不记得。最近一次打网球是去年的事，他打了 10 分钟，还扭伤了腰，回家躺了 3 天。总的来说，他更加喜欢刷手机、看新闻。

我希望你家有个爱运动的爸爸——万一没有，也不要紧。

爸爸们有许多男性化的事情可以分享，可以给孩子打开一个新的天地。

在奥斯卡提名动画片《负空间》里，许多爸爸陪伴孩子打篮球、骑车，但故事里忙于工作的爸爸却在旅行的间隙教儿子打包行李。该卷的袜子卷起来，怕皱的衣服就平着叠……儿子长大后，像爸爸一样收拾行李箱。暖暖的亲情，在小小的箱子里传递。

爸爸其实有自己独特的男性魅力，可以用那些男士擅长和喜欢的方式陪伴孩子。比如，你喜欢玩电脑游戏，那么可以带上孩子一起去玩跳舞机。有一些动感游戏，"水果忍者"之类的，大人小孩一起跳起来，对爸爸们的脊椎也有益。

总之，让爸爸发挥男性的魅力吧！此时不 man，更待何时？

3. 个性化的陪伴：做独一无二的爸爸

每个爸爸有自己独特的个性，所以，个性化的陪伴会更加适合父子之间。如果爸爸不会玩游戏，可以让孩子教你玩他们的游戏！孩子是很好的老师，比大人更有耐心。无论是手指游戏还是跳房子，他们都会细细给你解释。

陪伴的时间也可以个性化。如果爸爸没有那么多时间陪孩子玩，是不是可以在临睡前给孩子讲一个爸爸小时候喜欢的故事？哪怕是爸爸童年的一件糗事、趣事、乐事！孩子最不挑剔，同样的故事每天讲，他们也不会腻味。恰恰相反，在这些重复听的过程中，孩子会获得一种安全感和仪式感。

如果爸爸不爱安静地阅读，那就陪孩子一起运动。走走跳跳，哪怕是简单的追逐奔跑，也能够获得亲子之间的亲密无间。

如果爸爸不喜欢运动，只是个吃货，那就和孩子一起吃顿饭总可以吧？在桌子旁边吃吃聊聊，可以在不知不觉中了解了孩子的饮食习惯，了解孩子今天遇到了什么开心和沮丧的事情。于是，餐桌就变成了幸福的大桌子，承载孩子童年的美好回忆。

如果爸爸是个大忙人，忙得连吃饭的时间也没有……那么就抽空给孩子洗个澡吧。洗刷刷、洗刷刷……在抚触和玩水的过程中，你会发现原来洗澡也这么有趣，难怪洗澡的娃都不愿意出来！

成年后，我们依然需要反思自己的人生终极目标，并探寻自己想要的生活方式。而不是完全把幸福与否的可能寄托在年幼的孩子身上。在理解和爱的基础上，爸爸和孩子必须发展一种早期陪伴的独特模式。这种模式是独一无二、只适合你们的。我认真强调，每个家庭和孩子都需要爸爸的陪伴。我们不需要猪队友，也不需要一个完美的爸爸。需要？对不起，这种商品在人类社会一直缺货。

对，我们需要一个冲锋陷阵、携手面对挑战的同伴和联盟，能基本需求一致最好，实在不行，个性互补也可以。不完美的我，配不完美的他，完美！

这样做，才有幸福感

> 烦恼与欢喜，成功和失败，仅系于一念之间。
>
> ——大仲马

在家教讲座上，我请家长用一个词语描述他们最希望宝宝未来拥有的东西。有人说：快乐、健康、乐观、自信、独立……总之，说什么的都有。有家长希望自己的孩子是高学历，或者高个子。有家长希望孩子未来富可敌国，或者做超级学霸。也有很多家长说，他们最想让孩子拥有幸福、快乐。

问题是，如何才能让孩子幸福呢？ IQ、FQ、EQ，样样都很重要。

因为孩子和我们都不完美，让我选择一个词的话，我倒希望自己的孩子拥有高情商。因为情商高，才幸福。未来总有事情会变糟，但积极的人生要学会看到希望。

木桶定律认为一只木桶盛水的多少，取决于最短的那块木板。管理学解释木桶定律，说每个人从事某一项工作，总有自己的长处与短处，要提高自己在这项工作上的短处，工作就会更成功。这并不是说，人要全能，而是注意知识搭配。但我认为，个人木桶定律的短板，往往由我们自己的情商决定。

有时候，不是因为我们不聪明、不能干，而是因为缺少克制自己负面情绪的那一根木板，导致我们离成功一步之遥，和胜利失之交臂。雨果出生后的几年，我得了比较严重的抑郁症，整天郁郁寡欢。如果不是这个原因，我可能早就写完这本书了，早就评上教授，早就成为微博大

V······不说了。

大量研究显示，大脑中负责逻辑思维、数据和事实记忆的区域——或者说影响学习成绩的那些因素，一直会发展到 30 多岁，越成年效率越高。所以联合国提倡终身学习。你可能会想起，小时候自己听了半天还是听不明白的一个原理或者知识点，长大后的某一天忽然就理解了。

但大脑里和情绪、社交能力相关的区域却是在儿童期发展形成。俗话说：三岁看大，七岁看老。一个人的情绪与个性特点，在很小就会显现雏形，奠定一生的基调。如果在 7 岁之前不能塑造良好的情商，孩子在成年后会遇到很多负面情绪：悲伤与抑郁、焦虑与愤怒······而不知如何面对。

我希望我的孩子有高情商。笑笑是小区里出名的"暖男"，很小就能买菜做饭，接送弟弟。他的"哥哥餐馆"在小区很有名，每天自己起床、做饭、上学，是邻居羡慕的"别人家孩子"。二十多年前外婆骑自行车时摔跤了，手臂骨折。之后，给她剪脚指甲一直是我的固定工作，笑笑 8 岁的时候继承了我的工作。

一般孩子在 7—8 岁可以开始学习剪自己的指甲。笑笑已经能够很好地控制指甲剪。给外婆剪指甲时，他生怕剪到肉，每次几乎都把鼻尖贴到老人脚上了。我知道他鼻子特别灵，而外婆的脚难免有味道。他把鼻子贴在脚尖上，保持这个姿势很久不动。不知怎的，我眼睛发酸心里骄傲。这就是我的孩子，有一颗柔软孝顺的心。

孩子愿意体谅别人的情绪，移情能力很强，这是高情商的表现。但高情商并不完全是先天遗传的结果。很多家长问我，孩子玩游戏不能输，输了就发脾气，怎么办？其实许多孩子都害怕失败、害怕批评。输赢乃人生常事。必须真的是常事，孩子才能适应。对待这样的问题，

只有循循善诱，放下对孩子的过度保护，让他们学习面对失败，直到适应。

移情能力培养

最初的情商教育还是要从移情能力的培养开始。例如，在笑笑蹒跚学步的时候，他随手摘下一片叶子，我就告诉他别摘，小树会疼，会不高兴的。他跌跤了，头碰在桌腿上，他一边哭一边告状："桌子，宝宝头！"我就摸摸桌子说："噢，对不起，小桌子，笑笑撞到你了，你疼吗？小桌子也不哭，真勇敢。"笑笑第一次听这样的话，很疑惑地看着我。我认真地摸摸小桌子，继续说："下次笑笑会小心的，走路时不会撞你了，对吗，笑笑？"笑笑点点头，不哭了。

笑笑不知什么时候起养成了咬被子的坏习惯。他非常喜爱他的小被子，再热也要把小被子裹在怀里，一边喝奶，一边揉被子。等奶喝得差不多了，他把奶瓶放到一边就开始咬小被子。被子的四个角被咬得破破烂烂。他自己爱咬，还大方地把被角塞到我嘴边，让我也尝尝。我说："笑笑，不能咬小被子啊。"他不理会我。语气严厉一点，他还是不理睬。我再严厉一点……笑笑就委屈地哭了。一边哭，一边发出抽气的声音，好像心都被伤透了似的。

我立刻把他最爱的毛绒玩具拉过来。这是一只"小鸟"。我说："小鸟啊，笑笑咬被子对不对啊？"然后我模仿小鸟说："不对，不能咬小被子！""为什么呢？"笑笑忘记哭了，瞪着眼睛听"小鸟"说话。

"因为咬被子对牙齿不好。而且，小被子会疼的啊！不信，笑笑把小手放到嘴里咬咬看。"笑笑乖乖地（傻傻地）把手伸到嘴里咬了一口。我问他疼吗？他点点头。

"对啊！""小鸟"继续说，"小被子也会疼哦。所以，笑笑不能咬小被子，小被子是你的好朋友呢，对吗？"笑笑乖乖地点点头。以后，只要看见他咬被子，我就说："小被子会疼的！"他顽皮地笑笑，然后就把被子松开了。

我们一起看《托马斯小火车》。书上有各种各样的小火车，除了颜色不同，表情也各异。笑笑仔细看看小火车的脸，说："这个小火车高兴。这个小火车不高兴。"他有的说得对，有的说得不准确。我就重新描述一遍："对，这个小火车高兴。因为他嘴角翘翘的，正在笑。这个小火车也高兴，因为他的眼睛笑眯眯。这个小火车很难过，它看起来要哭了。"

通过识别面部表情，笑笑初步有了感受别人情绪的基础。2岁1个月，吃饭时，他不好好吃饭，还把筷子扔到地上。我做出生气的样子，把脸沉下来，不再理他。他东张西望了一番，有点不自在，嘴里喃喃地说："妈妈不开心了。"我问："妈妈为什么不开心呢？"他回答："宝宝不吃饭，妈妈不开心了。"我说："那怎么办呢？"他拿起勺子大声说："宝吃饭了！"

笑笑从小就特别内向，生气时一言不发。让内向的孩子学会表达自己的感受，是我多年来从未放弃的内容。一天上午，我带2岁的笑笑散步，小区楼下新建了一个滑梯，引来了不少孩子和家长。我希望笑笑也加入他们，和小朋友一起玩耍。但笑笑坚决不去，也不说话。我好言相劝，想鼓励他过去。但他大声哭起来，用手使劲把我往回拉，嘴里还喊着："哼！哼——"看起来真的很生气。

回家后，我给他吃了点水果，然后轻声问："笑笑，你知道吗？妈妈不喜欢你发脾气，你下次不开心时告诉我为什么生气，不要说'哼'，可以吗？"笑笑点点头说："可以。"过了一会儿，他突然说："他们人太多了，我不想过去，他们一直看我。我害羞。"我愣了一下，然后明白

他在解释自己发脾气的原因。我把他搂在怀里，亲亲他的额头说："你把自己心里想的东西说出来了，妈妈很高兴。但是你用不着害羞，和小朋友一起玩会很开心的。别人看看你也没关系的，对吗？"笑笑说对。

还有一次，我随口说："笑笑，不可以发脾气。"笑笑立刻学会用这话来威胁我。比如在门上磕碰了脑袋，马上说："哎哟，有点痛！我生气了！我不高兴了！一定要发脾气！"黑灯瞎火的晚上，他对我说："妈妈，我想出去转转可以吗？"我说不行，天都黑了。他说："就要去，一定要发脾气！"

我觉得他这种表达方式不适宜，就拿他的好朋友皮皮编故事。"皮皮"是我给他虚拟的一个小朋友，模样和笑笑差不多，坏事干尽，整天惹祸。笑笑最近很喜欢这个皮皮，动不动就说："妈妈，讲个皮皮哭吧。""妈妈，讲个皮皮抠鼻子吧。"我说："我要讲一个皮皮发脾气的故事，可以吗？"他高兴地说可以，姐姐赶紧凑过来听。

话说这个皮皮，最喜欢发脾气。不管别人说什么，皮皮总是说："哼！我生气了！我不高兴了！我要发脾气！"妈妈说："皮皮，你怎么老是要发脾气啊？"皮皮说："哼！不给我吃糖，我就要发脾气！"

皮皮肚子里面的气越来越多，变得像大气球一样。一阵风吹来了，把皮皮吹到了天上。怎么办呢？（笑笑和心童带着一脸专注的表情，摇摇头。）

皮皮飞啊，飞啊，飞得比房子还高。他大声喊："我要下来，让我下来！"可是风继续吹，皮皮被吹到天上去了。一辆大吊车正好在盖房子。皮皮被挂在大吊车的钩子上下不来了。他怎么办呢？

笑笑说:"妈妈回来了,爸爸妈妈抱皮皮下来。"我说不行,爸爸妈妈也爬不了那么高。姐姐说:"大吊车放皮皮下来。"我说驾驶员吃饭去了,大吊车现在不会动,没有人驾驶。最后,我请小鸟把皮皮救下来。

我问笑笑:"你会发脾气吗?"笑笑头摇得和拨浪鼓一样:"笑笑不发脾气,皮皮发脾气。"

接纳负面情绪

有一本心理学的名著,叫《象与骑象人》,是讲情绪管理的。人类的心理有一半正如一头桀骜不驯的大象,而另一半则像是一个理智的骑象人。甭管外部压力有多大,人们只要理智控制自己的情绪,就可以提高工作效率、学习质量、幸福指数……大多数人都发现,当自己情绪愉快的时候,往往就是绩效最高的时候。但做父母的,情绪始终是东边日出西边雨,道是无"情"却有"情"。我们难免有许多控制不住的负面情绪。

孩子也有许多自己的负面情绪,比如恐惧。小时候,心童一到天黑就不许我们出去。暮色淡淡地落下来,洒得窗外一片水墨画的样子。林博士说:"心童,爸爸出去一下。"心童皱眉道:"可是天都黑了!你看!"她跑到窗帘边上,拉开一个小角。爸爸看看窗外:"还没有全黑呢,爸爸一会儿就回来……""不行!"她一下子急了,"天黑了,不能出去!"

爸爸试图说服她,或带她一起去,她的眼睛鼻子开始往一处挤了,手紧紧拽着爸爸的衣服,声音带着哭腔:"不行,不行,不行,要爸爸抱……"

对黑暗的恐惧心理是儿童常见的负面情绪之一。一天,心童站在没有开灯的卧室门口张望,喃喃地说:"里面有什么啊?"房间里一片漆

第二章 不完美的小孩

黑，什么也看不见。爸爸鼓励她："你去看看里面有什么？"大人站在她身后，给了她很大的勇气。心童慢慢地走进卧室。等她完全进入房间后，我们打开了日光灯："看，什么也没有。"她摸了摸床，又跑到窗台边上看了看，高兴地回应："是啊，什么也没有。"

当发现孩子怕黑时，应当与孩子进行充分的沟通，了解孩子到底担心什么。如果孩子担心妖怪会藏在衣柜里，那就打开衣柜，让她看清里面没有妖怪；如果孩子担心盗贼闯进来，就向孩子解释门窗锁好了，屋里很安全。平时的教育中，也不要把黑暗与可怕联系起来，避免让孩子看恐怖的电视节目，听吓人的故事。

帮助孩子克服对黑暗的恐惧心理，可以使他们在未来的生活中更好地应对其他恐惧和焦虑，使他们心理更健康。

父母给孩子的安全感和情感支持是任何东西都无法代替的，是最好的心药，对稳定孩子的情绪起到至关重要的作用。我偶尔和女儿一起在黑暗中游戏，让她逐渐适应黑暗，适应物体在黑暗中的影像。比如我轻松地说："来吧，今天我们关了大灯来玩藏猫猫。"让孩子在不那么明亮的光线中寻找某个物品，增加孩子触摸、感受黑暗中物体的机会，熟悉黑暗中的物体。渐渐地，怕黑的焦虑会减轻。

有时，孩子还会害怕某样特定的东西。大人应该接纳孩子的恐惧，认可这些负面情绪，而非一味指责。

雨果不知为何开始害怕螃蟹。有时，傍晚我们经过光影摇曳的灌木丛，他会突然指着那些摇曳的树枝说："螃蟹，怕怕！"剧场的海报画了一只古怪的木偶。雨果辨识了半晌，也定义说："螃蟹，怕怕！"

我特意买了几只螃蟹给孩子玩，想消除雨果的恐惧感。螃蟹在锅里静静待了一会儿，有一只高大威猛的螃蟹突然飞快地横跨锅沿，连爬带蹿地往雨果的脚边跑。雨果赤脚穿着拖鞋，吓得一边大叫一边后退。他身后是橱柜，没处可逃。眼看张牙舞爪的螃蟹就要靠近他的小脚，他的叫声变得凄厉，从大叫变成惨叫。拖鞋也丢了，鼻涕眼泪糊了满脸。

从来没有听他这样凄惨地哭过，我赶紧把他抱起来，小声安慰。他委屈地趴在我肩膀上，一直哭了很久。我让不怕螃蟹的姐姐做个榜样，让姐姐拿了一根筷子逗螃蟹。每次螃蟹要爬出锅外，姐姐就用筷子把螃蟹拨回去，并且严厉地训斥螃蟹。看到螃蟹被姐姐骂得狼狈不堪、一个字也不敢回嘴，雨果心里一定有所启发。

我也给雨果一根筷子，但他仍然不敢靠近螃蟹。接着，我们把螃蟹烧熟，大家吃得很欢，雨果不肯吃。我希望他在快乐的游戏中忘记恐惧，把恐惧压缩在健康的、可接受的范围内，但他没有立即改变。家里偶尔吃螃蟹，我们热情邀请，但他继续害怕螃蟹，拒绝进食螃蟹。我尊重他的想法，从不勉强他吃。

直到 5 岁那年，家里有次蒸螃蟹，香味四溢。雨果看着哥哥姐姐吃，忽然说："好香啊，我也想吃。"我喂了他一口，绝口不提他曾经害怕螃蟹这回事。他的螃蟹恐惧症就此终结。

坦然面对挫折

笑笑从小就是极其耿直、不善沟通的男孩，我一直努力引导他学习与别人交流的技巧。路漫漫其修远兮，妈妈我还有许多要努力的地方。不过，只要孩子有承受挫败的意志，一切都有重新来过的机会。

挫折教育不是创造挫折给孩子，而是用爱支持孩子面对每一次挫折。2020 年的新闻里，一个江苏常州的 5 年级小女孩被老师批评后，跳楼自杀了。那几天，我很焦虑，痛惜这些早早逝去的生命。我问我的孩子："如果有人批评你，用不正确的方法让你感到非常难过，你应该怎么办？"

笑笑说："我就回家哭一会儿，然后告诉爸爸妈妈。"听到他愿意把苦恼向我们倾诉，我觉得这些年的情商教育有效果。父母常常低估孩子的承受力，其实孩子比你想象的坚强。只要努力培养，积极引导，孩子的情商进步是看得见的。当然，孩子的苦恼需要家长的积极回应。父母无条件的支持与引导，是孩子成长中的关键。真有什么不对，也要在孩子情绪平稳的时候，用恰当的方式沟通，千万不能跟着老师把孩子一顿臭骂，火上浇油。

那些从未获得应对挫折所需技能的孩子，常常会用一生去逃避挫折和痛苦。重点是帮助孩子掌握改善情绪和平复心情的方法，锻炼孩子的情绪调节能力。这些都属于弹性原则的一部分：抗挫力。

我也鼓励孩子保持幽默，换一种积极的方式来讲述自己生活中发生的挫折和小失败。有时候，情绪决定语言，但语言也可以反作用于情绪。用积极的方式讲述生活中发生的事，把自己出的糗，当笑话说给别人听，慢慢地自己也会开心起来。事实证明，摆出微笑的样子也能让自己感觉快乐，学着幽默也可以提高快乐的程度。

总之，亲子陪伴是为了塑造一个坚强、幽默、热爱生活的孩子，而非一个脆弱、焦虑、容易抑郁的孩子。在漫长的亲子陪伴路上，我们一直要琢磨着那些得与失、是与非。

第四章
又一个不完美小孩

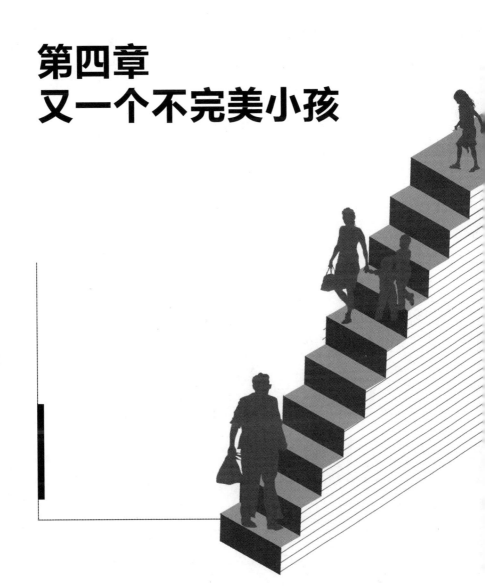

　　女儿心童 4 岁时，我们家迎来了大儿子笑笑的出生。二孩时代的家庭当然是幸福的，但家庭生活也是由一系列冲突和反冲突事件构成的。随着婚后怀孕，亲子陪伴难度直线上升。特别像我，还是个继母。那时，许多朋友经常关心我，问：心童喜欢小弟弟吗？怎么让大孩子做好准备迎接新成员呢？

怎样让老大接受二宝

他们喧哗争斗，他们怀疑失望，他们辩论而没有结果。

我的孩子，让你的生命到他们当中去，

如一线镇定而纯洁之光，使他们愉悦而沉默。

——泰戈尔《新月集·孩子天使》

许多家长告诉我，他们家是否要二孩的首要顾虑是怕老大不高兴。网络新闻里报道过大孩子坚决不同意要弟弟妹妹，引发了家庭冲突的案例。这些我都特别能够理解。

我自己就是第一代独生子女。记得小时候走在马路上，两边的广告牌里写的都是"只生一个好！"广告里配的图片是这样的：一个苹果在中央，好几个勺子伸过去，分吃这个苹果。言下之意是，如果只生一个孩子，谁还会抢孩子的苹果呢？

独生子女政策强化了一代儿童自我中心、独占资源、只想得到不愿分享的心态。而新一代独生子女成为家长后，也喜欢用独占资源的想法来抚养孩子。

比如，我身边有一些家长，怀二胎时干脆把大孩子送回老家抚养。甚至有些家庭会决定把老大送回老家和祖辈生活一阵子，上小学时才接回来。这会带来许多隐患。

我知道，大多数父母这样做，都是不得已而为之。把大孩子送回老家生活，不仅兄弟姐妹之间缺乏感情，离开父母的大孩子也会和父母产生隔阂。留守儿童的心理创伤也许需要很久甚至一生的时间去治愈。

等大孩子离开父母一段时间后回到家，忽然发现家里多了个哇哇哭的小娃娃，心里别提多惊讶、多难过了！大孩子肯定会这样想：原来就是因为这个小家伙，爸爸妈妈才不要我！哼！看他一万个不顺眼！

我们结婚时，心童的生母已经给她生了一个妹妹。那个妹妹很遥远，其实没有影响心童的日常生活。心童还是像独生子女一样，独占家里所有的玩具、美食和关爱。怎么告诉心童，家里要多一个小宝宝了呢？

我希望心童做好心理准备，而游戏的方法最适合三四岁的孩子。

一天，心童习惯性地对我说："妈妈，你今天给我买一个礼物吧。"我问她想要什么，她说想要一个有小推车和安抚奶嘴的小娃娃。我摸摸肚皮，有办法了。我把她带到床边坐下，细细解释说现在太晚了，有小推车和安抚奶嘴的小娃娃卖光了，商店只剩一个最小的娃娃。

心童说，小的也行。我说："你要的是不是一个眼睛大大、胖嘟嘟的小娃娃啊？"心童高兴地说："对啊！对啊！一个有安抚奶嘴的小妹妹！"我说："可能是小妹妹，也可能是个小弟弟。但是这个小宝宝的确很可爱，以后还可以陪你玩。你想不想要呢？"心童犹豫了下，说也行，但要看看货。我说看不着，因为买的宝宝太小了，得放在我肚子里长一长。

心童明显受到了惊吓。她瞪大眼睛看着我，看我是认真的还是开玩笑。我认真点点头。她犹犹豫豫地伸出手，拍一下我的肚子："里面真的有个小娃娃吗？"我说是。她又乐了："那你现在就把他生出来吧，我都等不及了。"我说不行，现在没长好，生出来没头发。她转了转眼睛，开始发呆。

5分钟后，她开始改变说话的声音。她捏着嗓子道："妈妈，我是你的小娃娃！喵喵……"接下来的个把小时，她都坚持用这种变调的声音说话，表示她很小，并表现出一副她"真的很小"的样子。这正应了弗洛伊德的观点，当家里出现小 baby（还没出现呢）时，年长一些的孩子会出现"退化"行为，例如模仿婴儿的举动，甚至希望和小宝宝一样用奶瓶喝水等。这些都是正常现象。

过了几天，心童忽然问："小宝宝还没出来吗？我都等不及了，妈妈你现在就生吧。"还热情地要给我捶捶肚子！我连忙拒绝了她的好意，说非过一年再生不可。

二孩时代，大孩子首先担心的是失去父母的关爱，他们会比任何时候都敏感、警惕，整天琢磨着新来的小家伙会对他们造成什么影响。所以，父母对大孩子的陪伴和接纳特别重要。

在怀孕之前，我感觉心童最爱我，表现在许多方面。吃饭时，她总是嚷嚷："我要坐妈妈旁边，我要靠近妈妈坐！"为什么？"因为我可以摸到妈妈。"我听见阿姨问心童："如果爸爸妈妈你只能喜欢一个，你喜欢谁？"林博士站在旁边，用期待的眼神看着她。但心童毫不犹豫地说："喜欢妈妈。"

不过，有一天，她突然想到一个问题："妈妈，你肚子里小娃娃的爸爸是谁呢？"我和林博士面面相觑，没有想过她会这么问。我想，她这样提问是因为她已经有一个妹妹，那个妹妹有另外一个爸爸。也许她以为，不同的宝宝应该有不同的爸爸。

我说："就是爸爸啊！"心童看看林博士："是我爸爸啊？"她一下子生气了，撅起了嘴，抱住了林博士的腿："不行，不行，这是我爸爸！"接下来，她激发了对爸爸强烈的爱和占有欲，极度依恋林博士。

这些都是可以理解的，大人用平常心看待就好了。我们大人也希望得到更多的爱和关注，何况是孩子呢？只要经常告诉大孩子，家里会多一个非常爱你的弟弟妹妹——这是真话，千真万确——大孩子慢慢会期待新伙计的到来。

二孩准备的小细节

提前疏导，让大孩子有心理准备，如"你就要多一个好朋友啦"。

让大孩子共同参与迎接弟弟妹妹的准备工作，如把自己的小衣服整理出来，为弟弟妹妹起小名等。

胎教时，让大孩子待在身边一起听故事，让大孩子为弟弟妹妹唱歌或者念唐诗。

每天对大孩子说：我真爱你，你好可爱，好棒！小弟弟（妹妹）也会非常爱你！

三孩陪伴诀窍

> 大儿锄豆溪东，中儿正织鸡笼；
>
> 最喜小儿无赖，溪头卧剥莲蓬。
>
> ——辛弃疾《清平乐》

我发现很多家庭把大宝、小宝分开照料，家长的初衷可能是害怕照顾不周，或者是避免矛盾。有的家庭选择把老人请来帮忙。虽然没有送走其中任何一个孩子，但他们在家庭内部进行了分工。比如我们楼上的依依家就是分工明确、责任清晰——爷爷奶奶负责姐姐依依的上学、吃饭，外公外婆负责妹妹的日常照料。

这其实是用照顾独生子女的方法来应对二孩三孩时代，弊端也是很明显的：一旦两个孩子凑在一起，就是新一轮世界大战。

为什么？他们已经习惯了在自己的世界里成为唯一，并没有学会分享与让步。所以，疫情期间，经常听见依依和妹妹在家吵架的高分贝音波："不是你的——这是我的！"

我特别理解第一代独生子女自己生二孩的苦恼与困惑，因为我也是这么过来的。我家非但没有老人帮忙，70多岁的母亲不良于行，多年以来衣食住行都需要我照顾。现在又多出个孩子，可不是一加一等于二那么简单。两个和尚抬水喝，三个和尚没水喝。多一个孩子带来的连锁反应，远远超出了我这个独生子女的想象。在我们家，姐弟之间友爱的小船说翻就翻。

我在日复一日的焦虑和绝望中，慢慢总结出三孩家庭的陪伴诀窍。

1. 日久生情，让孩子彼此喜欢

其实对三四岁的孩子来说，喜欢弟弟妹妹是一种本能，不是因为伦理或道义。心童喜欢小弟弟只因为她觉得好玩。三孩之间相处的第一个原则就是让他们彼此熟悉——日久生情嘛。

彼此初见面时，心童哈哈大笑："弟弟怎么这么小啊？"再近前一看，更乐了："他怎么没眉毛啊？"我们鼓励心童给弟弟唱歌听，心童就唱一首五音不全的《小燕子》。笑笑皱着眉听完，给出一个笑容。心童得意了："看，笑了吧？是我让他笑的！"

笑笑在地上飞快地爬过，像镜头快进般，飞速前进。心童羡慕不已。一眨眼的工夫，心童也在地上爬起来。她一边爬，一边还说："喵喵——"这表示她很小，比弟弟还要小。

她玩弟弟的玩具，还吃弟弟的牙胶。笑笑困惑地看着她微笑。她继续啃蓝色牙胶，似乎那是天下最好的美味。笑笑目不转睛地注视着她，扶着茶几站起来，然后双手离开茶几，往前走了一步、一步，再一步。他对自己人生第一次独立走路的划时代体验并不在意，三步并两步跨到姐姐身边，想拿回自己的牙胶。姐姐"喵喵"一声，爬走了。

三孩时代考验的不仅是父母的公平公正。三孩的相处依赖于大孩子和小孩子之间亲密关系的建立。我一直鼓励姐弟之间相亲相爱，每天都带笑笑去幼儿园接姐姐，雨果出生后就带着雨果去接哥哥姐姐。

小孩子天然地喜欢大孩子。姐姐走了，笑笑会拿起姐姐的拖鞋抱在怀里，用唱歌般的声调喊："姐姐啊——"

去幼儿园接姐姐，他从进幼儿园大门就开始用细细的嗓子喊："姐姐——姐姐——"从一楼一直喊到三楼。

我带他到姐姐的中班，班上小朋友正在准备玩游戏，看到笑笑，一声欢呼，全围了上来。嘴里喊着："有个小宝宝！一个小宝宝！"他在友好而轻松的气氛中，参观了姐姐的班级和睡房，包括自然角里的植物和小朋友的作品。在大家羡慕的眼光中，姐姐得意地带着笑笑离开了教室。

晚上，笑笑洗完澡，光着小脚在床上喝奶。心童学着我的样子，摸摸笑笑的小脚，说："真可爱，真嫩啊！笑笑的小肥脚！"

她兴致盎然，还把小脚放到鼻子上闻了一下："嗯，洗干净了，一点都不臭，香喷喷的小肥脚……"

过了一会儿，她把自己的手举起来，看了一看，再闻了一闻，在我身上擦了两下。我看看她，她嘿嘿一笑，自言自语说："我还是去洗洗手吧！"

在生活中日久生情，那是岁月自然的馈赠。有条件的父母还要创造机会让大孩子和小孩子一起玩——这不太容易。但一旦你掌握了方法，混龄游戏就成为家庭生活中很重要、很有趣的环节。

如果家里有不同年龄的孩子，玩游戏就变得很有挑战性。怎样用一个游戏满足多个孩子的发展需求呢？从有了笑笑开始，我每天绞尽脑汁找让姐姐弟弟一起游戏的内容，比如昨天玩捉鱼，今天玩手指木偶。

例如普通的投球游戏，可以改变游戏规则：姐姐和哥哥负责投球，弟弟负责记分。大孩子必须把一个鸡蛋大的球，投到小桶里。隔1块地砖进球得1分，隔2块地砖得2分，距离越远得分越高。

对大孩子来说，2分球偶尔会失误，3分球则很有挑战性。小弟弟刚刚开始学数数，正好给哥哥和姐姐记分。雨果手里拿着一串串珠，给选手发放相应数量的串珠。得1分给1粒，OK没问题！但2分及以上他就开始胡乱发珠子。不用担心，哥哥姐姐马上会制止并纠正他的胡乱发放，于是雨果的数数水平也得到了提高。

在生活和游戏中，大小孩子会建立深厚的革命情谊。笑笑对姐姐的倾慕之心一直很明显。小时候，我教了很久他才会喊妈妈。结果姐姐有一次说："笑笑，喊姐姐！"笑笑立刻乖乖地张嘴说"姐姐"，1秒钟就学会了这个词。每次出门前，笑笑就会站在门口大声喊："姐姐！姐姐！"一直喊到慢吞吞的心童出来为止。

2. 适时回应，不袒护大 / 小孩子

我见过许多家长在劝架时袒护小孩子，一味指责大孩子不让着弟弟妹妹。这种做法非常不利于家庭和睦。其实，当孩子们发生争吵时（哪天不吵个七八回），家长必须及时评估风险值，根据评级及时回应，不要把矛盾上升到不可收拾的地步。争吵没有升级时，可以不需要家长的干预。而家长一旦干预，千万要注意一碗水端平，公正执法，法理情都得兼顾。

一开始，每次孩子们吵架我都撸起袖子来维护和平，结果自己疲累不堪不说，反而被双方队友嫌弃。比如笑笑不给弟弟雨果玩他私藏的宝贝，雨果哭丧着脸来求助："妈妈，哥哥一个也不给我！"我赶紧保护弱小："哥哥，你给弟弟一个好吗？弟弟不弄坏，玩一会儿就还你。"哥哥气呼呼地扔了一个过来，嘴里还念念有词发牢骚。我又忙又火，大声吼他："这么小气！你一个人到边上玩去，别在我们家，我们家只要大方会分享的孩子。"

哥哥撇撇嘴要哭了，结果雨果气呼呼地冲过来："妈妈，不要再说啦！再说我打你哦！我不陪你了，我不和你交朋友了，我要把你扔到天上去！"我呆若木鸡："为什么？"雨果大声说："不许说哥哥！"

小家伙，你倒是搞清楚状况，老妈在帮你好不好？他一脸奥特曼的表情，变作正义化身维护兄弟情谊，伤了我的玻璃心。看谁再管你的

闲事！

随着小孩子独立行走，兄弟姐妹之间的争夺战开始了，他们正式陷入了相爱相杀的两难境地。这时，必须开展科学的评估，分辨孩子之间争吵的严重程度，再决定是否干预。

0—1 级争吵：轻微口舌之争

小吵怡情，无须干预。

心童和笑笑在争抢一张汽车小贴纸。笑笑使劲拽着不松手，心童就打了他一下。只在 0.01 秒之内，从不还手的笑笑也伸手打了心童一下。姐姐大声地"哼"了一声，表示威胁，弟弟立刻也"哼"了一声。姐姐伸手拍了一下桌子，弟弟立刻拍了两下。

或者，姐弟两个总在我进门时争着要抱。每次都是姐姐仗着个子高，领先一步把我抱住，而且故意用背挡住弟弟，让他连妈妈的衣服边都沾不着。笑笑急得在一边啊啊叫，两只手像开飞机一样上下摇晃，嘴里用唱歌一般的声音喊着："妈妈呀妈妈！妈妈呀妈妈！"后来我们有了小弟弟雨果，这一幕依然每天重复。哥哥每次都把弟弟挤到一边，第一个抢上来抱妈妈。

小孩子很快会学会保护自己，有可能反应过激。有一天，我给姐姐讲道理，告诉她不可以用错误的方式，以暴制暴。我举例给她听："假如雨果踢了哥哥一脚，这是雨果不对，他不可以打人、踢哥哥。可是如果哥哥也回踢他一脚，这样哥哥又不对了，对吗？"

姐姐还没说话，雨果听见了赶紧跑过来告状："哥哥踢我！"

哥哥气坏了，大声说："雨果，妈妈这是打个比方！我没有踢你！"

2—3 级争吵：其中一方手持硬工具

一方手持工具，法官必须密切关注。著名幼教家陈鹤琴先生曾经说，"吵吵闹闹是上帝赐给孩子们的礼物，孩子们在吵闹中长身体、长智力"，要看到吵闹的积极作用。我理解他的意思。但有时候，刚刚讲了一天课回来，我拖着疲惫的身躯走进家门，迎接我的是 2 个（3 个）孩子在打架，为了一块积木叫得比麻雀还吵、比河马还大声。我完全有可能在一瞬间失去理智。

我就像一个大法官，每天裁决各类民事纠纷，严格控制冲突不要上升到武装冲突和刑事犯罪的程度。"心童，把枕头还给弟弟。……什么？你也要枕头？……好，这个枕头给你……你就要那个枕头？这个不行吗？为什么这个不行？不都是枕头……"

作为家长，我不能丧失理智。法官必须留意小孩子手里拿了什么，有没有"凶器"。如果我不在 1 分钟之内放声呵斥，一块积木就可能会从一只手上砸到另一个头上。凡是有尖角（如铅笔、筷子）、有硬度（如遥控汽车）、有重量（如遥控器）的凶器都必须引起家长的密切注意，及时从孩子手中没收。

特别提醒一下，孩子手持尖锐的物体时，一定要提醒他们放下才能到处走动。不可以一边走路，一边手里握着筷子、牙刷等一切尖锐的物品。如果手持剪刀行走，一定要把剪刀的尖头向下握在手心里，而不是握着剪刀把手。

有一次，心童拿着一支刚刚削好的铅笔，走到桌子边和弟弟聊天。她兴奋起来，随手把铅笔扎到了弟弟手背上，弟弟一声惨叫，血已经流出来了。

总之，他们相爱相杀，他们彼此埋怨，他们互相争夺……类似的镜头每天重复无数次。而家长大法官必须在各种争吵声、拍打声、哭叫声中仔细倾听，寻找必须回应、干预的时机。

3—4 级争吵：敌我双方力量过分悬殊

力量悬殊过大，必须干预。争吵是一个动态过程——口舌之争很可能会慢慢演变为武装对峙。虽然一开始双方没有手持工具，但大孩子着急了会不择手段。如果不及时干预，小孩子就会吃亏。这种时候，公平地关心每个孩子的需求非常重要。没有人因为岁数大，就不需要关心。所以"你大，所以你得让着弟弟妹妹"的训斥是不对的。

家长干预时要保持公平公正的原则。一味叫大孩子让步，只会导致大孩子厌恶弟弟妹妹。也没有人因为年龄小就什么都可以原谅，小孩子也需要学习分享和谦让的礼仪。

"妈妈，笑笑又在书上乱画！你快去看啊！""姐姐抢积木！抢走！""妈妈，笑笑又压在我身上！""宝宝枕头！哇哇——"

"笑笑，不能在书上乱画……桌子上也不可以画！把笔还给姐姐！……不行，给你铅笔，水彩笔给姐姐……你再乱画姐姐的书，今天就没有笔了……你的笔被没收了，哭也没用……"

夏天的下午，我一边在电脑上工作，一边听两个孩子吵嘴，越听越热。心童要拿一个装幸运星的罐子，笑笑不同意，拿了就跑。心童追上去，说："还给我。"笑笑说："就不给。"

"还给我。""不给。"

"还给我。""不给。"

"还给我。""就不给。"

……

心童坚持不懈地说"还给我"，笑笑坚持不懈地说"不给"。双方大概重复了50遍。我心里想，差不多了。果然，心童说："最后一遍，到底给不给？"

"不给！"

接下来心童不再说话，要武斗不要文斗了。只听见笑笑开始叫："啊——"尖叫声、扑打声、哭喊声、绝望的求救声……

我一边写论文，一边犹豫要不要干涉。思考后，我决定及时回应以中止斗争。我走过去，先把被挡得嗷嗷叫的弟弟从心童手里解救出来。但解救并不容易，因为他们一旦分开就又同时挣扎着向对方扑过去，再决一胜负。小孩子会因为自己人矮体弱而放弃斗争吗？在外面会，但在家一般不会。人在开展"窝里斗"时往往有一种自我膨胀感，感觉自己完全有实力放手一搏——小孩子在这方面更加头脑不清醒。所以，下一步我得立刻把引发他们争端的那玩意儿（不管它是什么）拿在手里，开始灵魂考问："这是谁先拿到的？这本来是谁的？你为什么需要它？你们可以分享吗？你们可以轮流使用吗？"这样的灵魂五连问之后，一般孩子会开始回复到0—1级争吵的"轻微口舌之争"。而家长负责迅速做出一个相对公平的裁决，比如一人一半，或者彻底没收赃物，给他们布置一个新的游戏转移注意力。几分钟后，争斗结束，争吵的双方被暂时分开。而我的思路则被完全打断，论文是打算写什么来着？邮件看到哪里了？一个下午的工作又被毁了。这没什么，听说倒霉的大雄在《哆啦A梦》全集中一共被胖虎揍173次，被老师骂60次，被妈妈骂了327次，被狗咬23次，掉进水沟14次。可是大雄还是乐观地活着，我这一点委屈算什么……

偶尔画面也会很和谐，但不持久。笑笑一边说"拉姐姐手"，一边把小手递给姐姐。看着两个孩子一大一小牵手的样子，小小的人儿仿佛如画里的风景，真是幸福洋溢。不过这样美好的片段一定是不长久的。不到1分钟，心童走得太快，把弟弟拖得跟跟跄跄，弟弟开始尖叫、哭喊，大法官妈妈赶紧再次出场维持秩序……

食物、玩具、一片树叶、一根绳子、妈妈的怀抱、爸爸的关注……一切都可能成为孩子们争抢的对象。把他们的视线引向不同的地方，是避免冲突的重要策略。墨子说，兼相爱，交相利。既爱自己也爱别人，与人交往要互惠互利，就是双赢的意思。

无论如何，学会妥协都是孩子们应学到的第一课。用公平的心调解纠纷，则是法官（家长）的日常工作。

3. 合理求生，发展孩子的社交技巧

隔岸观火，其乐融融。随着小孩子长大，学会表达自己的观点，家长要把资源争夺战的主战场留给他们自己解决，让他们在资源争夺中学习自主求生。每天听大小孩子斗智斗勇，也是一件乐事。当然，家长要事先限制彼此争吵的方式，比如"要文攻不要武斗"。我经常要求他们只能用语言来表达自己的意愿，日常生活中不可以随便动手，得先讲道理。君子动口不动手，与人斗其乐无穷嘛。

从老家回来，有人送笑笑一辆儿童三轮车。笑笑、心童都非常喜欢。吃完晚饭，两人就互相怂恿着出去骑车。3岁的笑笑先骑，7岁的心童受到邀请，坐在三轮车后面观光。观光固然不错，但骑车的诱惑更大。于是二人就开始斗智斗勇争夺骑车的机会。

心童："哇——坐车子后面好舒服啊！好好玩啊！风景特别棒。笑笑你要不要来试试？"

笑笑（闷头骑车）："不要。"

心童装作无所谓的样子说："那我坐吧。哇——灯光好美啊！风吹得好舒服！太高兴了，谢谢笑笑！（感动感激！）"

笑笑不为所动，继续骑车。心童改为单刀直入："笑笑，你骑好一会儿了，换我骑吧。"

笑笑："不行，我还没骑好呢。"心童开始动之以情、晓之以理，充分展示了我多年来精心培养的"移情"能力："可是你不给姐姐骑，姐姐会不开心啊。你想不想让姐姐开心？"

笑笑："想。可是我骑在车上面就开心得不得了。我还想骑。"心童仰头大叫了一声以示发泄，然后调整了一下心情，重新换了台词："笑笑，你做老师，来教我骑车吧。姐姐不会骑车啊！"

笑笑说行。心童大喜："那我下来换位置了。"

笑笑："等一下，我现在没时间教你，我正在骑车。"

百折不挠的心童："笑笑、笑笑，我来打车，你做出租车司机。你听到有人打车就停车，问我去哪里，好不好？"

笑笑说行。心童敏捷地跳下车，跑到前面，然后大声喊："出租车，出租车！"

笑笑骑车过来，问她要去哪里。心童："我要去医院。"

心童高兴地跳上车后座，嘴里说着："打车好好玩啊！笑笑，现在你来打车吧，你跟出租车说你要去哪里。"

笑笑终于中计，跳下车来。心童终于坐到驾驶员的位置上，她对站在路边的笑笑说："你跑远点，到前面去打车。对，再远点，再远点……到那个树下面，再远点……好了。"

笑笑呆头呆脑地跑了很远，然后大声喊："打车！打车！"

心童乐呵呵、慢吞吞地骑到他身边，说"上来吧"。

怎么样？是不是像看大戏那么精彩？这样的戏可以每天免费看好几回。在双方斗智斗勇、彼此没有形成物理伤害的时候，家长隔岸观火的感觉也蛮不错的。

4. 永远不要让年幼的孩子独处，时刻关注他们

不要让孩子离开你的视线！多少家庭悲剧，都始于家长让孩子独处。记住这一金玉良言——小孩子身边时时刻刻要有人陪伴（监视）。哪怕是上厕所，也绝对不要让他们离开你的视线，否则你一定会后悔莫及

的。平常，有些粗心的大人把孩子独自留在家里，发生过各种各样的儿童伤害事件，足够让我们警醒。

孩子们之间也会出现许多无意伤害。经常提醒可以减少一些意外，但很难完全杜绝。多了一个孩子，你永远想不到接下来会发生什么。

雨果出生后曾经发生过一件意外。那天，我们大人还没有出门，笑笑顽皮地把弟弟的婴儿车推进了电梯。我赶过来时，电梯门正好关上，无论我多么用力地按住电梯按钮，电梯还是自动下行了。

我眼睁睁地看着电梯一层层往下，心里着急却并不太慌，想着是自家小区电梯，不会有什么危险吧。我大声告诉爸爸，让他守在楼上，自己赶紧坐另外一部电梯下楼。这时，雨果所在的电梯已经毫无阻力地到了一楼。

我心急如焚地到了一楼，冲出电梯，发现隔壁的电梯已经上行到顶楼。而电梯门口既没有雨果的婴儿车，也没有想象中大人围观的场面。一定是雨果跟着电梯又上去了，爸爸在楼上等着呢，他一定接到雨果了。

我继续等。3分钟后林博士带着心童、笑笑也下了电梯，神情很笃定，但他们身边没有雨果。我瞪大了眼睛问："雨果呢？"

林博士吃惊地说："我以为你在一楼找到了！"

这下我开始慌了。谁把雨果带上楼？去哪里了？林博士说，看到那部电梯在25楼停了一下。我顾不上问他为什么不按下按键，电梯就会在我们那层楼停下。我冲进电梯，按了25楼。

在电梯缓缓开动的过程中，我心如擂鼓。新闻里曾经放过一个在电梯里抢走小婴儿虐待、并从高楼把婴儿抛出窗外的事件。不知我们这里有没有这样心理变态的人？冲出25楼，我在走廊里匆匆搜索，抓住一个出门的邻居："有没有看到一个小婴儿？"看到她惊愕地摇头，我的心紧紧地揪了起来。雨果在哪里？

这时，我突然听到了婴儿的哭声，声音遥遥传过来，我的心几乎跳出喉咙。我仔细分辨声音，似乎在下面，又似乎在上面。我冲到 24 楼，走廊里没有人，哭声更大了。再冲到 23 楼，听见雨果伤心的哭声。

看到雨果的一瞬间，我把失而复得的宝贝紧紧搂在怀里，都顾不上是责怪还是感谢那位好心推走婴儿车的老人。那天，我把哥哥狠狠地骂一顿，并且剥夺了哥哥 3 周内推婴儿车的权利。

当然，随着孩子的成长和他们相处技巧的积累，大人就可以抽身而退了。你可以少说、少干涉，适当地让他们独处。长大后，他们会相亲相爱，甚至超过母子之情。

从 9 岁开始，哥哥每天清晨一起床，就到厨房里忙忙碌碌，然后端上一大盘好吃的东西，喊弟弟来分享。雨果则理所当然地吃着哥哥姐姐准备的美食，嘴里嘀咕着："真好吃，真好吃！"哥哥的餐馆每天开张，还允许弟弟点菜，从意大利面到煎牛排、鸡蛋饼。这是我作为独生子女，从来不可企及的幸福啊！

好孩子，愿你们永远相亲相爱。

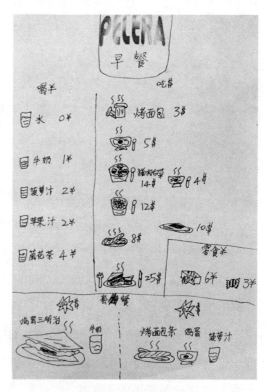

9 岁哥哥的早餐馆菜单

混龄阅读的乐趣

幸福的生活是一种由爱鼓舞、由知识指导的生活。

——罗素

书给人类打开了另外一个世界，脱离现实的、无边无际的想象世界。从浪漫主义的角度看，如果孩子爱上阅读，他们就再也不会孤单。现实一点来说，只要孩子在 6 岁之前爱上早期阅读，以后的作文写作、阅读理解也是手到擒来。

孩子爱上了阅读，家长就做到了"授之以渔"而非授之以鱼。阅读能力是"渔"的能力，是学会学习的手段，是面向未来千变万化世界的工具。

纳格尔在《生命之始：脑、早期发展与学习》这本书里说过：大量益智类玩具、教育类软件和游戏容易让孩子们养成静坐不动、被动接受信息的学习习惯，但事实上，与大自然的丰富多样、瞬息万变相比，看似五彩斑斓的玩具和功能炫目的软件提供的可能性相当有限，孩子很快就能穷尽并厌倦。而大脑对于外界刺激有长短不一的窗口期。长时间接受某一种刺激，孩子会将其与负面情绪相联系，导致此后潜意识中对该种"学习方式"的反感。

相比之下，亲子阅读既是不容易厌倦的学习方法，也是联系父母和子女情感的最佳纽带。混龄阅读则是联系大孩子和小孩子情感的最佳纽带。好的绘本可以传递给孩子爱和积极情感。和孩子交流绘本阅读是为了双方情感的抒发。

一天晚上，我给笑笑讲日本童书作家宫西达也的《永远永远爱你》。读这本书的时候，笑笑听得很认真。故事读完了，他良久不出声。我仔细一看，他的眼睛已经微微红了，眼眶里噙满了泪水。他的嘴唇微微颤抖着，眼泪汪汪地克制着自己的哭声。发现我在看他，他忍不住扑到我的怀里，把小小的头靠在我的肩膀上，小声地抽泣起来。

我问他为什么哭，他"哇"的一声哭出来，说："小恐龙再也见不到妈妈啦！呜——"但是小恐龙忘记妈妈了吗？笑笑说没有。我说：是啊，虽然他和妈妈不得不分开，但是小恐龙没有忘记妈妈，他自己一个人生活得很好，长大后送给妈妈许多许多红果子。他的妈妈高兴吗？笑笑说小恐龙的妈妈开始难过，后来又高兴了。我们这些父母不也是这样吗？最初总恋恋不舍，不愿离开自己的孩子，但未来又会为孩子给予的小小关怀而感动。

等笑笑给弟弟讲《永远永远爱你》的时候，他们关注的视角又不同了。他们关注的是慈母龙和霸王龙中，谁是哥哥，谁是弟弟？弟弟厉害还是哥哥厉害？好多年过去了，他们如果再遇见，霸王龙还认识自己的兄弟吗？一定认识的！

中文绘本读什么？

0—3岁的孩子可以选择图形鲜明、角色清晰、情节简单有趣的图画书，每一页的场景是清楚明白的，角色是凸显的，可以有少量文字。3—6岁的孩子则可以欣赏各种健康、有趣的图书。如果你没有绘本选择的经验，那么功利一点的标准是选择图画书领域的大奖作品——国际安徒生奖、美国凯迪克奖、美国纽伯瑞儿童文学奖、英国凯特·格林威奖、林格伦儿童文学奖、博洛尼亚国际儿童书展最佳童书奖、陈伯吹国际儿童文学奖、丰子恺儿童图画书奖……获得以上童书奖项的绘本都基本有值得一读的优点。

有的图书适合早期读写，有助于儿童早期识字启蒙。这一类的阅读书包括《迪士尼我会自己读》等，一个趣味故事由简单的几十个字组成，相同的字反复出现，适合孩子的记忆曲线。

有的图书可以培养孩子的社会性发展。心童3岁生日时，我买了一套"汤姆小兔"的绘本给她。于是，心童睡觉之前养成了听故事的习惯。她总要听很多、很多个，一遍完了又讲一遍。我说，这是最后一个。但她总是说："再来一个，再听最后一个。"

一个星期五，我生病了，有点发烧。心童说："我送妈妈上床睡觉。"我故意说："唉，你睡觉之前都有人讲故事给你听，妈妈睡觉之前就没有人讲故事。"她热情地说："我给你讲故事。"

以前，每次我鼓励她自己讲个故事，她都蹙眉说："我不会讲！我只会乱讲！"我说："好，你就乱讲，我最喜欢你乱讲。"她依然不吱声。今天，她终于要讲故事了！她找到我新买给她的一本书，飞快跑到我身边，指着封面，学我的样子，点着标题，一个字一个字地念："汤—姆—挨—罚——"

然后打开到封二，再念："汤—姆—挨—罚——"

然后她开始讲故事："有一天……"停下，翻页。再翻页。继续翻页……

她郁闷地说："咦，那一页呢？……我找不到了！"

我说："你就从第一页讲起吧！"

她说好吧。她指着第一页的图片，说："有一天，他和爸爸妈妈去……咦，他怎么一个人啊？"心童指着图片边上一只小兔子问我。我问："你觉得为什么呢？"她说："嗯……他怎么一个人？有一天……讲完了。"我觉得，女儿内心深处是个孤单的孩子，很害怕别人离开她。

她的父母在她 3 个月时把她送回爷爷奶奶家，1 岁多的时候离婚，2 岁回到父亲身边。总之，她是非常没有安全感的孩子。半夜做噩梦、哭闹、发脾气都是内心情绪的宣泄方式。但书会给她打开一个温暖的世界。现在她已经是个大姑娘了，还是很喜欢逛书店。

哥哥给弟弟读故事就更逗了。一开始，哥哥每次读了一半就会遇到不认识的字，只好很尴尬地把书往弟弟手里一塞："你自己看吧。"为了解决面子问题，哥哥也要努力学汉字呀。

英文绘本选什么?

英文绘本阅读首先推荐苏斯博士的作品。他是美国最著名的童书作家之一。苏斯博士出生于 1904 年 3 月 2 日，那一天也被定为美国阅读日。其实，苏斯博士生日的那一周几乎是全美的阅读周。整整一个星期，图书馆会把他的作品放在童书架的最前排，小学和幼儿园的老师们会充满激情地朗读他的作品。他一生创作的童书销量超过 2.5 亿，被美国教育部指定为儿童重要阅读辅导读物。菲利普·奈尔在《苏斯博士：美国偶像》中说，因《哈里·波特》而一举成名的 J.K. 罗琳，图书销量几乎超越了世界上所有的作家，除了一个例外——苏斯博士。

苏斯博士曾获美国图画书最高荣誉凯迪克大奖和普利策特殊贡献奖，两次获奥斯卡金像奖和艾美奖。他的每一本书都很押韵，也很搞笑。读了他的书，会对英语的自然拼读生出兴趣，不知不觉掌握许多相似的字母的发音。他最著名的作品是《戴帽子的猫》(*The Cat in the Hat*)，只用了 236 个单词造就了西方孩子的入门阅读。其他作品，如《穿袜子的狐狸》(*Fox in Socks*)，以及《一条鱼两条鱼》(*One Fish Two Fish*)等，都很受孩子的欢迎。

4 岁以上的孩子还可以选择一些优质的英文分级读物，他们都是循序渐进的成套图书。你可能需要一层书架收纳它们（取决于你家墙壁的长度）。如果说美国最棒的分级读物是"兰登分级阅读"，英国著名的启蒙读物该是"牛津树"了。例如牛津树分为家庭版和学校版，两个版本的故事内容不同，册数也不同：家庭版有 58 册，而学校版有 406 册。牛津树的自然拼读系列包括教学与练习，学练一体。拓展阅读系列则是围绕着 Kipper 一家展开的日常故事，就像漫画连载。

书的分级阅读建议是这样的：L1—L3 级别适合零基础，刚开始启蒙的孩子，4—5 岁或者 5—6 岁都可以开始。里面的故事情节比较简单，孩子容易接受。L4—L6 适合有一些词汇基础，刚开始读句子的孩子。L7—L9 适合已经可以读句子，需要加大阅读的深度和广度并培养自己的阅读理解能力的小学生。

不过，据我观察，买了丛书放在客厅架子上做摆设的家庭还挺多的。真正坚持阅读它的，一定会看到效果。

如何混龄阅读？

有的家长说，看到孩子幼儿园期间能自主阅读了，以为家长就不用管了，反正我买书他看书，孩子爱看书就行。但后来发现孩子的阅读很粗浅，挑自己喜欢的图片随便翻翻，没有深度阅读。这时才后悔没有坚持亲子阅读，没有和孩子交流读后感！

睡前最适合开展亲子阅读。哪怕是小婴儿，也喜欢大人指着一张图片说说故事。3 岁以下婴幼儿的中国绘本质量参差不齐，西方的低幼绘本字又特别少。为此，我还曾经为孩子专门写了一套关于小汽车的绘本。

早期阅读需要榜样，混龄阅读更是对大小孩子的共同促进。当大孩子开始喜欢看书时，可以每天让大孩子读一篇课文或者故事给小孩子听。这样，既增进了兄弟姐妹之间的感情，又锻炼了大孩子的朗读水平。

一天，笑笑在读语文课本，他看完一篇课文《汤圆》高兴地说："我看得口水都流下来了。"他读了课文最后一句给大家听："啊！汤圆，原来你还有团团圆圆的意思！"

我夸哥哥真棒。过了一会儿，我提醒他们要睡觉了，让哥哥把《春日》这首诗读给弟弟听一下——我很喜欢朱熹这首诗。弟弟赶紧大声说："啊，汤圆！"大家笑喷了。

犹太人有句谚语：读过很多书的人，如果他不会用书上的知识，仍可能是只驮着很多书本的骡子。亲子和混龄阅读的延伸可以是故事创编，也可以是结合孩子生活的谈话与讨论。

比如晚上，心童看我在电脑前写博客，问我在做啥。我说，妈妈在写东西啊，写书。她将信将疑地看我。我拿出刚刚发表文章的一本杂志，说：看到吗，这就是妈妈写的。我翻开，指着我的名字念给她听。她好胜心大发，也要写书。我鼓励她讲故事，帮她写下来，也做成一本书。于是就有了下面的故事。当然，删去口头禅"那个""的"10次，调整主谓结构若干。

从前，有个高高的山顶，山里面住了一个怪物，（他有多大呢？）他的脚像桌子那么大，头像房子那么大。他是个好怪物。（他有名字吗？）他叫天怪物，因为他和天一样高。天怪物想找个朋友一起玩。他对小娃娃说：我可以和你一起玩吗？小娃娃说：好啊，我们一起玩吧。（他们玩什么呢？）他们一起玩球，一起玩小蜜蜂，玩得很高兴。这时，他们碰到一个坏怪物，坏怪物想把他们吃掉。坏怪物叫屋顶怪物，因为他像屋顶一样高。好怪物就和坏怪物打起来了。天怪物的拳头很厉害。最后，好怪物把坏怪物打死了。

　　家长还可以鼓励孩子写诗。诗歌不过是竖着排列的语句，体现孩子天真的视角。大胆地记录吧，每个孩子都是小诗人。我们的孩子不可能一天写2000首，但偶尔的灵光乍现，足够打动尘世的温柔。比如，哥哥经常记录弟弟创作的小诗。

小花

一朵小花飞走了

一朵小花回来了

一朵小花是彩色的

一朵小花是美丽的

这一朵小花

还是那一朵小花

都有自己的特点

下雨了

刮风了

是云在吹干自己的头发

下雨了

太阳会怎么样呢？

太阳说：洗澡啦！

原来太阳这么爱干净

混龄阅读推荐部分书目 [1]：

0—3 岁推荐书单：

1. 莫妮克的《小老鼠》无字书系列，共 8 本，小老鼠咬出了不同的惊喜。

2. 莫莉的《弗洛拉和火烈鸟》，描述了一对反差很大的朋友，快速翻动书页形成动感的连帧动画效果，生动演绎了一出幽默的舞蹈喜剧，别有趣味。

3. 钱雨的《小汽车度度的成长故事》，为 3 岁以下孩子量身定做的一套书，文字简单有趣，包含家长互动指导。

4. 梅瑟·迈尔的《一个男孩、一条狗和一只青蛙》。

5. 艾尔伯特·拉摩里斯的《红气球》。

6. 珍妮特·温特森的《苹果与蝴蝶》。

7. 成田雅子的《莎娜的红毛衣》。

3—6 岁推荐书单：

1. 玛丽路易丝的《猫头鹰 蝙蝠》，让孩子体会从"我们"到"你们"，除了从猫头鹰的角度读这本书，还可以将书颠倒过来，从蝙蝠的角度再读一遍！

2. 大卫·威斯纳的《疯狂星期二》和《7 号梦工厂》，把现实和虚幻结合了起来。

3. 芭芭拉的《小红书》和《又见小红书》，各有一个孩子起身跨越

1　参考《爱阅早期儿童阅读书目》《爱阅童书 100》，https://www.sohu.com/a/383300945_120465463

空间的阻隔，找到了在书里认识的朋友。

4. 雷蒙的《雪人》采用了多格漫画的画法，给读者留下了一个开放式结尾。

5. 苏西·李的《海浪》，描述了一个小女孩在海浪拍打的沙滩上奔跑，贴近孩子的生活，鼓励孩子探索自然。

6. 伊斯特万的《变焦》，透过相机的镜头变焦特效，由一片红色的鸡冠开始，一直延伸至整个宇宙穹苍，从近到远，由小窥大；整个作品富含惊喜与巧思，给予读者想象及思考的空间。

7. 彼得·史比尔的《夏天的天空》和《下雨天》，贴近孩子的生活，《下雨天》讲的是一对小姐弟在下雨天一起去探索家附近的社区、公园和街道。他们走过水洼，脚下溅起了朵朵水花；他们在大大小小的角落，发现躲雨的昆虫。大人看的时候也会勾起很多小时候下雨天的回忆。

8. 图里奥·乔尔达的《雨伞》。

9. 柳在守的《黄雨伞》。

10. 郭乃文和周见信的《寻猫启事》。

11. 汤米·狄波拉的《早餐蛋饼》。

12. 马修·科德尔的《我遇见了一只小灰狼》。

13. 慕佐的《小鸡和狐狸》。

6 岁以上的经典阅读

6 岁以上的孩子可以自主阅读。这时，亲子阅读更像是共同阅读，你读你的书，我读我的书。家长可以参考教育部发布的 2020 中国小学生分级阅读书目，[1] 中华民族有着重视传统文化的优良传统，经典作品中

---

1 中国小学生分级阅读书目（2020 年版），https://baijiahao.baidu.com/s?id=1664 489666334611227&wfr=spider&for=pc

往往包括许多伦理观点，如尊老爱幼、兄友弟恭、修身养性、诚实守信……即便在今天依然有着积极的意义。虽然传统家教观与现代家教观出现冲突、中国家教观与西方家教观发生对比，但无论时代如何发展，这些经典的价值观不该被抛弃。父母要通过言传身教，为孩子提供好的图书，培养未来的好公民。

孩子生病怎么办

万爱千恩百苦，疼我孰知父母。

——《小儿语》

多了一个小孩子，家里可能会面临两种困境：一、孩子轮流生病；二、孩子同时生病。你最怕哪种？

在童年早期，教育和保育其实是密不可分的。健康的身体是一切美好生活和教育成就的生理基础。健康是"1"，后面的一切都是"0"。没有这个健康的"1"，0 再多也是 0 啊！

小孩子有两个容易生病的高峰时段，一个是断奶半年后，另一个则是入园、入托的第一年。三孩家庭往往会在头几年轮流遇到以上问题。

老师和家长们都希望孩子最好别生病，可惜天不遂人愿。女儿心童从小经常发烧、咳嗽。她打针不哭受到表扬，不舒服时经常主动要求去看病。如果医生说不必挂水，她还有点小失望。上海每家儿童专科医院我们都去过，其中最大型的有那么三四家，但离我家都比较远。运气好（如果可称为运气好）住在儿童医院附近的毕竟是少数家庭。

我带孩子去医院时，就忍不住想：就医的队伍特别长，等待时间特别久，问诊速度特别快，药开得特别多，交叉感染概率特别高……带娃看病真是人生最糟糕的体验之一！

婴幼儿生病的起因是很复杂的，今天玩太累了，或者是出汗后吹风了，也许是某个大人或小朋友传染……小宝宝经常被一些奇怪的病毒骚扰，如果验血发现白细胞没有升高，只有单核细胞升高。很明显，这就是某种病毒惹的祸。病毒，大概是现代社会令人恼火的东西，既让人恐惧，又无可奈何。

笑笑一岁半的某天，从公园回家后突然开始咳嗽，咳嗽越来越厉害。我们 5 点就起床，去最好的儿童医院挂号。这个医生果然厉害，先拍了 X 光片，说不是肺炎，只是"支气管炎哮喘"。随后，开了 10 种药：包括 2 种止咳药水，4 种激素类吸入和口服药片，外加阿奇霉素（抗生素）和氯雷他定（一种抗过敏药水）。

我回去找医生，小心翼翼地问："这么多药，一岁半的孩子吃不进怎么办？"女医生悲天悯人地看我："我只管开药，你想办法让他吃进去。再好的医生，你不吃药也治不好病。"说得多有道理！我大胆地问："药能不能少一些？毕竟孩子还小，吃药不太配合啊。"她说不行。我坚强地再问："能不用抗生素吗？"后面的人已经开始崇拜地看着我。

女医生用忍无可忍的态度说："当然不行，喉咙都肿了，就是发炎。发炎，懂吗？必须消炎！当然要用抗生素！"她的眼光越过我，看着下一位患者。

可怜的笑笑经历了人生第一次吃药。接下来的几天，笑笑在惨烈的哭声中度过：吃西药哭，喝中药水哭，做雾化治疗哭……不知道医生在开药时考虑过吃药对儿童心理的伤害吗？

小时候心童经常生病，我已经觉得很痛苦。等两个孩子轮番甚至一起生病的时候，突然觉得当初是多么简单平和的日子。人生苦难多，一山更比一山高，没有最糟，只有更糟！

久病成医，我可以把孩子看病的故事再写一本书，说说常见儿科疾病的预防和治疗方案。有的同事孩子生病了，都会问我注意事项。比如，周教授的孙女咳嗽 3 天了，问我要不要赶紧去医院挂号？我说，个别婴儿容易高热惊厥，一旦高烧超过 38.5 度就要提高警惕，及时使用美林等退烧药。这种情况要及时就诊，以免发生危险。一般的感冒咳嗽或低烧，如果孩子情绪良好，头3天其实无须立即就诊，以免交叉感染。

当然，我不是医生，只是长期求医积累了一些家庭护理和预防经验，一不小心记住了上海常去的儿童医院专科专家的就诊时间而已。

儿童门诊部特别容易出现病毒交叉感染。有一次，雨果因为扁桃体发炎去了儿童医院，几天后扁桃体炎症消退了，却再次高烧咽痛，原来感染了手足口病！因为孩子一直在家休息，通过流行病学分析，他感染的唯一渠道就是之前儿童医院的内科候诊区。

如果孩子连续3天以上高烧、咳嗽并伴随明显的精神不振、食欲不振或昏睡，必须立即就诊。许多病毒引发的幼儿高烧，会在第三天自行消退，譬如常见的幼儿急疹，一旦退烧，浑身的小疹子发出来，病也差不多好了。

在病毒面前，自己有抵抗力才是硬道理。要降低孩子生病的概率，只有在日常保育上下工夫。积极预防的核心是提高抵抗力，重视预防，掌握早期疾病干预策略。我经常看国家地理杂志的那些野外探险节目。一对美国夫妇在孤岛上生存，他们能徒手搭建一个藤条和树叶组成的树屋。而现代城市父母可能组装一个鞋柜都觉得很吃力。毫无疑问，像我这种体力的人在热带雨林里支持不了几天。

在上海，除了距离远，就是挂号难。好几次我长途跋涉，独自抱着孩子穿过半个上海到达了目的地，结果在人山人海的挂号长龙中跌跌撞撞一番后才发现，专家号早已挂完了，内心真是苦不堪言。黄牛可以帮助你用钱换个号，但要价比较高，看病的成本就翻倍了。现在，许多医院开辟了网络挂号。神奇的是，他们每天半夜12点才放号，而往往一登录我就发现，刚刚开放的专家号已经挂完了。

就算人品爆发，挂到了传说中的专家号，经过一个半小时车马颠簸，在人声鼎沸的候诊室等了半天，终于见到了亲爱的大夫。结果呢？2 分钟内我们就被快刀斩乱麻的医生打发了。于是又要去收费窗口缴费，排下一个验血或拍片的队。下一个病号则始终站在身后用哀怨的眼光注视着你。

做完检查，再次排队。开了什么药，拿到手才知道。孩子为什么会患病？医生则通常会说："不好说，原因很复杂。"言下之意是：说了你也不懂。

再问平时要注意怎么护理？儿科医生喜欢说："注意保暖，饮食清淡。"这句话几乎像万金油，百听不厌，包治百病。我简直要建议医生把这八字箴言打印出来贴在门诊墙上。

送孩子去医院次数多了，我开始重新琢磨婴幼儿护理与保育的重要性。唐代孙思邈的《千金要方》中就记载"夫生民之道，莫不以养小为大，若无于小，卒不成大"，可见我国古代已深刻地认识到儿童是世界的未来，婴幼儿的保育直接关系到他们的健康成长和民族的繁衍昌盛。

治病不如防病。明代万全《育婴秘诀》中说"鞠养以慎其疾"，实寓有预防之深意。为什么好好的孩子会生病呢？

排队等待叫号时，我常常观察周围的孩子，和那些年轻的爸爸妈妈交谈。"你的宝宝多大啦？""九个月。""她怎么了？""拉肚子哎！""她是不是吃了什么不好的东西？""我也不知道啊，平时都是她奶奶带的。"

"你宝宝多大啦？""三个月了。""她发烧吗？""发烧，还咳嗽。""她吃母乳吗？""我们一直吃奶粉的。"

我在候诊室里做的非正规调查显示，0—6 岁的宝宝有 3 种疾病最常见，分别是咳嗽（发烧）、过敏和腹泻。1 岁以下的婴儿到医院就诊超过 3 次的，大部分未经过纯母乳喂养。总之，影响婴幼儿身体健康，导致发病率高有 4 个主要因素：非母乳喂养、辅食添加不当、日常护理不当和早期干预不及时。

前面两点在第一部分中我已经说过了，而后面两点具体说来可以总结为十六字箴言：积极预防，加强锻炼，感冒护理，饮食调节。

1. 积极预防

生病了就已经迟了，中医一直提倡治未病。要减少孩子生病的次数，必须积极预防。预防首先是要斩断病毒的传播链，如暂时和有感冒病毒的孩子、大人隔离。家里有人生病时，要勤洗手，勤通风。

其次，换季时合理呵护孩子的冷暖。明代的徐春甫《古今医统》记载了养子十法。他主张背要暖，认为背脊三椎下节之两旁是肺之俞；肚要暖，认为肚无热肚；足要暖，因为寒从下起，故要足暖；而头要凉，头为六阳之会，诸阳所凑也；心胸要凉，心属丙火，若外受客热，内接心火，则内外俱热……这一点让我很困惑，因为西方的传统恰好相反。小婴儿往往光着脚丫，大白天也戴着一顶憨乎乎的睡帽。哪种更加容易着凉呢？我个人观察，觉得没有明显差异，所以这种分段的寒温管理模式仅供大家参考。

反而是中国历代医家一直强调的"欲得小儿安，常带三分饥与寒"，倒是挺有道理的。《诸病源候论·养小儿候》也说"小儿始生，肌肤未成，不可暖衣，暖衣则令筋骨缓弱"，并指出"薄衣之法，当从秋习之，不可以春夏，卒减其衣……从秋习之，以渐稍寒，如此，则必耐寒"。"爱而暖之，适所以害之也"。这个保育秘诀就是春捂秋冻。孩子和大人秋天稍微带一点点凉，添衣服不能太多太快。春天则要带一点点暖，不着急脱衣服。

此外，密切关注孩子的睡眠和大便。睡眠是保障婴幼儿免疫力的重要环节。如果宝宝连续几天睡眠不规律，就很容易生病。大人熬夜、作息不规律也一样会导致身体出现红灯。我见过一些年轻的父母，自己贪玩，带着孩子到处旅游，到很晚才休息。孩子因为作息不规律，很容易就生病。好好的旅途，变成了求医之旅。

此外，儿童大便形状的突然改变，往往是疾病发作的征兆。比如笑笑如果大便突然很干，或者便秘，流鼻血，就是感冒的前兆。

最后，一些中医药的小儿保健贴也有一定的（心理）作用。冬病夏治是中医的特色疗法，穴位贴敷则是最常用的冬病夏治的方法，也称三伏贴。这些保健贴用于防治小儿哮喘、鼻炎、过敏性咳嗽、呼吸道反复感染（感冒、咳嗽、扁桃体炎、支气管炎、肺炎）等呼吸道疾病和过敏性疾病。

毕竟是外用药，副作用不大。缺点就是有的娃不配合、不肯贴。我刚贴上，笑笑就把它扯下来。我还尝试过换季时用中药防护。例如在感冒早期，如果宝宝舌苔微黄，大便偏干，就服用半包板蓝根冲剂。如果宝宝有着凉、吹风的经历，可以试试小柴胡冲剂。如果着凉了，手脚冰冷，淌清水鼻涕，民间喜欢用生姜煮红糖水喝，驱寒很有效。但笑笑不肯喝生姜糖水，说太辣。

我也试过老中医的小儿保健药方，担心中药有毒性，一天的量分成3天吃。吃中药时，小婴儿完全不配合。虽然医生会开"甜"的中药，但有常识的都知道，中药再甜也不美味，孩子一闻头就扭过去了，连嘴都撬不开。笑笑吃药的反抗格外激烈。经过摸索，我发现兑果汁尤其是葡萄汁，味道甜，颜色深，能掩盖多数药水的难闻气味。不过中药的作用缺乏临床数据，反倒是一般的维生素 C 泡腾片，紧急情况下给孩子泡上半颗，据说也是有一定提高抵抗力的作用，心理安慰作用不错。

2. 加强锻炼

通过运动来锻炼身体，是最好的提高免疫力的方法。但小婴儿没法锻炼。我原本想通过游泳锻炼宝宝，结果有一次游泳时水太凉，我和宝宝反而感冒了。

风和日丽的时候多户外活动，可以提高小孩子的免疫力。《诸病源候论·养小儿候》里就注意到阳光与新鲜空气对儿童健康成长的重要，"宜时见风日，若都不见风日，则令肌肤脆软，便易伤损……天和暖无风之时，令母将抱日中嬉戏，数见风日，则血凝气刚，肌肉硬密，堪耐风寒，不致疾病"，否则，"若常藏在帏帐之内，重衣温暖，譬如阴地之草木，不见风日，软脆不任风寒"。

人体的免疫器官包括骨髓、脾脏、扁桃体、胸腺等。这些器官和人体的免疫细胞（如淋巴细胞）和免疫分子（如免疫球蛋白）一起组成了人体抵御疾病侵犯的防护系统。婴儿出生 6 个月内主要靠母体继承的免疫力提供保护。6 个月之后，婴幼儿要靠建立自身的免疫系统来抵御疾病。

接触一些常见的细菌，并识别它，婴儿体内就开始形成更加完善的免疫力。这免疫系统有良好的记忆力，对遇到过的疾病会有一定的记忆，所以人们不会得两次天花或麻疹，这也是接种疫苗可以预防疾病的原理。

但免疫力并非越高越好。如果免疫系统过于灵敏，孩子又会出现各种过敏反应。例如鼻炎、哮喘、眼睛痒……所以，牛初乳之类提高免疫蛋白的营养品，也没必要多吃。

3. 感冒护理

一年感冒 2—4 次是正常的。如果感冒了，就要科学护理，否则小小感冒有可能发展为严重的上呼吸道感染，甚至肺炎。清代吴鞠通在《解儿难》中说"盖小儿肤薄神怯，经络脏腑嫩小，不奈三气发泄，邪之来也，势如奔马；其传变也，急如掣电"。这是说幼儿的病容易转化、加剧。但另一方面，也要看到婴幼儿由于脏气清灵，活力充沛，治疗及时的话，病情也往往比成人痊愈得更迅速。

很多严重的儿童肺部感染与其他炎症，最初都起源于小小的感冒。我亲眼看到身边许多年轻的父母，孩子起初只是有一点咳嗽，可是父母没有及时护理，还让孩子继续外出玩耍甚至过度劳累，最后发展为重症肺炎，直接进了儿科医院的住院部。婴幼儿由于脏腑娇嫩，临床上发病容易、发展迅速，如果护理不当，病情往往急转直下。所以，家长一定要重视感冒的护理，不让感冒恶化。

感冒是世界性的医学难题。我曾经读过一篇科普文章，说人类对抗感冒与癌症的医学尝试是多么地徒劳。没有一种药能够真正治愈感冒，大多数药只是缓解或解除感冒的部分症状。例如退烧药用于退烧，抗组织胺药物用于缓解病毒导致的过敏，如鼻塞等。但感冒又是人类面临的最常见的疾病之一。感冒时不要滥用抗生素，因为多数感冒由病毒引发，抗生素其实不起作用。

事实上，大多数感冒本身并不会造成严重的后果。如果护理得当，耐心地等待5—7天，机体自己会产生免疫力来对抗感冒病毒。但这个过程令人不大愉快。例如，鼻塞困扰你的睡眠，头疼让人焦虑，咽喉痛会影响说话、喝水和吃饭……

所以，家长可以合理地缓解孩子的重感冒症状，让孩子获得较好的休息和恢复机会。第一个方法是摄入一定量的维生素C。维生素C有明显的抗氧化和提高机体免疫力的能力，如抗感染。在感冒和其他炎症发作的早期可以服用一定剂量的维生素C泡腾片，口感也很香甜。6—12

岁的孩子可以喝半片，6 岁以下的喝小半片。笑笑和雨果管这个叫"橘子水"，非常爱喝。

第二是针对性地缓解感冒症状，以保障睡眠质量。例如，鼻塞了可以用海盐水，滴一滴或者按照医嘱冲洗，或者用暂时缓解鼻塞的外用药。我试过新西兰的 Beggi 儿童护鼻膏，天然纯精油制作，在鼻翼两侧轻轻涂一下，可以减轻鼻炎、鼻塞的症状，但无法治愈严重的鼻炎。

美国产的 Zarbees 小蜜蜂止咳糖浆可以在咳嗽早期有效减轻咳嗽症状，针对干咳和有痰的两种类型。夜间版的糖浆还含有少量的脑白金，有助于身体不适的儿童尽快入睡。对脑白金介意的家长慎购。事实上，能睡一个好觉，也许第二天宝宝的感冒就减轻了许多。

陈文中《小儿病源方论》说："夫小儿脏腑娇嫩，皮骨软弱，血气未平……经络如丝，脉息如毫，不可妄投药饵"，所以在用药时一定要谨慎，选择正规的、口碑好的药品，千万别听信民间偏方耽误事。

如果发烧超过 38.5 度，可以用美林、泰诺林等退烧糖浆配合温水擦身。有的家长在孩子发烧时用冷水擦身，也许感觉冷水退热效果更快。但事实上，温水在身体表面挥发得更快，可以带走更多热量。冷水会给发烧的孩子带来更多的刺激感和不适感。

美林和泰诺林等退烧糖浆的作用差不多，都有退热镇痛的作用，所以服用之后，孩子会感觉舒适，发烧带来的头痛、咽痛也会减轻，可以好好睡一觉。但低烧（低于 38.5 度）不需要吃退烧药。发烧本来就是身体抵御疾病的正常反应，有助于免疫系统进入备战状态。

4. 饮食调节

食疗一直有保健和治疗的作用。清代石寿棠的《医原·儿科论》释义说："盖饥非饿也，饮食清淡有节耳；寒非冻也，不宜厚絮重绵窹成热病耳。"大概意思就是说吃个七分饱，清淡饮食；穿衣别太厚，否则反而受热了。

国外也认可食疗的作用。比如果汁之父 Kordich 把 2 个苹果加 1 个橙子的果汁称为"抗病毒鸡尾酒"。要知道，婴幼儿的多数发热都是病毒造成的。给发烧的宝宝来一杯美味果汁，真是皆大欢喜！所有果汁都适合婴幼儿，蔬菜汁也很棒，含有多种矿物质和维生素。但蔬菜汁不好喝，要加一些甜果汁如苹果汁、葡萄汁，小婴儿才爱喝。

我尝试过的宝宝抗病果汁食谱有：

抗病毒鸡尾酒	1 个苹果（去籽），1/2 个橙子，1/4 个柠檬；混合榨汁
宝宝便秘	西瓜或甜瓜，半根黄瓜，半根香蕉或甜菜；混合榨汁
免疫力提高	1 根胡萝卜，1/2 个橙子，1 个苹果（去籽）；混合榨汁
咽喉痛	1/4 个柠檬榨汁，与 50 毫升热蜂蜜水混合（1 岁以下不得食用蜂蜜）
咳嗽有痰	1/2 个梨，冰糖少许；炖食或榨汁饮用均可
宝宝腹泻	1 根胡萝卜，半个西红柿，1 个苹果（去籽）；去皮榨汁

脾胃功能对宝宝的影响很大。婴幼儿脾胃娇弱，如乳食不当，过饥或过饱，均会影响其脾胃功能而致生疾病。如明代虞抟《医学正传》说"或未满百晬而遂与酸咸之味，或未及周岁而辄与肥甘之物，百病由是而生焉"。如果发现孩子舌苔厚腻，饮食上就要以蔬菜、汤面等清淡易吸收的食物为主，减少肉、海鲜类的荤菜，忌吃冷饮，适当地喝一点陈皮水，或吃一点健胃消食的山楂片。唉，不说了，字字句句都透着我的汗和泪啊。

不完美的器官们：牙齿和鼻子

> 儿童不是用规则可以教得好的，规则总是会被他们忘掉的……
>
> 习惯一旦培养成功之后，便用不着借助记忆，
>
> 很容易自然地发生作用。
>
> ——洛克

孩子多了，疾病就和打地鼠一样，你永远不知道下一个毛病会从哪里钻出来。一个朋友说，现在环境污染厉害，要怀孕不容易。可一旦生下来，无论大人管不管，孩子自己会呼呼地长——所谓"愁养不愁长"啊。

这话也对也不对。

回头看看，3个孩子可没少让我发愁。陪伴过程中忽视的一个小小细节，都会导致孩子付出成长的代价。老母亲的每一根白发、每一道皱纹都是他们的赠品。除了生病之外，我想问：你的孩子有龋齿吗？戴眼镜吗？打呼噜吗？如果回答没有，祝贺你！由衷地佩服你！但还是要友善地提醒你，别高兴得太早。

以前，我真没想到牙齿、眼睛和鼻子是小孩子最容易出现问题的器官。如果不及早重视，也许打呼噜的小孩最终会腺样体肥大甚至要手术，新长的牙齿不知不觉就出现了一个龋洞。至于近视眼，那是小学高年级分分秒秒、随时随地会拥有的。如果家长能够尽早关注宝宝的牙齿、眼睛和鼻子，培养良好的生活习惯，这些问题也许可以化于无形。

我头一次做母亲有点大意。毕竟我是老师，不是儿科医生。儿保医

生也很少提醒父母，牙齿、眼睛和鼻子是儿童早期最容易出现问题的器官。等个人总结出来这些核心教训时，已经付出了不少代价。

五六个月的宝宝开始长牙了，可那时笑笑一点没有出牙的迹象。他时常半夜哭闹，我很期待地说："一定是长牙了，闹觉！"但9个月后，他的牙床上还是没有一星点白色。我开始忧虑，笑笑会不会是缺钙呢？抱着他去儿保门诊体检，结果说明他不缺钙，只是个体生长发育的差异。

我每天观察笑笑的嘴巴，直到他终于长了第一颗门牙，心才放下。他慢慢长了一口小白牙，我的心情也渐渐放松。事实证明，我的心放早了。一天下班后，我惊恐万状地发现，2岁半的笑笑竟然蛀了门牙！

肉眼都能看见，他的门牙中间出现了一个清晰的深色蚀洞。在洁白细密的乳牙上，这黑洞格外触目惊心。一个月前，我还记得他的牙齿雪白整齐，像儿童牙膏广告里的明星宝宝。

我吓得魂飞魄散。蛀牙是我最害怕的噩梦。20多岁时，我曾经有一颗蛀牙被校医补坏了，导致牙髓发炎。当时我恰好要到美国上学。人刚上飞机，喝了第一口橙汁就开始牙疼，足足疼了一年。美国医生说，做根管治疗的费用至少一千多美元。购买的学生医保又不包括牙科。为了省钱，我硬是咬牙忍了一年，只用半边牙咀嚼，夜里用冰块和止痛药镇痛，好容易挨到回国。

我打算等孩子开始吃饭后，就好好保护他们的牙齿，没想到晚了。

从第一颗乳牙萌出，就进入了儿童龋齿高发期。很多孩子是从喝奶时开始蛀牙的。比如笑笑喝奶特别慢，牙齿浸泡在奶里的时间比一般孩子长。他经常吃着奶就睡着了，这是导致蛀牙的直接原因。我们去补牙、涂氟……折腾了许久。

雨果出生后，我特别重视他刷牙。按照牙医的指示，小朋友早晚必须使用正确方法刷牙。我设计了一首刷牙儿歌。

牙齿的正面转圈刷，

牙齿的切面来回刷！

上面的牙缝往下刷，

下面的牙缝往上刷！

每颗牙齿刷二十下，

虫虫来蛀牙都不怕！

这首儿歌里提到的"牙齿的正面转圈刷"，指的就是著名的"圆弧刷牙法"，又叫 Fones 刷牙法。这种刷牙方法是儿童口腔医生公认的最易为儿童学习理解和掌握的正确刷牙方法。意思是说，刷所有牙齿的外侧时，牙刷要用画圆圈的动作，顺时针刷牙。刷尖牙及门牙内侧时，将刷柄竖起用牙刷顶端部位刷牙。每次刷牙时间至少 2 分钟才能有效清洁口腔。所以说，每颗牙齿刷 20 下，这样差不多满口刷完 2 分钟左右。刷牙的动作一定要轻柔，用力太大，可能会损伤牙齿和牙龈，成年后可能出现牙龈萎缩和发炎。

还有一点，林博士一直不乐意的——先吃早饭再刷牙！我和孩子都喜欢早上吃好早餐后再刷牙！林博士认为我们是为偷懒找理由。

但早起刷牙会让牙膏里的有效护齿成分不是留在牙齿上，而是随着早餐吃到肚子里。正确做法是：起床后先用清水简单漱口，吃完早餐后再刷牙，否则进食之后食物残渣停留在牙齿上，会形成牙菌斑，导致蛀牙。

午餐后如果能刷一次牙当然是极好的，不过很难做到。我有一段时间午饭后试着在单位厕所刷牙，同事进来时撞见满满的尴尬。所以，午餐后至少要用清水漱漱口，再用牙线清理一下。

不过，事实证明，认真刷牙的人，还是有可能蛀牙的。

因为有些儿童太爱甜食；而有些牙齿，特别是钙质不足的牙齿，本身就特别容易龋。

所以，除了早晚刷牙之外，每餐之后都要养成清水漱口的习惯。任何时候，只要吃了糖或其他含糖的食物，或者喝了碳酸饮料、吃了酸味零食，为避免损伤牙齿，都要立刻用清水漱口。千万记得，糖和细菌是导致龋齿的罪魁祸首。

晚上刷牙后，还得帮助孩子用儿童牙线进一步清理牙缝，再用儿童防蛀漱口水含漱 30 秒。如果你发现孩子有的牙槽缝隙较深，可以及时去儿童口腔做窝沟封闭。如果出现浅表的龋洞，可以尽快去牙医那里涂氟治疗，防止龋洞加深。前者可以保护儿童牙齿咬合面，相当于给宝宝的牙齿穿了一件外套，防止细菌滋生；后者则是通过涂氟对牙齿形成保护层，增加牙齿强度，抑制细菌生长。

给雨果的牙齿进行了全方位护理，我很累，也暗自得意。心想：这下看你的牙齿还怎么折腾！谁知道，雨果换了另外一个器官折腾——鼻子。

雨果是过敏体质，对冷热特别敏感。敏感的孩子有许多敏感源：灰尘、螨虫、海鲜、花生……都有可能造成各种过敏症状。不过雨果对温度尤其敏感。

当他还是小婴儿时，冷风一吹他就流清水鼻涕。他的鼻子仿佛对冷空气特别敏感，天气稍有变化就会引发鼻炎。进了温暖的房间，鼻涕就慢慢止住了。可我们不能总不出门啊。

到了第二个冬天，随着冷空气的反复刺激，一岁多的他开始持续流鼻涕、打呼噜。鼻涕反复流，形成了鼻炎。鼻炎在气候变换时加重，导致鼻塞。鼻塞又影响了孩子的睡眠质量。他经常深夜醒来，轻手轻脚地去厕所，然后轻轻出来。我没有听见马桶冲水的声音，问他，他说："声音太吵啦！"然后在床上轻轻地翻身。

每天晚上雨果睡了，我却很难睡着。我不断地研究他的呼噜声，忽高忽低。我也不停地打开灯观察他的嘴，还好，是闭合的。如果张嘴呼吸，口腔很快就会变形，只能选择手术切除腺样体。有时候，他张着嘴，发出艰难的呼气声，我就把他的身体轻轻翻过去，侧到另外一面去睡。一般仰着睡时呼噜会更响，也更容易张嘴呼吸。

带雨果的经验告诉我，鼻涕持续 3 天以上一定要及时治疗。我发现他打呼噜后过了几天才去儿童医院挂号，已经有些迟了。医生开了鼻炎颗粒和滴鼻水，一天要滴 2 次苦涩的滴鼻水，吃 3 次苦涩的鼻炎冲剂，吃了整整 2 周。雨果非常乖，很配合吃药。但打呼噜的症状此后断断续续，一直很难根治。

鼻炎和其他上呼吸道感染反复发作，都会导致儿童的腺样体肥大，堵塞呼吸道。腺样体过度肥大会导致许多后遗症，如血氧含量不足、影响儿童大脑发育等，所以家长一定要高度重视。

雨果有几个小朋友，都在三四岁的时候去做了腺样体切除术。许多情况下，医生会建议将腺样体和扁桃腺一起切除。其实腺样体和扁桃腺本来就是一类的，都属于扁桃体大家庭。腺样体俗称咽扁桃体，而扁桃体俗称腭扁桃体，只是位置一个靠鼻腔后方，一个在咽喉后方。

通过对雨果的朋友的临床观察，我发现，切除了整个扁桃体的幼儿咽喉痛、喉咙干等愈后问题比较多，术后 1 个月内都比较痛苦。孩子的吃饭、睡眠都可能受到影响。单独切除腺样体的幼儿，手术恢复快得多，但复发率又特别高，因为腺样体一旦受到刺激很容易再次肥大、肿胀。

其实，换季时佩戴儿童口罩，可以降低冷空气的刺激，以及过敏鼻炎发作的频率。戴口罩可以在鼻子周围形成一层屏障，隔绝部分冷空气以及花粉等过敏源，给柔嫩的鼻腔形成一层缓冲保护，减少刺激。容易上呼吸道感染的幼儿还可以在夏季适当进行中药和小儿贴的调理，一般各地的中医院的儿科都有类似的处方。这些中药很难完全消除肥大的腺样体，但对症的治疗有可能减缓腺样体肥大的速度。

7岁以后，儿童的腺样体会逐渐萎缩。如果腺样体的肥大堵塞程度在75%以下，能够保守治疗，并且儿童也没有出现张口呼吸，就无须开刀。

提醒一下那些以为孩子睡觉打呼噜是好事的家长——我见到过不少家长，喜滋滋地说：哎呀，我们宝宝睡得真香，还打呼噜呢，真好玩呀！

我向你们保证，打呼噜一点都不好玩。健康的睡眠是平静的、安静的。打呼噜在童年绝对不是一个好现象，值得引起家长的关注，应该及早去儿童医院的五官科就诊，并且做好鼻炎、感冒的日常护理。

2020年的新冠疫情使得网课走进千家万户，"护眼问题"也成了很多家长热议的话题。这么多的屏幕时间（Screen Time），肯定会对孩子的视力造成伤害。眼睛也是最容易出问题的器官之一，我们再来探讨保护眼睛的秘诀。

第四章　又一个不完美小孩

网络时代，保护好孩子的眼睛

> 黑夜给了我黑色的眼睛，我却用它寻找光明。
>
> ——顾城

你有没有发现，今天的孩子没有以前的孩子快乐，今天的眼睛没有以前的眼睛那么明亮？想想我们小的时候，是什么不一样了呢？也许，是网络改变了我们。

具体来说吧，从城市到乡村，孩子都很无聊空虚。如果没有手机、电脑、电视打发时间，他们就完全不知道该干什么。不仅城里的孩子不知道玩什么，农村的孩子也一样。怎么可能？他们背后就是山，门前就是树，屋后就是田，这是陶渊明和我们都羡慕的田园生活啊！该多好玩啊！

可这一切仿佛一夜之间就变了。手机等电子设施给所有的孩子打开了一个魔幻的超现实世界，那里光怪陆离、富有刺激，带来了宁静生活所不能拥有的高峰体验。

我们全家去安徽的山区玩，旅店老板的儿子和笑笑差不多大，六七岁的样子。雨果和笑笑在山上欢呼奔跑的时候，老板的儿子镇定地握着一部手机，一直在大厅的沙发上看动画片、打游戏。早晨我们出门时他就在那里，晚上回来时他还在那里。他妈妈训斥了他几句，把手机从他手里夺走，他一脸恼怒地站起来，嘴里嘟嘟囔囔地发火。

显然，拥有网络世界的孩子们并没有更加快乐。手机不可能 24 小时长在他们身上。一旦电子产品和他们分离，他们就好像断了口粮的瘾君子，茫然抬头四顾，并且逐渐变得易怒。

家长也一样。林博士无时无刻不在看手机。走路看，坐地铁看，上厕所看，睡在床上看，起床第一件事就是打开手机看……他提前进入了老花阶段，我认为这完全是自作自受。

每个健康的孩子都有一双黑亮的眼睛。但长大了，就不一定了。网络时代，如何保护孩子的视力是一个涉及民生、家庭幸福的难题。谁也没有想到 2020 年的肺炎会导致千千万万的小学生改上网课，一上就是这么久。

我国青少年近视率本来就高居世界第一。在我国的《义务教育质量监测报告》中学生视力不良问题突出，四年级、八年级学生视力不良检出率分别为 36.5% 和 65.3%。实际上，我国青少年视力的整体情况也十分不乐观。根据世界卫生组织的最新研究报告，中国近视人数多达 6 亿，几乎占总人口的一半。我国初高中生和大学生的近视率均已超过七成，而且这个数据还在逐年攀升。相比之下，美国青少年的近视率约为 25%，澳大利亚仅为 1.3%，德国的近视率也一直控制在 15% 以下。

笑笑的眼睛先天就发育不好，可能是早产的缘故。小时候，我带他去单位。一个同事说："你儿子好像有点对眼哎！"仔细看看，可不，笑笑的左眼珠经常停在近鼻梁位置。为什么早没发现呢？主要是笑笑太胖了，脸上肉嘟嘟的，挤得眼睛只剩一条缝，不容易看清。

眼科专家认为他是斜视，可能是远视眼。前者需要手术矫正，后者一定要戴眼镜。难道笑笑就这样与眼镜结下了不解之缘？

我把笑笑出生以来的照片一张张摊开来求证，发现最初的两个月，笑笑没有任何斜视。左眼内斜是从第 3 个月开始的。那个月，我们买了一个婴儿玩具架，笑笑醒着时就躺在玩具架下面玩。那时他还开始看书，手上拿张报纸都能瞅半天。他看东西特别专心，每天盯着玩具架上的小熊看，全家人都觉得很有趣。半个月后，照片上的他出现了左眼轻微内斜。

这说明，孩子的眼部问题往往和用眼不当有关。当然，这也和笑笑早产有关系，他比其他婴儿更加容易眼睛疲劳。

西医动不动就说开刀，非常冲动。我想，不如先用自编的物理矫正法试试。不就是左眼朝右偏吗？如果每天使出浑身解数，哄笑笑往左看呢？从此，喂饭、讲故事，我都坐在笑笑的左边。其次，我一有时间就带笑笑户外活动。最后，严格杜绝手机、电视甚至读书等一切近距离视物的活动。一年后，笑笑的眼睛有了明显的改善，左眼的内斜逐渐消失。幼儿园入学时，他的视力测试正常。直到小学毕业，他的视力仍然正常。

不过，现在许多作业都要求孩子使用电脑。所以，他们的好视力还能够维持多久，我心里实在没底。

许多西方眼科医生都发现，太多的"屏幕时间"会伤害孩子的眼睛，导致近视、眼部疲劳和眼部敏感等眼部健康问题。比如笑笑在疫情期间过多地使用电脑和手机，左眼开始变得很干涩、敏感，经常会不自觉地挤眼睛。有一阵子挤眼动作特别严重，简直是挤眉弄眼。我立刻把手机换成平板电脑，并且增加了户外活动时间。慢慢地，他的挤眼睛频率降低了。

结合眼科医生的建议和我的个人经验，网络时代的儿童，保护眼睛有以下要点：

选择大屏幕的电子产品，越大越好！

3 岁以下不建议使用任何电子产品。如果一定要网络学习，选用的屏幕越大越好。所以，网络学习时，孩子能用 iPad 就不要用手机，能用电脑就不用 iPad，能用电视就不用电脑，能用投影就不用电视！

眼科医生建议屏幕上字体的尺寸应该是：人眼能看清相同距离文字的最小尺寸的 3 倍！把手机或电脑上的图像，投影在电视上，屏幕更大，辐射更小，孩子的眼睛相对不易疲劳。

避免屏幕亮度过高，把亮度适当调暗

除了屏幕大小以外，还有一个不容忽略的伤害就是屏幕上的强光。屏幕光线太亮，会让孩子的眼睛接受更多的蓝光刺激。儿童眼球尚未发育成熟，很难完全过滤这种过量的蓝光，强烈的蓝光对孩子眼部造成的伤害，远远大于成人。傍晚的时候，如果房间已经比较暗了，就把屏幕也调暗一点，这样才不会对孩子的眼睛造成太大伤害！

健康坐姿

小朋友上网课，最容易出现的就是坐姿问题。没有了课堂上的约束，小朋友变得"自我放飞"起来：有时躺着，有时趴着，坐在椅子上也不自觉地向前倾，这些不好的坐姿，都在对孩子的视力和正在发育中的脊椎产生不好的影响。

爸妈就要多提醒孩子保持良好的坐姿了，正确的坐姿应是上身挺直、收腹、下颌微收，两腿接触地面，自然放松，形成 2 个 90 度的角度。

增加户外时间

美国佛罗里达州的验光师 Warford 提出了一个护眼的"20—20—20 原则"。每次孩子在用眼 20 分钟的时候就要休息一下，向 20 英尺外（约 6 米）的风景远眺 20 秒。不过，我觉得中国孩子更适合 30—6—30 的原则，每次孩子在用眼 30 分钟的时候就要休息一下，向 6 米外的风景远眺 30 秒。

对于所有孩子来说，每天 1—2 小时的户外活动可以明显降低近视的风险。这是日光对眼睛的独特保护作用，哪怕只是在户外静坐，也可以达到同样的效果。

控制和减少电脑时间

想要保护眼睛的一大绝招就是减少孩子对着电子屏幕的时间。所以很多西方家长把"屏幕时间"当作一个奖励，孩子要完成相应的任务，才能获得 30 分钟的"屏幕时间"。每完成一项任务，就打个钩钩，达到若干个钩，小朋友就可以获得期待已久的"屏幕时间"啦！这里有一个模板，爸爸妈妈可以在后面写下你们家个性化的任务清单：

"电脑时间"之前，这些你完成了吗？	
宝贝活动清单	
认真刷牙	○
打扫房间	○
完成作业	○
45 分钟运动	○
30 分钟的阅读	○
整理书包	○

对于那些鲜少有机会去户外，又非得大量用眼的孩子，除了坚持眼保健操之外，必须积极地采用多种方法来保护眼睛。比如：

护眼冥想

播放一首喜欢的歌曲，家长和孩子全身放松坐在椅子上，双手摩擦 20 下。

闭上眼睛，然后用手掌轻轻扣在眼睛上，不用力挤压眼球。

确保没有光线穿过手指或手掌缝隙进入眼睛。

缓慢而均匀地深呼吸，倾听自己喜欢的歌曲，同时想象一个平静、愉悦的场景：天空或湖泊。这首歌结束的时候就可以把手掌移开了。

眼部按摩

眼部冷热交替敷。将一块湿纸巾或柔软的毛巾浸入温水中，另一块浸入冰水中。用温暖的毛巾覆盖眼睛周围。三分钟后，换成冷毛巾。脸上温度的变化会引起血管的收缩和舒张，起到刺激脸部和眼睛周围皮肤的作用。可以交替一两次。

洗洗脸、按按摩。用毛巾洗洗脸、脖子，温水和冷水均可。然后，用指尖轻轻按摩额头和闭合的眼睛。可以用指腹轻轻地做圆周运动按摩一到两分钟。

变焦游戏

保持站立或放松坐姿。

竖起大拇指伸出手臂，双眼紧盯拇指。然后将拇指靠近脸前方约 8 厘米处。

再次移开拇指，直到手臂完全伸出。

重复三次上述动作。

想象一下在前方 3 米的地板上有一个巨大的"8"字形。

双眼慢慢地追踪这个"8"。

用一个方向追踪它几分钟，然后用另一个继续追踪。

不过，保护眼睛最有效的方法，如我前面所说，就是户外！户外！户外！中国医生在预防近视方面所能做的，就是通过 OK 镜等手段，减缓近视度数。但这些镜片不正确的佩戴有可能导致角膜受损，或者后续的炎症。

《自然》杂志等期刊的科学文章多次提出，哪怕孩子在户外只是静坐着什么都不干，无论发呆还是野餐，只要在户外的时间足够多，近视发病率就低。西方的孩子较少戴眼镜，这不只是因为家长限制了孩子每天的"屏幕时间"，更多是因为他们有较长的户外活动时间。欧美孩子在学校里就有大量的户外时间，所以日晒充足，保护了视力。在中国，课间时间往往很短，场地也有限，学校里的户外时间远远达不到孩子的需求。所以，户外时间主要得靠家长带出去了。

近视一旦开始，就是一个几乎不可逆的过程。网络时代，限制孩子完全不上网是不可能的。孩子必须学会科学使用电子产品，需要一双明亮的眼睛，在良莠不齐的信息面前保持判断力。

第五章
重要的入学季

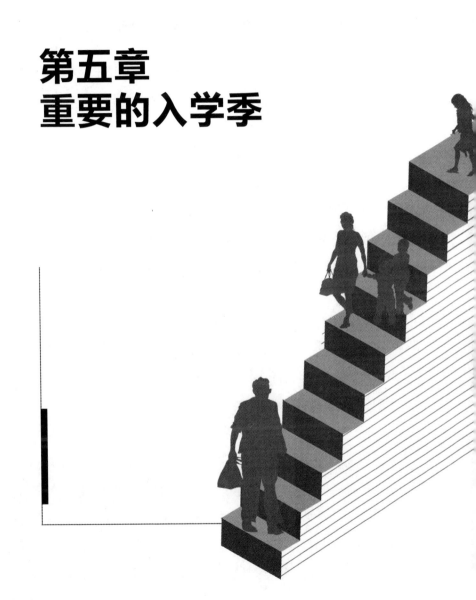

入学准备不等于知识准备

> 在人生的秩序中，童年有它的地位；
>
> 应当把成人看作成人，把孩子看作孩子。
>
> ——卢梭《爱弥儿》

我加入过很多小学家长的讨论群，本校的、本区的、本市的……每年新生开学前后，群里讨论得最多的就是入学准备，比如自己的孩子上了哪些入学准备培训班，在哪里报名，哪些有用。许多家长介绍自己的孩子做了哪些知识准备，有感慨的，有后悔的。

在我们身边，许多家长从娃读幼儿园小班就开始疯狂开展小学入学准备，报各种入学辅导班。家长们认为参加"语数英"等知识类的辅导班才叫学习，其余的兴趣班严格来说都不算学习。家长群里讨论着奥数、英语、思维训练的经典教材和培训，"鸡血"家长轮番上阵讲述自己的育儿经。难道知识准备就等于入学准备吗？

入学准备不等于知识准备。不仅如此，我认为入学准备中最不重要的恰恰是知识的准备。甚至可以说，知识准备是一种错误的入学准备。

各种调查显示，中国家长最在乎的始终是知识储备和学习成绩。2020年有一个微信公众号调查了小学家长心中入学准备最重要的事，5000多个家长参与了投票，结果有一定代表性。不过调查问卷里只提供了有限的选项，所以家长们只能在这些入学准备选项里作答。

这些家长觉得最重要的入学准备是什么呢？入学准备中，多数家长最庆幸的是孩子英语基础好，识字多。许多家长喜滋滋地认为，识字是最重要的。不过这些家长也提到，非正式的识字效果更好。比如他们说道："幼儿园时，我们只觉得孩子对认字挺有兴趣，走在外面看到马路名、店铺名都要认一认。"有个家长说："我们喜欢讲讲，比如这个字是不是多音字啦，历史上哪个名人与这个字有关啦，没想到这么兴趣式的输入，让孩子记住了很多字。"还有家长提出："学认字千万不要作为一项任务让孩子完成，这样会让孩子觉得是个负担，效果自然不会好。把这件事作为玩乐的一部分，既能持久保持喜爱，又会有不错的收获，这是我最庆幸做对了的一件事。"

　　在学拼音这件事上，调查结果也出现了不小的分歧，提前学的觉得庆幸，没学的也不太后悔。自 2017 年上海语文教改开始，拼音教学再次被纳入语文课本，所以大部分小学的老师会用几个月集中教拼音。就算没有提前学过，孩子基本也可以跟得上。但有的小学老师会把这个任务留给家长们在暑期准备，那就比较悲催地导致本地有许多"幼升小拼音班"。

　　孩子就读小学后，这些家长其实已经发现，入学准备中最重要的其实不是识字，而是保护孩子对文字学习的兴趣。

　　识字一直是阅读的副产品，而不是单独的学习目标。雨果和我去超市，他高兴地拿着酸奶，用手摸着盒子，不停地问我："这是什么啊？"我一边付钱一边说是酸奶。他又问一遍。我一边刷卡一边回答是酸奶。可是他又问一遍。我觉得他不会无缘无故地重复同一个问题，于是扭头看他。他正在用小手指摸着盒子中央的几个字，嘴里在喃喃地问："妈妈，这是什么啊？"

　　我明白了，就像平时用手指着字给他读故事那样，他想知道盒子上面写了什么字。我认真地点着那 2 个大字读给他听："全——脂——"他满意地用小手点着那 2 个字，补充说："全脂——酸奶！"

没有经历过小学阶段的新家长，往往把重点放在识字教育等知识储备上。一位家长告诉我，他们全家现在轮流给 2 岁的孩子上课：奶奶辅导识字，妈妈辅导英语，爷爷辅导写字……结果效果一般，孩子经常不专心、不听讲！

能听您的吗？这也太拔苗助长了。做幼儿老师时，我就发现，每个中班孩子都能认识自己的名字。5 岁的孩子可以从一堆格子里准确无误地找到贴着自己名字标签的物品。每个大班孩子都会写自己的名字，虽然笔画顺序不太对。谁教的？不是我们老师，也不一定是家长——很多孩子是"自学成才"。

的确有许多家长喜欢教孩子写字。但事实是，无论你教不教，孩子都会学写自己的名字，因为他们有强烈的动机想写。小孩子对文字有着天然的兴趣。四五岁的孩子会经常问："爸爸，这个路牌上写的什么？""奶奶，这个广告上说什么？"不知不觉，他就认识了许多字。你还记得你是怎么认识自己名字的吗？你还记得自己第一次写出名字的自豪情景吗？你注意到小孩子对文字和学习的兴趣是如何一点点丧失，甚至变得厌学的吗？

无论大人教不教，多数孩子 5 岁时都能认识不少字，但很难掌握正确的笔画顺序。他们在五六岁时，只是把写字看作绘制某种特定的图案，并且乐此不疲。所以幼儿写"口"字往往就是画一个正方形，大多数从右往左画。

如果大人刻意地教，孩子掌握的字词就更多了。有时会让家长很激动，甚至认为一个神童天才即将诞生。于是，成人开始更系统地教孩子学习认字、写字。

接下来，家长可能发现，随着认识的字越来越多，孩子很顺利地开始了小学学习生活。这都是我们提前准备的功劳啊！家长正在沾沾自喜，以为自己打了一个良好的学习基础的时候，一件令人沮丧的事情发生了——随着正规学校学习的开始，孩子天然的学习兴趣开始减弱。某一天，你的孩子可能突然反感写字，反感看书，讨厌做作业，讨厌上学。

为什么呢？小学高年级后，厌学孩子的比例直线上升。一所名小学在报名摇号前对家长说："怕你不来，怕你乱来"，而家长的心态大概就是："怕你不鸡，怕你乱鸡"。

一个朋友的孩子从初中开始逃课。他还坐在 6 楼的窗沿上威胁妈妈："你再叫我上学，我就跳下去。"他的妈妈欲哭无泪。那个曾经欢欣鼓舞地问"广告牌上面写什么"的孩子，那个渴望了解世界、求知欲旺盛的天才孩子去了哪里？

笑笑是一个早产的、视力存在隐患的孩子。他很容易视力疲劳。所以我对他特别宽容：没有识字，没有早期阅读，没有一切需要过度用眼的学习准备。

当笑笑要上小学的时候，我大胆地尝试了上海市教委鼓励的"零起点"入学。他是一个彻底的小"文盲"，完全不知道作业是什么东西。我甚至没有教他写一个字，童年就是玩、玩、玩！

但是他感兴趣的事情我都积极鼓励。比如，他喜欢研究地图，我们家有各种各样的地图、地球仪、地铁线路图，他不知不觉就记住了所有的上海地铁站名和国家名称。他喜欢汽车，我就耐着性子陪他研究汽车，去汽车博物馆参观，一起编写小汽车的故事。

带孩子参观博物馆和各类展览排在入学准备重要榜的末尾，但这并不代表参观博物馆不重要。相反，许多家长都在补充说明，他们觉得通过博物馆游览让孩子长了不少知识。之所以排在"重要榜"和"庆幸榜"最末，因为博物馆、展览需要一定认知积累，幼儿园时期的孩子其实并不能很好地理解，可以等长大点再刷。这个观点我是同意的。带孩子参观博物馆可以保护和激发孩子对历史、文化、艺术等不同领域的兴趣。

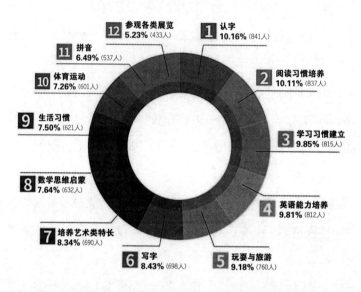

入学准备重要榜[1]

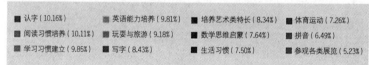

我觉得，正确的入学准备应该鼓励孩子充满学习兴趣，学会整理书包和正确握笔姿势。

上了小学之后，许多家长最后悔的是学习习惯没有建立好。这个学习习惯主要是指丢三落四、不会整理书包、没有做作业的习惯！

一个家长说："别人家孩子都在奋笔疾书，你的孩子却一直忙着找

---

1 图片引自微信公众号：大手牵小手。

铅笔、借橡皮、借铅笔刀、借铅笔……的死循环。你成天忙着帮他找这样送那样，没完没了。"另一个妈妈说："每天晚上发现孩子根本不会收书包！让他整理书包就是没头没脑地把所有东西往里塞，塞完了发现似乎少了一本，又把所有的书一本一本掏出来，掏完了发现其实没少，再揉成一堆塞进去。他老问我，一号本呢？你问我，我问谁？他没疯我都要疯了。"有多少新生家长，在头两年都处于一种低级的、人生要和书包较劲的状态！

　　总之，"整理书包"的困扰，在新生家长群里可以排第一。包括整理书包在内的做事有条理是一种生活风格，一项长期积累的习惯。这不是幼儿园大班下学期简单示范一下，孩子就可以持之以恒做到的。这需要家长平时就培养孩子的任务意识，孩子一直有整理自己东西的习惯。同时，丢三落四的后果要由孩子承担，孩子才能够自己成长。

　　心童小时候经常忘记戴红领巾，我就事后给她送去学校。我一直送，她就一直忘、一直丢，数不清小学时期买了多少红领巾。笑笑上学后，我不再补送红领巾。如果红领巾丢了或忘记带，他得自己想办法，要么借，要么用自己零花钱买。笑笑小学 5 年里从来没有丢过红领巾，相反，他在回家的路上还捡到过两条！

　　但作业这件事我没有提前和笑笑说，我以为老师会交代的。何况从他入学的那年开始，上海规定小学一年级没有书面作业。于是，我就没有强调"作业"这件事。

　　但笑笑每天的家庭作业要求仍然列了满满一页纸，全部是口头作业——上面写着：读语文第 1 课 3 遍，读英语第 5 页 5 遍，听英语磁带5 遍，预习数学……笑笑会做吗？

　　第一天放学，笑笑完全不知道还有作业。作业本是我根据经验从他书包里翻出来的。我问他，本子上面写的什么？基本不识字的笑笑说

"不知道"。

我说："老师叫你完成这上面的作业吗？"他愣头愣脑地说："没有，没说。"

我把第一条作业给他念了一下："读语文第 1 课 3 遍。"然后问他想读一读吗？

笑笑反问我："什么叫第 1 课？"

我叹气，说："你把语文书给我，我告诉你什么是第 1 课。"

他翻了翻书包，然后说："里面没有语文书。"我不信，重新翻。果然，他连语文书都没有带回来。为什么没带呢？他反问我："为什么要把语文书带回来呢？"同理，数学书也不在书包里。

笑笑此时还不知道老师的厉害，我挥挥手说"去吧"，他就无知者无畏，蹦蹦跳跳地去玩了。这样的好日子，不知能坚持几天？老师会骂他吗？看起来没有，因为第二天他回来还是处于无知者无畏的懵懂状态，推门就找小弟弟去搭积木了。但我捏了一身冷汗，因为根据心童的经历，笑笑这种无政府无组织的散漫情况必须立刻改善，否则老师很快就会给我打电话了。

从这一点来说，小学低年级孩子的作业意识，首先是为了家长而培养的。如果作业没做，老师会首先来找家长谈话。家长为了有尊严地生存，孩子必须养成良好的作业习惯，完成规定的作业要求。当然，现在许多优质的小学已经开始意识到儿童在低年级时的年龄特点，入学要求日益儿童化、游戏化，通过游戏和儿歌形成儿童的作业和任务意识。

比如这里一份沪上某小学布置的新生入学暑假作业，俗称"入学大礼包"。要求包括：

在父母的帮助下，认读班里所有同学的名字（附学生名单）；

进入某 APP 一年级的"汉字天地"，按照笔顺，用食指在田字格中徒手写一写，每天写 5 个（徒手写，俗称"书空"，不需要用铅笔书写）；

推荐一年级必读书目：《小黑鱼》《尼古拉的三个问题》《小威向前冲》等；

学唱行为规范歌，比如在走廊里应该靠右慢慢步行，绝对不可以奔跑，作为小学生每天应该自己整理书包，按时起床睡觉等（行为规范的童谣朗朗上口，孩子很容易记）。

熟背 10 以内加法口诀表；

练习 0—9 数字的书写；

玩七巧板；

熟识 26 个字母的大小写；

练习跳短绳，争取 1 分钟双脚并跳达到 120 个……

这里面有许多灵活多样的形式，帮助儿童适应新的小学生活，养成初步的任务意识。当然，"入学大礼包"中也对练习写字提出了一定要求。

写字这件事是多少家长难以释怀的痛。进入小学后，为了写字天天鸡飞狗跳的家庭多的是。我们楼下的娜娜写作业特别慢。她妈妈向我抱怨："闺女写了擦，擦了写，作业还没写完，纸已经擦破了。"

现在所有的作业，特别是语文，对书写的要求实在不低。上了学才知道，老师其实真的不"教"写字的。即便是入学前就会写字的孩子，碰到作业量大的学校，要写得又好又快，也不容易。

最大的问题不是书写美观，而是大部分孩子的写字、握笔姿势和坐姿都有问题。如果拖到入学后再纠正，碰上作业多的时候孩子会非常烦躁，甚至抗拒。家长为了让孩子尽快完成作业也只好听之任之。所以，入学之前，家长非常重要的工作就是纠正握笔姿势，开展正确的书写练习。

笑笑因为眼睛容易疲劳，写字时经常会头越来越低，一直埋到桌子上。我请老师有机会的话，课上不妨提醒他一下。但一个班级有那么多学生，所以老师压根儿没时间指导个别孩子的写字姿势问题。最终，这项工作还得靠家长来做。

很多语文学得不错的孩子，一到考试，语文成绩就经常是基础优、阅读优、作文优，但书写只是"合格"（甚至须努力），总评等级硬生生被拉下来一截。最关键是，练字需要长期的工夫，又不能很快看见效果。有限的课余时间究竟用来读书、刷题、补课还是练字就成了一道难题。

上学后每一分钟时间都是值得珍惜的，三年级后，写字速度慢又会压缩阅读和兴趣班的时间。一个家长抱怨说："小朋友是左撇子，幼儿园大班时硬改成右手写字，但是用剪刀和吃饭还是保持左手。个人觉得娃左手改右手已经很不容易，可是在一年级各位鸡了又鸡的娃面前，还是被老师嫌弃字写得太丑。所以写字这事一定要尽早练，不仅要写得好，更要写得快。"

正确的书写练习是什么呢？是找本好字帖、找个书法老师去练习写字吗？错了！真正适合孩子的书写练习恰恰不是写字本身。

我同意写字是个重要的准备。但有趣的是，儿童早期，为写字所作的准备工作不是通过直接练习写字来完成的。幼儿的写字准备在于正确握笔姿势的培养和小肌肉精细动作的练习。

磨刀不误砍柴工。对6岁之前的孩子来说，写字练习的功夫恰恰在字外，不（纯粹）靠练字来解决，而是通过绘画、搭乐高等培养手指精细动作的活动。

笑笑虽然没有提前识字和练习写字，可是他从小爱画画，花了大量时间在绘画上。他也喜欢做手工，所以手指很灵活。因此，虽然写字的姿势有时不标准，但写字的速度是又快又好，三年级后书法已经非常漂亮。但他写字时头总是离桌子太近，我后来只好买了一种纠正姿势的笔，如果头离纸太近，笔头就会缩回去。

总之，让孩子热爱学习，产生学习兴趣，准备好学习，才是真正的入学准备。其实，孩子生来是非常爱学习、爱阅读的，是我们弄丢了那个渴望学习的孩子。天然的学习兴趣是人的本能，探究大千世界也是人的本能。卢梭曾说过："出自造物主之手的东西都是好的，而一到了人手里就全变坏了。"保持孩子的求知欲，必须让孩子爱上学习，而不是为成绩而学习。

学习是自己的事情，父母帮不上，老师也不过领进门而已。学习的机会可以由我们打开，放在孩子面前，但不是我们一路跌跌撞撞地拉着孩子的手，磕磕碰碰地强迫学习，满口呵斥，满身是伤，满心疲惫……

入学准备的细节总结

今天的知识是学不完的，因此学会学习方法比掌握特定知识更重要；

入学准备重在培养学习兴趣，尤其是阅读兴趣；

正确握笔姿势很重要，可以通过画画、搭积木、做手工等活动来纠正握笔姿势；

识字很重要，但不是单纯识字，而是通过阅读和生活中的汉字理解来达到早期读写的目的。

陪作业的伤害

教育是随生命的开始而开始的……老师只是在大自然的安排之下进行研究，防止别人阻碍他对孩子的关心。他照料着孩子，他观察他，跟随他，像穆斯林在上弦到来的时候守候月亮上升的时刻那样，他极其留心地守候着他薄弱的智力所显露的第一道光芒。

——卢梭《爱弥儿》

邻居家的豆豆读三年级了。一天晚上，豆豆妈妈歇斯底里地给我打电话："你是怎么陪儿子写作业的？你怎么能看得下去？我都要疯了！"我平静地回答："我看不下去啊，所以我不看。你为什么要看呢？"她不解地说："你不看，他作业就是错的啊！"那又如何呢？题做错了，说明老师课上的讲解孩子没听懂，这对老师而言是很重要的信息。

师者，传道授业解惑也。解惑是老师的工作内容，现在却转移到家长的肩上。这是现代中国教育的一大奇观。

中国家长辅导低年级孩子的作业时，特别有积极性。一、二、三年级的语文、数学本来就是很基础性的常识内容，家长们每题都会，辅导作业时心里底气十足。很多家长指导起三年级以下的孩子底气十足，一副恨铁不成钢的样子："这么简单的题，你也做错?！"发现孩子犯了一些简单的错误，家长埋怨："这你还不会？脑子到哪里去了？你是猪脑子掺的糨糊吗？……"

等高年级之后，各个学科的题目难度都明显升级，陪作业的家长就少了。一个家长说："作业太难，没法陪呀！"家长刚刚想开训，突然发现这道题自己也不会做，底气没了，立马音量低了八度。吵架时，孩子只要指着一道题挑衅："这题你会解吗？"你也不会，秒怂：给我十秒钟，先躲到厕所里百度一下答案吧。

所以，中国家长陪作业主要是针对小学低年级（10岁以下）的孩子。

心童上小学的时候，我就深切感受到陪读对父母身心的一万点伤害。临近寒假，电梯里遇到的父母个个面带菜色、眼圈发黑，要么脸色狰狞、黄里透青。大家是昨晚加班了，还是年终奖取消啦？哦，原来是孩子的期末考试快到了。对陪读的家长来说，每天都是折磨，每学期都是考验我们重新做人的勇气。

还有一些父母是周末父母。他们平时把孩子放在老人家里，周末才接回自己家照看。他们往往发现孩子和自己的交流有问题，还发现孩子本身有许多问题。比如一位爸爸跟我说："孩子的坏习惯特别多，作业总是拖到最后做。"

周末父母对于孩子照顾、教育较少，不了解孩子的发展情况，对于孩子的将来想得也比较少。家长意识到的问题往往又不是正确问题，从而在教育孩子上没法使劲。比如那个说孩子"坏习惯特别多，作业总是拖到最后做"的家长，有没有发现孩子回家总是先做什么事呢？看电脑、玩手机，还是画画、发呆？孩子有没有制订计划的习惯？家长有没有和孩子聊过时间分配的原则？

祖辈接送和辅导作业的情况现在也不少。有一位妈妈埋怨说："孩子的坏习惯都是老人养成的，回家先吃，先玩。"在教养过程中，祖辈"养"为主，"教"为辅，父母必须站在祖辈角度先认同祖辈的辛苦，让祖辈心里有寄托，然后再对孩子发展提出合理希望，这样的沟通更能让祖辈接受和实施。

心童小时候非常聪明，但很不用功。她每次考试考的都不会，蒙得都不对。作业经常丢三落四。老师给我打电话告状，我气得抓狂——一代教育家的英名不保啊。每次打开书本，她就信心满满，表示老师讲的她全会、全知道。一合上书本，她就两眼冒小星星，什么都忘了！每当看到她写作业，我的心率就变得忽快忽慢，血压忽高忽低，情绪阴晴不定，夜里经常失眠。

小学老师每天布置 10 多项作业，做完后在每项作业后面打钩。这么缜密的安排，为什么她还会漏做呢？原来，心童还没有开始做作业，就在所有任务后面打满了钩。

下面是我们俩的一次日常对话。

妈妈："咦？你怎么作业没做就把钩先打好啦？赶紧擦掉，不然你就忘记哪些没做了。难怪你总会漏掉一些作业。"

心童举起橡皮。2 分钟后，妈妈回到心童身边。

妈妈："咦？怎么还没有擦掉？"

心童不情愿地用橡皮做出擦的动作，擦了肉眼看不见的一点地方，嘴里说："这 4 个（作业）我真的做过了。"

妈妈："真的做过了吗？"

心童真挚地："真的，肯定做过了。"

妈妈："那好，我来检查一下。第一题是'复习语文第 30 课，背第 2 节'。你说做好了，那就背给我听。"

心童飞一般地拿来语文书，翻到第 30 课。她扫了一眼第二节，就自信地开始背诵："一个夏天的傍晚，王冕在……那个，噢，那个在……啊，放牛吧！"

妈妈怒发冲冠："什么放牛！你压根儿不会背，还说你做好了！你是放牛还是放鸽子？是放牛还是吹牛？啊？赶紧再看一遍书！"

心童开始回嘴："可是我在学校就看过了。"

妈妈耐心地："但你还是不会背啊！不会背就说明要多看几遍。"

心童瞪着小眼睛坚贞不屈的样子："可是我就是不会背！"

妈无语："所以你才要多看几遍啊！"

心童开始发脾气，大声喊："可是我真的已经看过了！"

妈妈："可你还不会背呀！看书次数少，怎么会背呢？"

心童："可是我已经看过书了，我跟你说过了。"

我的耐心已经完全透支，连明天的耐心都用光了："你赶紧给我再看几遍，认真完成。没完成的作业就不应该在后面打钩！"

心童："可我就是背不出来。"

妈妈彻底崩溃，恶狠狠地威胁："那你就别去上学了！"夺门而逃。（注：夺门而逃的是我。）

这就是陪读父母经常遇到的场面，有经验的家长一定不陌生吧？我在门外调整了一下心情，先给林博士打了个电话，把不肖女的事迹向他倾诉一番，发泄了部分怒火，然后控制情绪，回忆与反思之前的对话。

也许我应该这么说："既然你背不出来，就别背了，明天告诉老师你做不出来。"

这个话的效果应该和前面差不多糟糕，没有多大励志作用。我经常跟家长说，不要跟孩子这样赌气说话。

或者我应该这么说："既然你背不出来，让妈妈陪你一起背，好不好？"

但，各位仁兄，请问这到底是谁的作业？很多家长陪读相当于免费再上一遍小学。我始终认为，学习是自己的事情，所有的学习成果最终都靠个体的主动努力。

不如我这么说："嗨，宝贝，你一定行的！妈妈相信你！"

那些西方育儿书不都是这么说的吗？但摸着良心，我知道这句话对我女儿此刻一点也不管用。

最后，我是这么说的：宝贝，你如果完成所有的作业，妈妈奖励你一件精美的礼物！

心童："Yeah——什么礼物？我马上就做完作业！"

我认为陪读这事对夫妻关系和亲子关系的伤害性，在所有的家庭破坏性因素中排第一。问问那些陪读的家长有什么感受吧。一个妈妈说："首先，我感觉自己被耍了！我以为给他复习不过是查缺补漏，复习了才发现是女娲补天，后来补着补着发现娃是夸父追日，而我不过是在愚公移山！其次，我感觉自己太难了！自从开始辅导娃的作业，我每晚都要当语文老师、数学老师、英语老师，偶尔还要当一回体育老师。"

一位家长说："中年老母亲的陪考路，就像唐僧取经一样，遇到的妖精太多了。比如，娃的神经短路、间歇性失忆。"要有多么强大的内心，才能应付育儿道路上的九九八十一难啊！

有时我急着完成一篇稿件，或者是准备次日的教案或者国际会议发言，但心童不断地来问我："妈妈，这个作业我不知道怎么做……"最后，我只想离家出走，找个清净的地方再也不回来。

我安慰自己，《红楼梦》里说："痴心父母古来多，孝顺儿孙谁见了？"可见古往今来儿女不听话是常理。笑笑长大上小学的那一天，我就决定不再陪作业。不陪作业符合我的教育理念，也是中年老母亲为了生存而做出的艰难选择——我想活下去，看他们成家立业，结婚生子——不想现在就被气死。

不陪作业的家长，该从此袖手旁观吗？也不对。

陪作业不如陪学习。

有没有看过新闻中的一张照片？照片上是某重点高中的校园，高考结束了，学生把课本和试卷从楼上撕碎扔下来，纸片漫天飞舞。他们扔的不是课本，是过去压迫他们的沉重负担，是对基础教育的抗议，更是对未来生活的宣誓：去你的书本吧，我再也不想学了！

这样过犹不及的强制学习，才导致中国成年人读书的比例远远低于其他许多国家。就好比小时候吃某种美食吃撑了、吃过头了，长大后一看到就觉得恶心、反胃。哪怕这些知识再美味，我也恶心得只想掉头逃跑。

学习是为了追求一种更有意义的生活，不是为了追求100分。为什么要陪作业呢？其实是对考试分数的病态重视。期末考试表面考的是孩子，实际上检验的是全家的面子和里子。

网上有个帖子说：考试成绩关系到整个家族社交圈的地位，直接关系一家人的社交质量。只要成绩好，爹妈见谁都敢打招呼，聊聊天，夸夸娃，迈出自豪的步伐！其次，它关系到全家和世界的互动。孩子考得好，泰国日本旅游少不了；考得一般般，苏杭乌镇国内窜；成绩不太行，小区门口请步行。最后，它还关系到一家人的精神生活。只要分数好，整个寒假母慈子孝，宾客盈门；如果分数差，这个冬天如冰河世纪，度日如年。

长远来看，小学和初中的高分并不重要。每天完成作业当然重要，但学会学习、解决人生不断出现的新问题更重要啊！

因为陪作业，造成多少家庭夫妻失和。我和林博士针对孩子做作业的问题就存在严重分歧。林博士认为，不陪孩子做作业，会造成很可怕的后果。

林博士也认为心童不自觉，如果不盯得紧，她一定不用心。但心童有自己的学习特点，她理解力强，对记忆类的英语单词、课文背诵等掌握比较慢。

心童是非常好胜与要强的孩子，虽然她很爱玩——每个人都有惰性啊！我相信她的好胜心会帮助她约束自己，并调整自己的行为。这个过程也许比较长，1年，甚至3年、5年，但一旦好习惯养成了，一辈子都受益。

一天，心童充满恐惧地对我说："妈妈，明天又要听写（英语）了。我不会，怎么办？"我毫不犹豫地说："你不会，妈妈也一样爱你。没关系。"她充满疑虑地看看我，我坚定地重复一遍："妈妈一样爱你。"她释然地笑了。

第二天的听写，她并不是全不会，只是有几个比较难的没写出来。这个成绩不理想的作业，她没有拿给我看。她希望把好的一面留给我们。孩子想获得别人的认可，想要表扬，这很正常。想变好的孩子就有希望，就有成为优异学生的一天。

中国家长每天操心的陪作业，不如改为"陪学习"——陪孩子一起共同学习。中国孩子的学习兴趣最需要家长的保护，因为外在的评价指标太多、太繁了。而上学、做作业是孩子自己的事情，家长的干涉本来是多余的。

许多大人特别惹人厌，逮个青年人就问结婚没有？遇到小朋友就问人家期末考了多少分。人家招你惹你了吗？人家问你月薪多少、几套房、开啥车了吗？青年人最怕追婚，小孩子最怕追分。

友好提问，是成年人最大的善意。

现在，连小孩子都学会这样不友善地聊天了。一天，笑笑的同学珊珊来我家做客。小美女珊珊优雅地走进我家客厅，审视了一番，然后斯斯文文地问："请问，你对你家笑笑今天的数学分数满意吗？"我还不知道他们当天考了数学。

直觉告诉我，珊珊的分数一定很不错。我说："这个数学成绩嘛，主要是笑笑是否满意，他满意就行。你妈妈对你的分数满意吗？”她幽幽叹气，老气横秋地说：“还行吧，没到 100 分，虽然我是第一。”我能感受到她的父母对孩子的殷切期望。可分数不是全部啊，如果上完学，再也不考试时，孩子的成功用什么来衡量？

小学低年级成绩好并不代表什么，哦，代表面子。不过，考 100 分的孩子有很多。但理智一点想想，爱迪生小时候成绩好不好？马云小学数学考了几分？老板加薪时你掏出小学成绩单，门门一百分，领导会作为升职依据吗？

我觉得，低年级的孩子考不了 100 分没有关系，有的孩子就是晚熟型的。学习兴趣没有了才可怕。家长和老师必须放下对成绩的执念。最终决定孩子未来学业成就的，是学习兴趣和独立学习的能力。

我自己就是迷糊、晚熟型的孩子，小学阶段一直不太明白老师在说什么，浑浑噩噩直到毕业。初中时才开窍，在中学老师俗称的“初二分水岭”，发现了适合自己的学习方法。初二之前，谁会想到我未来读博士，去哈佛呢？

但孩子对学习保持兴趣很重要，对自己保有信心也很重要，独立的学习和思考能力更重要。这些独立能力可能在家长陪做作业的过程中慢慢丢失，这才是可怕的事情。

小时候，我总是在假期里一味地玩，紧玩慢玩，成天闲逛，发呆，看闲书……还有 2 天要开学了，我才发现暑假作业只做了头一页。我记得自己当时内心的恐慌，心扑通扑通直跳，赶紧埋头苦干，可是作业太多了，实在来不及，那两天连睡觉都不敢，拼命地补作业。来年寒假，我早早制定了时间表，提醒自己每天做一页作业，否则后果自负。

没有大人监督，自己给自己定作业计划，我觉得这是独立培养学习习惯的第一课。现在，家长每天督促着自己的孩子做作业，给他们安排学习的节奏，导致他们压根儿没有机会发挥学习的自主性。

我对孩子有信心，学习的乐趣是与生俱来的。只是，我对中国当前的主流教育观没有信心。学校、老师和家长，你们可曾认真地反思？我们曾拥有可能是世界上最好的孩子，经过了若干年的基础教育，我们又获得了一个怎样的孩子？

许多家长认为小孩子必须上课后辅导班，理由不外乎以下几种：我们大人没时间、不会辅导；隔壁家的小李都去上了，因为不上辅导班就不能考证书、参加比赛拿大奖；因为……反正就是得去。

许多线上和线下辅导班都有一套奖励套路。比如孩子回答问题就可以积累金币，答对几道题就可以成功晋级通关。收集的金币又可以在客服那里兑换奖品。最后，孩子只有在有金币、有奖品的时候才去做题，而学习本身的乐趣被淡化了。发现这一问题后，我果断地终止了所有辅导班的学习。

笑笑有一个学习优异的女同学，偶尔百忙之中到我家来做客。她的日程表特别满，能来参加笑笑的生日宴会我觉得诚惶诚恐。据她自己的介绍，她参加的周末业余辅导班不胜枚举，跟相声里头"报菜名"似的：奥数、STEM、数学思维；英语、阅读、经典写作；二外、钢琴、语文拓展……

她遗憾地说，还有一个特别重要的班，可惜妈妈说时间实在插不进了。她的学习成绩非常好，一直是全班前3名。我悄悄问她："你喜欢学习吗？长大还想继续学吗？"她小声坚定地摇摇头说："我讨厌学习，等我长大就不用学啦！"

过犹不及啊，一个原本很有学习潜力的孩子，可能就在这些繁重的辅导班的奔波中消磨了学习欲望。

家长培养孩子学习兴趣的诀窍在哪里呢？我觉得有三层境界，适合三种类型的家长。

最高境界——孩子学习时你也在一边看书、学习，共同学习，共同成长。

2020 年研究生扩招，新闻里介绍了一对医科大学附属医院的母女双双考研成功。这就是亲子共同学习的成果。

新闻里的那位女儿连续两年都考研失利，忙碌的妈妈是个护士长，为了督促女儿，也报名考研。母女俩一起复习英语，一起看书交流。女儿压力立马大了：万一妈妈考上了自己名落孙山，丢不丢人嘛。对于一些活到老、学到老的家长来说，终身学习不是一句口号。我们的确需要不断充电，跟上这个时代。

共同学习如果对你来说很难——其实不难，阅读这本书的时候，就是在学习家教知识——还有第二种方法。

陪学的第二层境界是一种妥协：你可以和孩子一起学习他们的知识。

如果家长近期的确没什么自己的学习计划，那么重读一次小学、初中……也是人生特别体验。一个妈妈一边陪伴孩子，一边把基础教育的知识点又刷了一遍，暗自感慨："如果当年就这么认真学，清华北大算个啥！高考状元非我莫属，诗词大会我准得冠军。"

来咨询的家长经常问我："孩子怎么学好英语？你们雨果怎么英语说得那么好？"我回答："我们一起学呀。"

20 年前，我是幼儿园的英语教研组组长。那会儿，东方明珠塔刚刚建好呢。我们从南京坐着大巴车，来和上海一所著名的双语幼儿园开展幼儿英语教学的教研交流。从那时开始，一个理论问题就一直困扰着中国家长：幼儿期有必要学习英语吗？幼儿学习英语会干扰母语学习吗？如果要学，怎么才能学得好呢？

幼儿期有必要学习英语吗？现在似乎已经不需要理论探讨了。无论语言学家和教育学家怎么看待这个问题，在各个大小城市，家长们已经自发地开始了幼儿英语学习，滋生了大量的英语线下和线上课程培训。许多民办小学的招生面试还要考英语，想去就读就得提前学习英语。网络上有个笑话：

问：孩子4岁了，英语词汇量1500，够吗？

答：在美国肯定是够了，在上海（北京……）肯定是不够。

幼儿用正确的方式学习英语口语不会干扰母语学习。如果你身边有国际家庭，你就会发现父母的语言对孩子产生的影响。双语家庭的孩子自然地理解父母双方的不同语言。幼儿学习英语侧重语音、口语、听力，所以我经常和孩子一起看原版动画，听英文歌曲。前文推荐的"牛津树"等分级读物，既可以逐步提高孩子的书面英语能力，也可以让家长回炉重新炼一次钢呢。

温故而知新。家长也可以和孩子一起复习语文知识和传统文化。我在孩子读小学的陪学过程中，不知不觉复习了中国成语，背出了唐诗三百首，重新温习了《论语》《周易》《孟子》……连《道德经》都能背诵："胜人者有力，自胜者强！"

疫情暴发期间，朋友在微信里发了给孩子玩的语文运算题，笑笑也非常喜欢。题目如下：

加法运算：

（　　）言为定 +（　　）鸣惊人 =（　　）全其美

（　　）亲不认 +（　　）触即发 =（　　）窍生烟

（　　）体投地 +（　　）手遮天 =（　　）神无主

（　）令五申 ＋（　）平八稳 ＝（　）步之才

（　）通八达 ＋（　）望无际 ＝（　）湖四海

（　）龙戏珠 ＋（　）零八落 ＝（　）霄云外

（　）海为家 ＋（　）亲不认 ＝（　）万火急

（　）生有幸 ＋（　）颜六色 ＝（　）面玲珑

（　）字千金 ＋（　）令五申 ＝（　）通八达

（　）牛一毛 ＋（　）目了然 ＝（　）面埋伏

减法运算：

（　）彩缤纷 －（　）呼百应 ＝（　）海升平

（　）全十美 －（　）手八脚 ＝（　）顾茅庐

（　）光十色 －（　）事无成 ＝（　）面八方

（　）嘴八舌 －（　）亲不认 ＝（　）言为定

（　）死一生 －（　）分五裂 ＝（　）湖四海

（　）室九空 －（　）盘散沙 ＝（　）牛一毛

（　）神无主 －（　）龙戏珠 ＝（　）面受敌

（　）体投地 －（　）长两短 ＝（　）败俱伤

（　）仙过海 －（　）掷千金 ＝（　）上八下

（　）面威风 －（　）光十色 ＝（　）头六臂

（　）颜六色 －（　）海为家 ＝（　）丝不苟

乘法运算：

（　）里挑一 ×（　）川归海 ＝（　）籁俱寂

（　）马平川 ×（　）发千钧 ＝（　）笔勾销

（　）全其美 ×（　）厢情愿 ＝（　）海一家

（　）花齐放 × （　）万火急 = （　）变万化

（　）全十美 × （　）指连心 = （　）花盛开

（　）龙戏珠 × （　）丝不苟 = （　）面三刀

（　）心二意 × （　）视同仁 = （　）思而行

（　）言九鼎 × （　）牛二虎 = （　）霄云外

（　）顾茅庐 × （　）望无际 = （　）言两语

除法运算：

（　）寿无疆 ÷ （　）思不解 = （　）折不挠

（　）辛万苦 ÷ （　）步芳草 = （　）年树人

（　）霄云外 ÷ （　）头六臂 = （　）教九流

（　）神无主 ÷ （　）虎相斗 = （　）长两短

（　）面楚歌 ÷ （　）面三刀 = （　）龙戏珠

（　）拿九稳 ÷ （　）光十色 = （　）袖清风

（　）炼成钢 ÷ （　）全十美 = （　）拿九稳

（　）气呵成 ÷ （　）毛不拔 = （　）波三折

（　）拜之交 ÷ （　）鬓如霜 = （　）海为家

　　家长可以和孩子共同做一做。看到爸爸妈妈也有做不出来的题目，孩子会觉得特别过瘾。三人行必有我师，家长不一定要比孩子强，适度的示弱也是良性亲子关系的体现啊。

　　最后，作为家长，如果对陪伴孩子学习实在提不起兴趣，那么，**陪伴学习的最后一步就是：不要打扰孩子学习。**西方谚语里说的：Less is more！（少就是好！）在指导孩子学习这方面，如果你不知道该怎么做，很可能做得越多，错得越多。

平时，我们会看到一些文化水平不高的家长，孩子学习很认真，也考上了重点大学，甚至成为了某个领域的专家。这些家长所做的无非就是不打扰孩子学习，不在孩子学习的时候打游戏、打麻将、打孩子……也没有用劣质的辅导班破坏孩子的学习兴趣，给孩子留出足够的时间和空间。在家长不具备陪学技巧之前，尊重孩子，尊重学习，可谓保护孩子学习兴趣和能力的最后屏障了。

惩罚可以这样做

人难免要犯错误，但只有傻瓜才坚持错误。

——西塞罗

今天的城市家长不大舍得惩罚孩子，往往对孩子奖励太多、太滥，对孩子惩罚不当、不严。偶尔听到一些家长管孩子时的做法，更像是威胁，不是惩罚。比如一个奶奶在公园里追着孩子跑："该回家吃饭啦，再不回家我就把你一个人扔在这里！"这样的威胁孩子大概已经听了很多次了，满脸不以为然的样子。这位奶奶，您倒是扔一个试试？

许多中国家长也不擅长奖励孩子。在地铁上，我看到一个爸爸在鼓励小孩。爸爸热情洋溢地对孩子说："如果你做到这件事，就奖励你看我的手机。"Oh my God！这是奖励吗？我接连翻了几个白眼。这位先生，爱孩子还是害孩子，您分得清吗？

我有个同学，说起他小时候的一件"趣事"。他小时候经过友谊商店——这在很多城市都是高档进口商店的代名词——看中了柜台里的进口巧克力，几百元一盒。20年前，那可是一大笔钱。谁家会用一个月的生活费去买一盒巧克力呢？这熊孩子赖在地上打滚，最终得逞。妈妈买给他那盒漂亮的巧克力，他却吃了一口就苦得吐了。我在想，中国当代的父母，到底应该如何惩罚、奖励孩子呢？

从未承受过错的后果，连作业中的小小错误都被提前纠正的中国孩子，未来怎么应对不可预测的挫折呢？我们把孩子包裹在"以爱之名"加固的象牙塔里，是好事吗？

法国的卢梭是一个有趣的启蒙思想家。他没有抚养过孩子，但据说生了不少孩子。他写了一本教育史上的巨作《爱弥儿》，成为教育专业学生的必读书目之一。卢梭用自然主义的精神，呵护儿童，提倡童年的可贵。但作为一个理想主义者，他也提出了许多不切实际的育儿做法，比如著名的"自然后果法（Natural Consequences）"。

卢梭说，如果一个熊孩子做错了事情，就应当让他自己承担相应的后果，这样孩子才能吸取教训。比如，一个顽皮的孩子打破了玻璃窗，那么，做母亲的就应该让他睡在那个窗户漏风的房间里。当孩子尝到夜里冷风呼啸的滋味，下次他就不会再打破窗户了。

毫无疑问，只有没照看过孩子的人才会出这种馊主意。18 世纪，一场感冒可能就会夺走孩子幼小的生命。即便放在医疗条件发达的今天，这种做法也是不妥的。我觉得，自然后果法对中国家长很有启示，不过有几个使用原则。

自然后果的原则一：惩罚适度

自然惩罚后果不能涉及重大的伤害后果，如摸电、火，或者马路上奔跑等可能引发重大伤害、重大疾病的行为后果都不在此列。所有可能伤害孩子生命的行为都必须即时制止，坚决避免。比如郎朗的父亲在自传里写道，儿子小时候不好好练琴，他就逼儿子去吃药，这是极其不尊重儿童健康和权利的做法。

传统的自然后果法在现代城市儿童中应该改良运用。这里的自然后果必须指的是"小后果"：孩子不洗杯子，他就没有杯子喝牛奶；忘记戴红领巾，得自己去和老师解释；不遵守游戏规则，就取消玩游戏资格……

自然后果法需要让孩子知道行为和结果之间的因果关联，意识到自己的错误行为需要付出怎样的代价。因此，使用自然后果法还需要家长收集一些孩子无伤大雅的兴趣。剥夺这些兴趣作为惩罚，既可以有效制约孩子的行为，又不会影响孩子的身心健康。

比如笑笑在 1 岁半之后就知道小便时要提前告诉大人，坐到小马桶上再行方便。我们都引以为荣。可是半年多后，他忽然出现了发展倒退，开始尿裤子。每次一边喊着："尿尿啦！尿尿啦！"小便就已顺着裤腿流了一地。无论我怎么好说歹说，要他早点喊，尽量憋，等裤子脱下来再尿……都没有用。

我威胁他："再尿裤子就要打屁屁了，记住了吗？"他乖乖地说："记住了。""那尿尿时应该怎么办？"

笑笑认真地回答："要脱裤子，坐到小马桶上尿尿。不能尿裤子上。"回答 100 分。

然而下次他照常尿裤子不误。哪怕你气得跳、大声叫，他只一脸沮丧和无辜地看着地上，嘴里念叨着："宝尿尿了！"然后把两腿分得开开的，宛如走高跷一样离开那摊水迹，生怕踩到脚上。

很多宝宝在这个阶段都会尿裤子，多数是因为贪玩——玩得太投入，小便憋不住了。既然是贪玩惹的祸，还是应该用玩来惩罚，比打屁屁效果更好。

我的惩罚计划从笑笑最喜欢的小汽车开始。

"笑笑，如果你再尿裤子，妈妈就要拿走一辆小汽车了。小汽车要放到高高的架子上，不可以玩了。听明白了吗？"笑笑睁着圆溜溜的眼睛看着我，说："明白了。"然后低头继续摆弄他的小汽车。

没多久，他又尿裤子了。我把他最喜欢的一辆小货车拿走，放到高高的置物架上，说："妈妈说过，如果你再尿裤子，就要拿走一辆小汽车了。小汽车放到高高的架子上，不可以玩了。你还记得吗？"他眼巴巴地说记得。我指着小货车说："所以小货车现在放到高高的架子上，不可以玩了。"他急了，开始"嗯——"表示抗议。我坚决地说："不行，我们说好了的。如果你下次尿尿时早点告诉妈妈，小货车就会还给你。"他想了想说好的。

2个小时后，他主动喊我："妈妈，宝要尿尿了！"坚持一周后，玩具剥夺惩罚计划成功。

自然后果的原则二：不连累其他人，只惩戒肇事者

孩子睡在冷风肆虐的房间生病了，最倒霉的是孩子吗？错了，最惨的是他们的照料者——孩子家长。这种自然后果法惩罚的不是孩子，而是熬夜看护孩子、通宵去医院挂号排队的父母。

而且，在中国，有的孩子宁可生病请假，可以不去学校呢。有个家长告诉我，孩子每次上学之前就肚子疼，一请假就不疼了。所以生病的后果到底是惩罚还是奖励？蛮值得推敲的。

惩罚孩子时有一说一，不能有连带效应，波及无辜。有些二孩家长惩罚孩子时，习惯性地说："谁不好好收玩具，等一下动画片两个人都不给看！"无辜的孩子觉得特别委屈。

笑笑在学校时，最生气的就是老师会连带惩罚，很不公平。比如，课间有2个男孩子在大声吵闹，老师进来后大发雷霆，罚所有的男生取消课外活动，抄课文。笑笑郁闷地说，我又没有吵闹，为什么要罚我抄呢？

自然后果的原则三：及时惩罚，不能隔夜

雨果起床后不愿意自己穿衣服，总是光着脚偷偷跑到客厅玩玩具。依照卢梭的观点，不妨让这倒霉孩子流鼻涕、咳嗽。可惜这自然后果并不及时。

有时孩子早晨着凉，感冒却在夜晚甚至第二天才逐渐加重。这是因为寒冷导致抵抗力下降，使原本潜伏体内的病毒发作。但病毒的繁殖和侵蚀有一个逐渐发展的过程，往往第二天到第三天是症状最严重的发作期。对孩子来说，周一没有及时穿衣和周三的高烧咳嗽之间，距离那么遥远，因果联系不明显。聪明的家长就只好及时帮他穿衣服，省得自己过两天倒霉。

真正的自然后果法必须有及时效应。比如，早上雨果没有及时穿外套，好吧，上午他就不能吃甜点。当雨果看着哥哥、姐姐舔着冰淇淋，吃得淋漓畅快，自己后悔得号啕大哭，嘴里喊着"我下次会穿衣服啦！"这才是现代自然后果法的即时效应。

自然后果的原则四：惩罚依据明确，态度坚决

零食是很好的自然后果法的道具。如果你用过这招，但效果不理想，原因不外乎两种：要么不能够坚持，要么惩罚规则要求不明确。

拿林博士举个例子。心童是个食欲旺盛的宝宝，能够同时吃下很多零食，比如 10 块巧克力、9 颗糖果、8 粒草莓、7 个核桃、6 只果冻、5 片橙子、4 粒蜜枣、3 块奶酪、2 瓶酸奶、1 盒牛奶……但她吃饭非常慢。所有人都吃完了，她还能磨蹭半个钟头。林博士忍不住了，限心童 5 分钟之内吃完，否则就不要吃了。

那是我结婚后第一次听到林博士对心童发火。我悄悄对他说："教育孩子可以提要求。不过，要提孩子听得懂的要求、明确的要求。"

林博士点点头，表示不明白我在说什么。哦，忘记说了，他有个特点，表示不同意的时候点头，同意的时候摇头。如果我说：今天来不及烧饭，叫个外卖吧？他会摇摇头，说："好的。"

我进一步详细解释："你刚才的要求对心童来说，就是不明确的。因为 3 岁孩子不知道 5 分钟是多久。所以，你的要求说了和没说一样。再者，任何要求要附加一个效果，如果是正面的行为，就要有积极的奖励，负面的行为就要有一定的惩罚后果跟随，这才符合行为主义的原理。你说 5 分钟内不吃完'就不要吃了',这正合她意,因为她正好就是不想吃饭呀。"

林博士用理科博士那样严肃的科学态度问:"她不知道 5 分钟是多久吗?"当然不知道,小班小朋友都不知道。时间概念是宇宙间最神秘的科学概念之一。5 分钟有多久?大班之后的孩子可以逐渐体会。

我建议他:"你可以说具体的数字,比如让心童看客厅墙上的时钟:现在长针指着 1,等它指到 2 的时候,就是 5 分钟了。你可以说,心童必须在长针指到 2 的时候吃完饭。否则,明天什么零食也不许吃!"

林博士摇摇头,决定下次就这么说。

但要想这个提高吃饭效率的做法有效,还必须配合坚持到底的执行力,也就是言必行、行必果。

第二天,心童听懂了规则,但 5 分钟内依然没有吃完饭。林博士宣布,明天的零食取消了。心童一开始不以为然,还嬉皮笑脸地在板凳上扭,后来看大人动真格了,脸色一变呜呜地哭了:"哇,我要棒棒糖,呜呜,我就要……"

这时候,林博士必须态度坚决。如果他出尔反尔,做出了让步,那么自然后果的规则就永远没有作用。

古人早就说过,你若答应孩子,晚上回家杀一头猪给他吃,那这头猪就必须得杀了吃。既是为了大人的威信,也是为了培养孩子的诚信。

第 3 天吃饭时,心童知道大人说到做到,埋头猛吃,大口地把饭往嘴里塞。一年来,她首次和我们同时吃完饭。

前面说过,心童 3 岁左右特别爱发脾气。我们夫妻俩都是性格较温和的人,(那时)从不发脾气。所以我们采用了温和的奖惩方式:只要心童当天不发脾气的话,晚上就在日历上给她画一个小星星。有了小星星,她第二天可以吃零食,看动画片。积攒 10 颗小星星,爸爸妈妈就带她去公园玩。如果当天发脾气了，就没有小星星，第二天就没有任何福利。以上所有的规则，都给心童做一个清楚的解释，让她理解规则的具体内容，明白要求。她对小星星这一新奇的做法很感兴趣，满口答应了配合。

接下来，全家都必须严格执行奖惩规定，包括钟点工阿姨。我们都是全职父母，必须请阿姨帮忙。没有阿姨的配合，许多规则无法执行。所以我先和阿姨讨论了心童任性行为的不好后果，希望她配合。阿姨赞同了之后，我们又征求阿姨的意见，问她应该如何给心童奖励，使阿姨有参与规则制定的自豪感。最后，我们一致决定，当心童再次哭闹时，包括阿姨在内的所有人都不理睬她，进行冷处理。

很多家庭缺少项目执行力，是家教项目失败的重要因素。

奖励也是一门学问。我见过一些爸爸妈妈，不停地赞美孩子："宝宝真棒！宝宝真聪明……"这些话的营养成分并不多，不够支撑孩子发展处理成长道路中的所有曲折坎坷的能力。

奖励要真诚、明确。例如，儿童的利他行为培养需要长期的积极引导与鼓励。当儿童偶然出现帮助他人的行为时，如帮外婆拿鞋子，立即描述这件事的因果关系，给予正面强化，说："你知道外婆不能弯腰，就帮她拿好鞋子，你真是个关心别人、孝顺老人的好孩子……"

其次，让幼儿适度参与力所能及的工作和家庭劳动。这些劳动必须适合幼儿年龄特点，可以在游戏的氛围下进行。对于幼儿来说，工作与游戏是没有区别的。当他们欢乐地做事情时，工作也变成了玩耍。还记得我们小时候用刀切橡皮吗？当我给雨果一把小型水果刀，让他和我一起切豆腐、切黄瓜、切豆干时，游戏和工作对他来说是一回事。

此外，幼儿不能区别玩笑和真话，不能完全区分梦想和现实，也不能区别正反话。所以，大人和孩子说话要明确、直接，不说反话，不随便开玩笑。我还记得我在幼儿园工作第一个月闹的笑话。一个调皮的小朋友总是把玩具扔到地上。我气坏了，对他说："洋洋，你再扔一个给我瞧瞧。"他居然欢欢喜喜地当着我的面再扔了一次，还用期待表扬的眼神看着我，等着夸他。

我想提醒家长，外在的奖励和惩罚都不持久，让孩子学会自我肯定，寻找解决问题的内在动力才是真正的奖励之道。

笑笑是特别需要外在肯定的孩子，从小就喜欢问我："我这样对吗？这样好吗？"我从不正面答复，而是一直反问："你觉得呢？你说呢？"我鼓励他相信自己，肯定自己，寻找自己的优点。长大后，又鼓励他真诚地赞赏别人。

比如他挨了老师批评，一个同学来拍拍他的肩膀说："没事的，老师经常这样，别难过啦。"我惊叹地说："哇，你的朋友好关心你啊，他真是一个很 kind 的人。我在书上看到一句英语'If you can be anything, be kind！'他真的做到了！"

一个内在驱动力强大的孩子，才会欣赏同伴的优点。这不仅是一种礼貌，让他人心情舒畅，也会给自己积极的暗示。同学之间只有竞争，生活是阴暗的。竞争心理会带来焦虑和敌对情绪，让自己压力倍增，反而不利于学习。不论处于何种情境下，孩子都要看得到别人的好，懂得欣赏他人，更要懂得欣赏自己。最美的夸奖和肯定，应该来自内心的自我，这才是幸福的源泉。

去美国上学记

中国尚节文，而西人乐简易。

其于为学也，中国夸多识，而西人尊新知。

—— 严复《论世变之亟》

人生真是不可预测。有时候，你完全不知道未来会发生什么新转机。二年级下学期的时候，随着每天作业量和老师批评次数的增加，心童对学习的兴趣在减弱。她日益烦躁，经常发脾气。为此，我非常苦恼。

一次偶然的机会，我申请到了去加州大学洛杉矶分校做访问学者的机会。我决定带着心童和笑笑赴美一年，让女儿体验一下美国小学的生活，给她一点学习缓冲时间。

飞机降落在洛杉矶机场，一位熟人来接我们。我们在大学的宿舍区租了房子。安顿好家人、买了几件二手家具供日常使用后，我连时差都没倒完就赶紧去联系心童上学的报名事宜。

洛杉矶的小学是按照学区入学的，租房合同是重要的入学文件。此外，最重要的就是免疫证明了。我事先把心童的免疫证明翻译成英语。我拿着租房合同等文件，去附近的 C 小学报名。报名处的老太太仔细地看了我的合同和免疫证明，然后给我一沓材料表格去填写。

第一感觉是，他们很信赖你。我翻译的免疫证明，他们连原件都不看。你说麻疹疫苗打了 4 针，他们就相信你打了 4 针。

第二感觉是，要填的材料实在太多了、太厚了！好像在中国上小

234

学远远没有这么麻烦。在上海上小学，填一张学生信息登记表，一页纸而已。随着信息电子化，连这个都免了。而美国小学入学的表格有几十页，我带回家足足填了一下午。表格里包括了各种个人信息：是否有特殊需求，孩子的医疗经历，孩子的食物过敏史，孩子的紧急联系人，以往的学习经历……

C 小学是洛杉矶本地著名的小学，在整个地区的 1000 多所小学中排名前 20，是一所蓝绶带小学——这是表示小学学业成就的最高荣誉，说明这所小学的孩子考试成绩优异。因此，这所学校广受欢迎——尤其受华人欢迎。

我对报名的老太太说："听说你们学校名声很大啊！"老太太却不开心，苦着脸笑笑说："太可惜，知道的人太多了……"这是为名声所累吗？

我花费 3 天时间，比较顺利地完成了报名的要求。心童小朋友第二周就正式成为美国二年级的小学生了。

第一天上学归来，她高兴地说："太好玩了！美国的小学太有意思了！"教室里有许多操作材料，上课就和玩游戏一样。下课时间很长，而且老师允许孩子们在操场上疯狂地玩耍。那种奔跑的速度，在我国小学应该是被严厉禁止的。事实上，经常有美国孩子在玩耍中轻微受伤。

我恰好看到一个孩子摔跤碰了头，被送到紧靠校门口的医务室。他得到一个冰袋敷在脑门上，气定神闲地躺在床上。老师问他："你好些了吗？"那男孩子说："我还觉得晕。"老师温和地说："那你再躺会儿。你觉得需要我打电话给你妈妈吗？"孩子说不要。老师说好的。过一会儿，老师又问："你想回教室了吗？"男孩子说："我现在还不想回去。"老师又说好……

我在前台递交报名表时，还看到一个迟到的孩子，他正在把迟到假条递到学校办公室。学校规定，无论什么原因迟到，都必须有书面理由说明送到办公室。所以，很少有孩子迟到。

和女儿上小学相比，笑笑的入园却很不顺利。根据国内的经验，我以为上小学更加困难，因为心童想去的是本地最好的公立小学。而幼儿园嘛，本来就是我的专业领域，没准儿可以找个熟人……但我完全错了。

我先看中了心童小学对面的圣约翰幼儿园，接送最方便，我可以顺便接送2个孩子。根据我的观察，这所幼儿园的老师对小朋友非常耐心。园长海伦是位50多岁的美国妇女，热心地带我和笑笑参观了幼儿园的所有班级。我以为报名十拿九稳了，参观结束时，她却看看抽屉里的一张纸，说："欢迎你！嗯……你的孩子才3岁半，我们只有4岁的班级有空额。所以，9月份你们应该可以来了。当然，我不能保证，要看看等待名单（waiting list）还有几个孩子……"

访学只有一年时间，等9个月可太迟啦。园长摇摇头，抱歉地说她也无能为力，反正现在没有名额，孩子不能来。笑笑听说这个幼儿园不让他来，当场就小声哭了。他很伤心，一路哭回家。我也很难过，安慰他很久，试图告诉他这是我的错，不是他的错。

我又咨询了加州大学附属幼儿园，距离更远，学费比圣约翰幼儿园还贵400美元一个月，但包括早餐和午餐。同样要先交50美元报名费报名排队。这个幼儿园因为质量好，等待名单也很长。有的孩子一出生就去排队了，3年才排上。这就是美国入学和入园的规则，先来后到，必须排队。在队伍面前，人人平等。不能托关系，我很自责。

不过我们终于运气爆棚，2月份幼儿园的混龄班有人临时退班，出现了一个空额。笑笑终于也开始了美国幼儿园的生活。

来美国访学期间，我对中美学校与家庭的合作、沟通有了更加深入的了解。中国学校的家长会，有适龄孩子的家长都体验过。虽然我本人曾经是幼儿教师，也多次主持过家长会，但多年前第一次参加自己孩子的家长会时，还是忐忑又雀跃的。那时觉得，终于可以参加自己孩子的家长会了！妈妈的内心充满了骄傲、甜蜜和期待。

很快，参加家长会的雀跃心情就变成了一种枯燥乏味的程序化体验。几乎可以预测各类家长会的冗长和无趣。家长会无一例外采用课堂讲授的形式，由园长／校长讲话，班主任／其他学科老师讲话组成，谈学期安排、课程设置……而且多数采用家长并不太感兴趣的方式陈述。

小学家长以教学与成绩为中心，语文、数学、英语老师轮番上场，PPT里滚动播出学期学科学习要求与课后辅导贴士，让人觉得不寒而栗。幼儿园家长会也是大谈幼儿园课程内容，列出本学期需要家长配合的内容，需要家长准备的材料……

我忍不住想，作为家长，到底希望在家长会上听到些什么呢？

在美国，我起初对家长会也没有好印象。当接到家长会通知时，我第一反应是：居然可以自愿参加，太好了！我可以不去了。

在中国，不参加家长会就跟缺课似的，可谓大不敬。别说老师怎么看待不去的家长，自己的孩子也不会答应。孩子会说："妈妈要去，别的小朋友爸爸妈妈都去的……"但美国的家长会和孩子无关，孩子甚至不知道何时有家长会。家长会通知直接由校方管理者发送到父母的电子邮箱。

家长还有选择是否参加家长会的权利，于情于理我都很不习惯。

笑笑幼儿园的家长会每月一次，称为TAPA meeting。参加不参加，就看家长是否对当月的主题或主讲人感兴趣。参加家长会完全是民主、自由的选择，父母的内心感受也大不相同。可以想象，这样的文化氛围下，孩子们在日常活动中也有很大的自主权，民主、尊重的意识随处可见。

例如，三月份家长会的主题是"健康与疫苗知识"。看起来是个无趣的题目，却普及了非常重要的医学知识。我决定去听一次。

相信没有一个父母不关心孩子的健康问题。我们都有披星戴月在儿童医院挂急诊的体验，或者青天白日挂不到专家号的焦灼。我们也常常喟叹医生态度的不够友善，连多问一句病因或护理方式都觉得自己诚惶诚恐，十有八九还未必能够得到回应。

美国的教育者深深理解：如何为人父母并给孩子"适宜的爱"，不是父母的天赋。适宜的关爱需要很多育儿知识的学习和相关支持。因此，美国的幼儿园、小学、社区、医院、图书馆都是提供父母知识的重要场所。在这次家长会上，幼儿园特意请来了社区卫生署的护士海伦，为家长们讲解幼儿健康和儿童疫苗的相关常识。

这真是一次重要的医学科普。在短短的一个小时中（为什么同样的一小时在中国家长会上总感觉特长？支持爱因斯坦的相对论），海伦友善地和家长们进行互动，解答了好几位家长的疑问，并结合季节，讲解了流感疫苗的类别和各种感冒的预防、护理方法。

通过这次家长会，我学习到：感冒分为普通感冒（简称RSV）和流感（flu）、副流感（parainfluenza）等，它们的共同点是都由病毒引起，症状有一些相似之处。例如，普通感冒往往会流鼻涕、发烧、咳嗽，偶尔呼吸困难。流感除了引起高烧、咽喉肿痛、肌肉酸痛，也会有普通感冒的症状。副流感则还会导致喘息、咳嗽、声音嘶哑等。

作为父母，我们应当如何保障孩子的健康呢？很简单，普通感冒多由接触传染，因此，经常洗手就可以有效避免普通感冒的交叉传染。在医学专业人士的指导下，一些过去被认为很恐怖的疾病也没有那么吓人了。海伦特意提醒父母们，要给生病的孩子以适宜的照顾。以往，在国内听到手足口病时，许多父母总是如临大敌。但海伦告诉我们，手足口病的自愈期需要3—6天，护理的关键是保湿和镇痛。因为这种病毒会引起孩子咽喉剧痛，从而难以下咽。所以生病的孩子常常会容易脱水。只要保证足够的饮水量，手足口病完全可以自愈。换言之，这不过是另外一种特殊的感冒而已。

美国家长会上，主讲人不仅关心给孩子适宜的爱和照顾，也关心父母的身心健康。有一次，主持人请父母一一介绍自己养育孩子的心得或困惑。主讲人的原话是："养育孩子是非常辛苦的事情，你一定遇到很多压力……照顾好你自己，才能照顾好孩子！"听到这里，真是很为他们的理解而感动。

只有健康的父母，才能抚育健康的孩子。回想一下，在中国，有多少家长会会真诚地关注父母身心健康呢？而将心比心，父母又是多么渴望得到社会的理解与支持呢？做了父母，我们还配拥有自由自在的生活吗？

在心童小学的家长会上，我则第一次没有听到老师批评她。全是赞美！赞美！赞美！重要的事情说三遍。为什么中国的孩子总是那么压力大？因为欣赏他们的人少啊！

美国小学的家庭作业的确很少。心童每周有一次家庭作业，一般在周五带回来，而且作业很奇怪，说不上来是哪个学科的作业。但美国的学习一点不像我们想象的那么容易，每次布置的作业都充满挑战性，让心童忙个不停。

第一周回来，她要画一张人体解剖图，可我完全不记得胆在哪里。肝是左边还是右边来着？她也不来问我，自己琢磨着老师课堂上讲的内容，就把人体解剖图完成了。第二周，她要把银河系里的行星放在正确的位置，我又被难倒。可怜我连冥王星的英文名字都忘记了，Venus 是火星还是木星来着？（事实上，"Venus"是金星）她得意洋洋地告诉我正确答案。

学校里各种活动那么丰富，心童总是乐在其中，每天回来就嚷嚷：好开心啊！今天我们玩了（做了）……真是好开心！

几乎每个星期都有奇怪的事情发生。比如有个星期，老师牵了一头奶牛和小牛到学校。还有一个星期，有老师装成精灵的样子在各个教室和操场上穿梭。我不知道老师穿成这古里古怪的样子有什么学术价值——完全没有，对吧？谁希望自己的小学老师是个精灵或者妖怪？这对提高数学成绩、英语成绩有什么帮助呢？

但心童和同学们很兴奋，很开心。这种快乐的体验是中国的家长和老师不愿意花费时间去获得的。我们太在意学习结果。但，"结果"又是什么？如果你往前看，一直看到人生最终的结果……难道，不是人生的过程决定了每个日子的意义吗？

第六章
抗挫力教育

应对未来的挑战

祸兮福之所倚，福兮祸之所伏。

——老子

2020 年，一场空前但未必绝后的疫情把许多父母困在家里，许多家庭不得不面对前所未有的密集型亲子陪伴。大人在家办公，孩子在家上网课。孩子下课了，家长停工了。超长时间的亲密相处，让许多家长被迫在短时间内和孩子短兵相接，一时间鸡飞狗跳，地动山摇。

疫情期间，我接到了大量关于孩子问题行为的咨询电话。"以前怎么没发现小孩一身的毛病？""我孩子有问题……"许多家长在电话里这么开头。

许多家长没有意识到，他们提出的是错误的问题。在家教咨询中，总有一类问题我无法回答，因为错误的问题永远找不到正确的答案，不是吗？

美国的婚姻问题专家温格·朱利写了本书叫《幸福婚姻法则》。书中引用结婚 78 年的兰迪斯太太的话："在这个世界上，即使是最幸福的婚姻，一生中也会有两百次离婚的念头和五十次掐死对方的想法。"我想说，即使是最乖巧的孩子，一生中也会有 200 次让你暴跳如雷和 50 次离家出走的冲动。你和孩子接触的时间越多，爆发的频率越高。

许多家长苦苦寻找错误问题的答案，每当这时，接受咨询的我就很难给出回答。比如中国式的经典问题："我的孩子为什么总不听我的话？"

　　请问您过去或者现在是一个非常听父母话的小孩吗？如果您不是，为什么一定要求您的孩子听话呢？再请问，您要一个完全听话的孩子做什么呢？在英语里，很难翻译中文的"听话"一词。可以翻译为"obedient（顺从）"，但我很少听见西方的老师或者父母会把顺从看作孩子的优点，他们往往更加强调的品质是"kind（友善）"。对他人友善非常重要。相反，一个过分顺从他人意志的孩子，在身心发展方面是让西方家长担忧的，因为他们可能太缺乏自我认知和主见。

　　一个听话的孩子可能缺乏独立的判断力，遇到新的挫折就束手无策。即便作为大人的我也完全无法预测，未来会遇到哪些挑战和挫折。所以，让孩子听话有什么用呢？有的父母说："至少孩子听话，我可以少生气啊?！"可是，您会生气是因为您默认了——孩子应该听话，所以不听话的孩子让我们怒不可遏。如果您能够认识到，孩子不听话是有原因的、正常的、可理解的，大概就不会生气了。从长远来看，没有永远听话的孩子，再温顺、再柔弱的孩子，也会逐渐随着成长发现自己，从而选择坚持自己的梦想。中国的家长，该放弃培养一个"听话"孩子的幻想了。

　　一个爸爸咨询我：过两年，应该让孩子参加高考还是出国留学呢？去哪个国家好呢？我问他，为什么不去问问孩子的想法呢？孩子会有自己的意见，同伴好友的意见也会在很大程度上影响他们的判断。随着成长，家长对孩子的影响力日益减少。我们要认清自己的位置和作用，为孩子的独立判断而高兴。

　　如果家长想发挥更加积极的作用，应该在童年早期就努力培养孩子应对未来危机的能力。为什么有些人历经千难万苦从不动摇？为什么有些人在困难面前一蹶不振？教育学家发现有一个词非常重要：resilience，它可以翻译为"弹性""韧性""抗挫力"或"复原力"。在应对未来的不可预测时，亲子陪伴过程中的抗挫力教育格外重要。

1996 年，联合国教科文组织成立了国际 21 世纪教育委员会，以"思考21 世纪的教育与学习"为主要任务，在《教育——财富蕴藏其中》这一书中提出，学习化社会中的全民终身学习将贯穿人的一生。随后，欧盟提出"为了终身学习的核心素养"，美国提出发展儿童的 21 世纪技能（21st century skills），OECD（经贸合作组织）提出了"为了新千年学习者的 21 世纪技能和素养"（21st century skills and competences for new millennium learners）。这些国际报告与文件的主旨均是在应对 21 世纪信息时代对全人类的挑战。

传统教育也许能以学习为中心，以知识掌握为重点。但信息时代对人们学习知识、掌握知识、运用知识提出了新的挑战。1945 年，第一部电子计算机投入使用；1989 年，互联网出现，一个全新的网络世界从此迅猛发展。20 年前，平板电脑、智能手机、MP3、磁悬浮列车……我们生活中的这些日常科技产品尚不存在。20 年后，今天的孩子将长大成人，从事可能是全新、未知的职业。由于计算机技术和网络技术的应用，人们的学习速度在不断加快。传统教育中最重视的知识学习，已转换为信息识别与判断。

我们的孩子，面对的是一个没法预测的未来。为了迎接日新月异的未来，今天的儿童必须具有批判力和创造性，灵活应对不断出现的新问题。这些能力被 OECD 等组织统一称为核心素养。OECD 在 1997 年启动了核心素养研究，反思哪些"素养"可以帮助孩子迎接未来的挑战。西方教育者日益聚焦培养那些解决复杂问题和适应不可预测情境的高级能力。

幼儿阶段是培养这些高级能力和素养的起点。面对未来的教育需要培养孩子终身学习的能力，能够及时获取信息和批判反思的能力，更重要的是，面对问题、挫折和挑战的能力。

中国孩子其实知识学习都做得不错，背诵书本上的内容也很擅长。缺少的是什么呢？是应对不确定事件的能力，应对糟糕事件的能力。

有一个笑话，我经常在大学课堂给学生讲：

在一个国际课堂上，教授在组织国际学生讨论，请大家说说"自己对其他国家粮食短缺问题的看法"。一英国学生不解地问："老师，什么叫'短缺'？"一非洲学生问："老师，什么是'粮食'？"美国学生则问："什么是'其他国家'？"中国学生一言不发。教授邀请他发言，点了他的名字，中国学生才犹豫地说："老师，请问什么是'自己的看法'？"

自己的看法，在中国孩子那里是多么可贵而不被珍惜的东西。从小学开始，越来越多的标准答案取代了孩子自己的观点。我经常在孩子作业中发现，他们的错误答案其实是有道理的，但因为和正确答案不一样，所以被扣分了。我去某一所小学听课，语文老师让孩子用月亮造句，一个孩子说："金色的月光照在我身上。"老师说："月光怎么会是金色的，重新造句！"孩子战战兢兢地重新造句，听课的我却看到一轮轮金色、蓝色、彩色的月亮，在童年坠落，在想象的世界里褪色。

在我的课堂上，也有一些学生不喜欢开放性的问题。他们对于讨论没有统一答案的问题充满了困惑和不理解。课后，会有个别学生愁眉不展地来找我问："老师，您刚才让我们讨论的问题，到底我们谁的回答是对的呢？"我对这些寻找标准答案的孩子心存忧虑。万一，未来的你遇到一个新问题，包括老师、家长、领导都不能够给出标准答案，你怎么办呢？

　　家长们也试图把人生美好的一面留给孩子。一个朋友前几天给我打电话：她和丈夫吵架，16 岁的儿子忽然从房间冲出来，给爸爸脸上一拳："叫你老是骂我妈！"儿子个子比父亲还高，双方一时打得难解难分，吓得她瑟瑟发抖。夫妻俩之前也经常争吵，但都是关上门偷偷吵，从来没有当着孩子的面。这是儿子第一次介入父母的吵架。朋友吓坏了。她老公也特伤心，他非常爱儿子，只是脾气急躁一些罢了。其实，随着孩子的成长，把孩子放在一个虚拟的美好幻境中，或者用父母的权威来压制孩子，迟早都有失效的那一天。

　　孩子一旦发现现实破碎，反而会怨恨父母。有人认为，孩子小时候对父母的恨是"假恨"，不用过于在意，随着孩子年龄的增长，自然会理解父母。等孩子大一些，如果出现真正的"恨"的萌芽，父母可以针对具体行为，有则改之，无则解释。一旦孩子有了真正的恨，就要求助正规机构的专业心理咨询师。

　　我不认为孩子小，就不用在意孩子的"恨"。任何时候，孩子的负面情绪都要认真对待。当负面情绪发展成怨恨时，修复就更加困难。父母要不断反思，自己对孩子的隐瞒和严厉，是不是必要的？孩子是否有承受一定挫折的能力？

　　亲子关系不该是强硬——针尖对麦芒的，也不是一方强势——东风压倒西风的。在亲子陪伴过程中，抗挫力教育格外重要。

　　我想讲一个父女之间的小故事。一天，有一位父亲发现 15 岁的女儿不在家，只留下一封信，上面写着：

　　　　亲爱的爸爸妈妈，今天我和兰迪私奔了。兰迪是个很有个性的人，身上刺了各种花纹，只有 42 岁，并不老，对不对？我将和他住到森林里去，当然，不只是我和他两个人，兰迪还有另外几个女人，可是我并不介意。我们将会种植大麻，除了自己抽，还可以卖给朋友。我还希望我们在那个地方生很多孩子。在这个过程里，希望医学技术可以有很大的进步，这样兰迪的艾滋病可以治好。

读到这里，她父亲已经快疯了。但他发现信的最下面还有一句话："未完，请看背面。"他翻过来，看到纸的背面写着："爸爸，上一页说的都不是真的。真相是：我在隔壁同学家里，期中考试的试卷放在抽屉里，你打开后签上字。我之所以写这封信就是告诉你，世界上有比没考好更糟的事情。你现在给我打电话，告诉我，我可以安全回家了。"

如果我们不能够让孩子拥有足够的抗挫力，那么，终有一日，我们自己要品尝这苦果。

抗挫力第一步：温柔回应

温柔要有，但不是妥协，我们要在安静中，不慌不忙地坚强。

—— 林徽因

抗挫力教育的第一个原则就是尊重孩子，温柔地回应孩子的需求。只有在尊重和爱的环境里长大的孩子，才有面对挫折的底气。

在电子游乐场里，一个家长给孩子买好游戏币，就坐在等待区玩起了手机游戏。依我看，他并不关心孩子在玩什么，获得了哪些发展。严格来说，他只是给孩子花了点钱而已。但钱付了就是尽责任吗？

地铁上，一个漂亮的妈妈带着一个可爱的小女孩，引来了乘客们关注的眼光。不知为什么，小女孩突然号啕大哭。妆容精致的妈妈头也不抬，慢条斯理地看着自己的手机。小女孩哭了很久，久到我都忍不住想上去问问发生了什么，妈妈才把手机往她手里一塞。哭声没了，世界安静了，但我从头到尾没有看到母亲回应孩子的情绪，问一声："宝贝，你为什么难过？"的确，她一直陪在孩子身边。但人在场就是陪伴吗？

在公园，我看到一个带着孩子的年轻妈妈。小孩子在空地上骑滑板车，他一边用单脚站立，一边激动地喊："妈妈快看我！"这真是一个了不起的时刻，他也许是人生头一次掌握了动态中平衡的技巧。

这个妈妈应该说一声：哇——你真棒！

但他妈妈的眼睛始终黏在手机上，似乎"哼"了一声，连头都没抬。大半天时间，她只问了句"要吃吗？喝水吗？"此外没有和孩子进行任何交谈。给吃给喝就是陪伴吗？

如果家长只是"陪"在孩子身边，但并没有用心去关注孩子、回应孩子的需求，这不是真正的"陪伴"。2012 年底，中国某教科院发布了一份家庭教育状况的报告，揭示了父母与孩子间平等交流方式缺失造成家庭"冷暴力"，教育投资不惜重金、但重智力轻情商等"中国式家庭教育"的若干问题。

美国著名作家约翰·布拉索在他的畅销书《家庭可能伤害你》中说，当一个人长大了，他的所有行为是由他儿童时的家庭环境决定的。

我认为在孩子成长的任何阶段，家长用尊重和回应性的原则陪伴他们，都为时不晚。你会随时看到结果的改变，这一陪伴过程也变得更加美好。

一个叫心心的孩子，从出生开始主要由外公外婆照料。心心的父母和我交流之后，认识到自己陪伴孩子的方式不恰当，于是从心心 3 岁时做出了一系列的调整。在这之前，他们一直以为陪伴孩子最重要的是付出时间。比如周末时，全家人都会陪着心心去儿童乐园，外婆负责监护心心的安全，爸爸妈妈和外公就在一边刷手机等待。然后，全家一起去餐厅吃饭。你可能对这一幕不陌生——一大家人围着桌子看各自的手机，小孩子也用平板电脑边吃边看动画片。看起来，这一大家人陪伴孩子的画面也算和谐平静。可这个周末，心心得到高质量的陪伴了吗？

没有！"陪"不等于"陪伴"。对待孩子，仅仅"在场"，或仅仅提供物质关怀都是不够的。后来，心心全家改变陪伴方式，用回应性的方式陪伴孩子，心心的语言、运动和社会性发展都得到了明显的进步。

在高质量的亲子陪伴中，真诚的沟通、悉心的关怀更重要。在过去的 20 年里，白天有一位家长能够在家里陪伴孩子的家庭比例已经从66.7% 下降为 16.9%。即便是全职妈妈，每天和孩子朝夕相处时到底有多少互动是高质量的？每当节假日来临时，商城和游乐城里都挤满了带孩子前来游玩与购物的家长们。这似乎是为了弥补平日里对孩子的亏欠。与其用金钱买心安，不如早点给孩子创设一个充满爱和回应的家庭环境。

意大利著名的瑞吉欧教育体系中有句名言：环境是儿童的第三位老师。家庭应当积极创造充满爱和回应的环境，用心倾听孩子，彼此积极沟通。

许多家长声称由于工作太忙，没空陪伴孩子。每当孩子说："陪我玩一会儿好吗？"家长总是回答："我哪有工夫陪你玩。"所谓"没工夫"，只是忙碌的成人忽视儿童的借口而已。许多借口"没工夫陪你"的家长，自己玩起来可有工夫了。最后，这些忙碌的父母眼睁睁地变成了孩子最熟悉的"陌生人"。

由于工作压力大或者生活观念不同，越来越多的"80后""90后"父母将养育孩子的责任交由祖辈或保姆来承担。现代父母的确面临着巨大压力，但隔代抚养和保姆照看存在诸多弊端，老人和保姆通常对孩子过度保护、过分限制或溺爱。我在公园看到许多婴幼儿的照料者，既不和孩子交流，也不引导孩子和同伴交往，小朋友吵吵闹闹时也不制止，只顾自己扎堆聊天，一副事不关己的态度。

还有许多焦虑型家长，为了不耽误孩子，把孩子送到一些劣质的早教机构，以为报名费付了就是对得起孩子了。比如一位家长说："我不懂育儿知识，孩子输在起跑线上怎么办呢？这个机构就是不让孩子输在起跑线的。"其实，父母是孩子的第一任老师，家庭内部的互动更加重要。家长要尊重孩子对世界的看法，并尽量抽空陪伴、理解他们。家长要尽可能和孩子安排回应性的亲子互动时间，哪怕时间不长，也能看到孩子的发展与改变。

亲子陪伴的价值超过任何教育培训。过早的智力开发结果只能适得其反，任何鼓吹"不能输在起跑线"的早教机构都是忽悠人。在童年早期，父母的悉心陪伴才是儿童最宝贵的财富。

亲子陪伴的回应原则可以包括以下小策略：

1. 一起玩游戏

童年是个单行道，错过了就无法回头。家长工作再忙也不能成为忽略孩子的理由。例如，父母可以每天抽半小时陪伴孩子，养成"亲子时间"的习惯。如果是全职家长，能够保证每天半小时已经很不容易。父母也要妥善处理隔代教养问题。如果确实需要请他人代看护孩子，首选和孩子同住，尽量参与育儿过程，以增进亲子情感。

游戏是亲子陪伴的最佳途径之一。周国平曾描述一个场景："黄昏时刻，一对夫妇带着他们的孩子在小河边玩，兴致勃勃地替孩子捕捞河里的蝌蚪。"他立即发现他的记述有问题，其实是"黄昏时刻，一个孩子带着他的父母在小河边玩，教他们兴致勃勃地捕捞河里的蝌蚪。"他感叹道，如果不是为了孩子，这类"无用"的事大人多半不会去做的。

大人和孩子可以享受彼此一起游戏的机会。游戏是人的天性，即使是大人，也需要游戏的放松。只不过，我们长大后就不好意思再玩了，以免被人指责为玩性太重。和孩子一起玩，是最自然、最快乐的状态。很多时候，是孩子们在教我们如何游戏，教我们重新返回遥远的童年。我们会一起玩各种游戏，如躲猫猫、猜谜语、画画、唱歌、跳舞、搭积木、玩手指游戏……宝宝咯咯的笑声是亲子游戏最可爱的副产品。

在游戏中，儿童把好奇心、探究欲和想象力结合在一起。陪伴儿童游戏是父母了解儿童心理、引导孩子发展的好机会。

2. 说说悄悄话

我到一位博士同学家做客。她的儿子已经上中学了，看见客人很开心，试图加入我们的聊天。我觉得这样挺好的，但同学突然对儿子发火了："还不进房间去，这里没你的事！"让孩子一起帮忙招待客人，是很好的社交机会啊。为什么要扼杀孩子交流的欲望呢？

我们家的客人都会受到孩子们隆重的欢迎，大孩子端茶递水递玩具，小孩子积极和客人们一起聊天。这不是说，应该把孩子放在比客人还重要的位置上。教育孩子的一个基本原则就是：我，你——孩子，大人，我们都是平等的。当宝宝渐渐长大，能够听懂道理时，我们也要告诉孩子社交的礼仪，如怎样寻找适当的时机插话，不随意打断别人的交谈等。

小孩子的需求其实很容易被忽略，就像丰子恺在漫画里描绘的，成人的世界里，连桌椅都是那么巨大。成人要更多地倾听儿童的声音，关注他们内心的感受。亲子陪伴的过程中，父母要带着一份童心，做孩子的朋友，尊重孩子的问题。

孩子总是会没完没了地提问题。例如，一个孩子问："妈妈，燕子为什么飞这么低？"妈妈说："要下雨了。"孩子："为什么会下雨呢？"妈妈："为了鲜花和草木的生长。"孩子："那雨为什么下到马路上呢？"妈："呵，你瞧……我想要下冰雹了。"孩子："什么是冰雹？煮硬的雨吗？"妈妈："你能不能安静一下？有个小孩总是问，后来变成个大问号！"孩子："问号？那它怎么抓住身子底下那个小点呢？"在幼儿看来，没有什么问题是古怪或不正常的，家长要尽力保护儿童天然的好奇心和求知欲。经常和孩子说说话，说孩子可以理解的话，这才是回应、互动型的亲子关系。

3. 一起读读书

儿童热爱读书，年龄越小的孩子越是对故事、诗歌充满了热爱。亲子陪伴中的阅读活动开始得越早越好。与其让电脑、手机充当机械的电子保姆，不如在真实的情境中和孩子分享甜美的童话。

许多图书馆已开设了亲子阅读馆，家长可以和孩子一起阅读。大人在这里重拾久违的童心，孩子也可以享受童话中如诗如画的世界。对于0—3岁的婴幼儿，家长可以选择鲜艳、明快、以图画为主的优质绘本。而3—6岁的幼儿已经产生了前阅读的兴趣，开始喜欢图文并茂的书籍。家长可以手指着文字，和孩子一起阅读、欢笑与探险。

总之，亲子陪伴中，父母要和孩子积极互动，平等对话，回应孩子的困惑，理解儿童的需求。回应，就好比孩子扔给你一个球，你必须再把球用适合孩子接住的方式，扔回给孩子。此外，回应原则即便在孩子进入青春期的时候依然很管用。

抗挫力第二步：弹性管理

> 如果是玫瑰，它总会开花的。
>
> ——歌德

有一次，我邀请了一位哈佛大学的知名教授来中国讲学。他在国际上享有盛誉，有很多的粉丝。他对教育研究领域的贡献改变了许多课程和教学的实践，也改变了人们对儿童发展的传统观念。不过，他聊到自己的孩子，居然也有很多家教的烦恼。

他有 4 个孩子：老大和老二到现在三十好几了，还不成家，已经够恼人了，还不去找份正经工作！老三和老四是一对孪生龙凤胎，17 岁了，都在美国念高三。这次，孪生妹妹卡洛陪爸爸一起来中国，但哥哥卢卡斯则没有来。大家都很奇怪，问卢卡斯为什么不来。教授想了想说："他不感兴趣。"

事实上，卢卡斯对父母、学校和学习已经统统不感兴趣了，这对教授而言是个很大的困扰。哥哥和妹妹在同一所高中读书，妹妹爱自己的学校，而哥哥恨这所学校。

妹妹是学校一个学生社团的主席，这个社团负责全校学生兼职工作的安排，她自己说，她就好像一个 HR 的头头儿。妹妹有一个男朋友，用老爸的话说：很不错的男孩子，关系比较稳定。而哥哥既没有女朋友，也不参加学校的任何活动。总之，龙凤胎之间的对比很鲜明。

此外，他的孩子没有一个愿意去哈佛。即便是小女儿卡洛，也表示明年选择的高校里，哈佛绝对不在其中。我问为什么，卡洛笑嘻嘻地

说："因为我爸爸在哈佛啊。"也许，是不想生活在爸爸的影子下，也许是对哈佛早已经免疫了。事实上，卢卡斯已经决定明年退学，在家休息。大家问："那你现在能做什么呢？"我替他回答："Waiting。"教授同意我的说法，说："是的，waiting。除了等待，我没有更好的方法。"

看，名教授也有自己难念的经啊。在孩子成长遇到挫折时，家长拿出权威，咄咄逼人未必有用。有时候，退一步海阔天空，让一步云开月明。这也许就是抗挫力这个英文单词被翻译为弹性的缘故。在一个著名的研究抗挫力的网站上，网站首页的图片就是一个巨大的弹簧。

和孩子在一起的时候，弹性管理原则包括以下几层意思：

1. 弹性管理原则包括时间上的弹性

《哈佛商业评论》曾刊登过一篇经典文章《管理能量，而非时间》。文章指出，延长工作时间的方法并不可取，因为时间是一种有限的资源，无论你多么努力，一天只有 24 小时。是不是很绝望？

如果父母都有铁一般的身体、钢一样的意志、超人的才干、海水那样多的时间、太阳那么丰盛的精力就好了。但我没有，我就是个普通中年老母亲，要上班，会生病，心情不好时还会忧郁。

中年危机是心理上的，也是生理上的。中年意味着你的人生中，惊喜将会越来越少，惊吓可能越来越多。这时候，没消息就是好消息。宁愿少一事，不可多一事。中年的困难是实实在在的：熬夜很难补回体力，吃多一点就会发胖；孩子还小，老人却已经很老；房子不够大，车子不够好，票子不够多，用钱的地方却很多。

图书馆里有许多管理时间的书籍。但对于中年母亲来说，最可悲的就是，无论你怎么管理，时间总是越来越少。面对这样的人生，怎么淡定？

经过多年的亲身实践，我认为时间管理是个坑——从来没有让人的一天多出 1 小时。相反，过度时间管理带来的焦虑影响了我的睡眠。由于失眠，白天工作的效率反而下降了。

当前许多家庭和学校的时间管理还是针对提高用时效率。例如，老师带领学生挑灯夜读，争分夺秒，甚至不惜挪用睡眠时间来做习题、做练习。家长把孩子的时间表排了又排，千方百计排进所有需要的辅导班。

不管是个人经验还是科学研究都表明，如此做法并不能明显奏效，倒有可能适得其反。休息时间得不到保证，会导致学生身体处于严重疲劳状态。因此，时间管理并不是当前中国家长迫切需要解决的问题。

坚持运动，早睡早起、不熬夜，不挑食（也别大补），学习劳逸结合，或许比参加补习班更能让孩子考得好。实在忙不过来时，我也请阿姨帮忙。不过我会请正规的有育儿证书的阿姨，她们受过保育和教育的一系列培训，比较能够接受科学的育儿观。长期陪伴孩子的经验告诉我，在亲子陪伴过程中有一条抛物线，陪伴时间过短和过长都可能带来负面效应。事实上，亲子陪伴的质量比时间长短更加重要。

2. 弹性管理原则包括情绪上的弹性

我们都不是完美家长，做不到完全不向孩子发火，只是建议尽量不向孩子发火。弹性原则允许家长和孩子适度犯错，并修复自己的错误。比如家长疲惫了一天后，遇到孩子不顺心的时候，肯定有怒发冲冠的感觉。这种感觉在孩子上了小学之后特别明显，特别频繁。很难每次都提醒自己控制情绪，冷静一下。想发火时，适度地冲着先生吼上几句，也是可以的——记得及时道歉就好。

再比如，在培训孩子上课外班的时候，孩子出现了强烈的厌学情

绪，或者兴趣班导致亲子关系、夫妻关系特别紧张，我们需要警惕和反思，课外班的作用是否得不偿失，家长需要适可而止。弹性原则可以给孩子适度的爱，也给我们一定的退路。这是一种人文主义的情怀，也是家庭和谐发展的基础。各位家长一定要先关爱好自己，毕竟你可是娃的主心骨，全家的精神支柱。一般而言，妈妈高兴，孩子才高兴；孩子高兴，全家才会开心。

未必要每天坚持送孩子打乒乓球，除非孩子真的非常有世界冠军的潜质；何苦要满世界地报培训班，少上一个也没关系！选择培训班时，近点总比远点好。就好像中年总比老年好哇！至少还能走得动，牙齿基本还在，头发也没有全秃，白了七八十根，染一染就掩盖了。老花镜还没有买，皱纹还数得清。

3. 弹性管理原则包括体能上的弹性

健康身体能够产生更多能量，支持意外的体力任务。谁都知道营养不良、缺少运动、睡眠不足和休息不够会降低人的反应速度，影响情绪控制和专注力。研究表明，随着体能的增强，人的工作效率也有所提高。

备考时间紧张，做不到天天打篮球、跑步、练舞蹈怎么办？可以做做平板支撑、仰卧起坐、贴墙起立蹲下等在家就能完成的运动呀，方便且时间利用充分。想必每个人都经历过，身体不好的时候，不仅没力气，连看事情都变得悲观了，做什么都提不起精神。

所以一定要坚持运动，让自己的身体也充满弹性、体能充沛。

4. 弹性原则还包括精神上的弹性

精神必须集中，一次做一件事。如果有一大堆课程摆在面前，孩子必须轮流应对时，学习效率是一直走下坡路的。当孩子的学习和生活劳逸结合时，他们的精神状态才会到达最佳状态。为此，家长需要理清孩子的理想和目标：做自己最擅长和最喜欢的事情，有意识地为学习和休闲分配时间和精力，留一些空白的时间让孩子自由控制。

随着孩子进入青春期，同伴和自我发展会成为他们生命中的主要内容。父母和家人这时虽不远离，却已不在孩子的人生舞台中央。我们只是用自己的爱，为孩子勾勒一幅淡淡水墨的背景，这温暖、富有张力的背景画，会在孩子的心里一直停留到永远。

抗挫力第三步：韧性处理

> 父兮生我，母兮鞠我。
>
> 拊我畜我，长我育我，
>
> 顾我复我，出入腹我。
>
> 欲报之德，昊天罔极！
>
> ——《诗经·蓼莪》

很多辛勤的工作都有人认可，但父母这个职业是没有奖牌的。非但没有奖金，还要倒贴金钱和时间。做不到弹性原则的话，严重者还会伤心、伤身、伤命。2020 年，我留意到几条触目惊心的新闻。2 月 24 日，四川眉山一个 13 岁男孩和母亲发生争吵后将母亲杀害，然后自己拨了报警电话。3 月 10 日，厦门一个中学生持刀捅死了母亲，捅伤了父亲。5 月 23 日，青岛一个 15 岁女孩将律师妈妈勒死……豆瓣上居然成立了一个"父母皆祸害"小组，许多发帖的网友说：我知道我必须爱我的父母，但我真的不喜欢他们！

为什么亲子关系中有这么多的怨恨与愤怒？过刚易折，强硬的亲子关系会带来破坏性的后果。

拿新闻中最后那位不幸的律师妈妈举例，从新闻中可以了解到她非常出色，是律师事务所的合伙人之一。她的好友 A 接受了媒体采访，透露说律师妈妈很强势，经常训斥女儿，如："我了解这个社会的各方各面，你必须听我的！""我在你这个年龄，父母说什么我听什么！"原本情绪愉快的女儿听了这些话就生气了，开始回嘴，然后律师妈妈更恼怒——怎么生了个不识好歹的女儿，矛盾日益激化。

从媒体报道中，可以发现这位律师妈妈为女儿付出了很多：女儿就读于某昂贵的知名民办学校，学费不菲。女儿从小学钢琴，学画画，才艺优异。妈妈还写了首名为《致女儿》的小诗：女儿，看着我，别给我你的背影。

妈妈对孩子的爱和陪伴是毋庸置疑的。

虽然律师妈妈付出了大量时间、金钱，高度关注孩子的营养、兴趣、教育……但不识好歹的女儿却只给妈妈一个背影，还说："人家妈妈虽然没什么钱，但给孩子很多快乐；我妈妈给了我很多，但从来没考虑过我的感受。"女儿还说："妈妈知道我是怎么想的吗？妈妈跟我沟通过吗？假如让我自己选个妈妈，我不想要你这个妈妈！"

这样的对话在强硬的亲子关系中很常见。

家长：我爱你，孩子！

孩子：没看出来。

家长：我都是为了你！

孩子：我不需要！

家长：这是我特意为你准备的……

孩子：但我不想要这个！

这些对话有时充满了无奈、愤怒，有时甚至包含着怨恨。家长反复强调付出，可家长说的那一套，孩子完全不领情。

其实我也是自尊心特别强的妈妈，女儿的个性也特别强。如果我们彼此不相让，争执得会特别厉害。我至今记得和她之间的第一次争执。

那时她不到3岁，刚刚接触，还没喊我"妈妈"，只喊我的英文名字。一天下午，我打算带她去小区的广场玩滑梯。她很开心，换好衣服临出门时，她突然说要带个枕头去。不是小枕头，是一个大大的枕头，竖起来比她还高。

我说："为什么要带枕头呢？"就要带。

"枕头会弄脏的哦。"就要带。

"滑梯那里没有地方放枕头呢，我要扶着你玩，也没有手拿啊！"就要带。

……

此处省略无数动之以情、晓之以理的诚恳话语 3000 字。

10 分钟后，心童开始大喊大叫发脾气："就要带枕头！"

我说："那好，你要和枕头一起，我们就在家玩吧。小枕头可不想弄脏自己，这样它晚上就没法睡觉了。"心童用眼睛恶狠狠地瞪我，我也毫不让步——出去玩还是带枕头，你选。

最后，她把枕头使劲扔在客厅的地上，选择出去玩。但她余怒未消，一路上冲我翻白眼，屡次走在我后面，趁我不注意时躲到树丛里，想看我惊慌失措的样了。

回到家，她继续发脾气，连续几天不喊我的名字，每次走过我身边时就用力推我一把。我气不气？当然气了，真想狠狠揍她一顿——如果她是我生的。那时我就想，哪天有个亲生的娃，这么不听话，我非要揍得他屁股开花不可（玩笑，家暴坚决反对）。

但，于情于理我都不能和孩子一般见识。也就是从那时起，我意识到，亲子之间一味用强，试图用东风压倒西风既是不正确的，长远来看也是没用的。那似乎是我和心童的第一次，也是最后一次激烈争吵。

2020 年，江苏的一个小学生据说因为老师的责骂，最终选择了跳楼。如果再来一次，她的妈妈一定会在孩子第一次抱怨老师打她时坚定地选择转学。如果再来一次，她的家长一定会在孩子遇到挫折时坚定地支持她，帮助她度过低谷。保护孩子，是每个成年人的责任。

　　家长必须应用韧性处理原则，在适当的时候强硬，表达我们的情绪与期待。也在适当的时候示弱，告诉孩子我们的担心，并鼓励孩子把情绪表达出来，学会等待，而不是急于要一个结果。在入学准备里，我没有着重介绍如何选择小学。但我想强调的是，无论选择什么样的小学，一定要随时留意孩子的情绪状态和学习兴趣。必要时，及时和老师沟通、和孩子沟通，找到问题所在，防患于未然。

　　在动画片《宝莲灯》里，沉香问妈妈什么是幸福，妈妈说："幸福就是妈妈和沉香永远在一起啊。"其实，养育孩子真正的幸福不是为了我们一直在一起。大多数世俗的爱都和"占有"相关，只有父母对孩子的爱，是以放手为目的。我的"幸福"就是，孩子，相信你未来一个人也能过得很好。

　　在接孩子放学的队伍里，我大概是唯一不替孩子背书包的家长。大人替小孩背书包被称为"中国式放学"。还有"中国式接孩子""中国式过马路""中国式跨栏"……近年来，以"中国式"为名的新闻标题与网络词汇接连不断产生，体现了人们对中国各类社会现实与现象的关注。2012 年，网友提出所谓的"中国式过马路"：凑够一撮人就可以走了，和红绿灯无关，引发了搜集"中国式"现象的导火线。其后，媒体上涌现了大批"中国式"现象，如"中国式接孩子""中国式相亲"等。

　　并非所有"中国式"现象都是贬义，也有部分是褒义或中性的，如"中国式微笑""中国式礼仪"。令教育工作者不无遗憾的是，以"中国式"冠名的教育现象都带着些许贬义与反讽意味。

　　"中国式家庭作业"不只是布置给孩子的，更是布置给家长的。中国家长的作用在家庭作业中发挥得淋漓尽致，许多孩子的作业本每天都要家长签字、监督，甚至检查、代做、代教。也许你会说，中国小学生的作业本来就是学生和家长共同的作业。可是我不同意，因为这样有害无益。稍后我慢慢解释。

再以"中国式放学"为例，这一现象描述了中国中小学放学时的经典情景。傍晚时分，学校门外站着熙熙攘攘的等候人群。我看到大部分孩子一见到家长，就立刻把肩上的书包卸下来，往爷爷奶奶或父母手里一塞。那仿佛是某种交接仪式，象征着学习的书包，从放学那一刻起，从孩子手里就转移到了家长那里。学习的压力，从那一刻也转移到了家长那里。

我对心童说："书包不太重，你尽量自己背。自己的事情自己做。背不动的时候妈妈再帮助你。"到了笑笑、雨果上学时，我连客气话都没有说，书包默认就得自己背。7岁的孩子背个书包有什么问题？

家长们愿意把这个负担接过去，似乎这样就对孩子少些愧疚，多些支持。我不认同。连自己的书包都不愿意负担的孩子，会愿意帮助别人吗？将来会把照顾年迈的父母等责任担在肩头吗？未来会愿意承担额外的工作或志愿者行为吗？

不仅书包应该自己背，家长还应该鼓励适龄的孩子学会购物、存钱，做一切自己力所能及的事情。

有一年幼儿园春游，午餐给每个孩子发了一个面包和茶叶蛋。小朋友们都吃完了，有几个宝宝还在和鸡蛋搏斗。我们几个老师一边帮孩子剥鸡蛋，一边笑翻了。后来呢，新闻里报道有的高中生也不会剥鸡蛋，大学生还不会洗衣服，陆续引发了社会的关注。

今天，这类奇怪现象非但没有减少，反而增多了。我看到一些大孩子不会吃橙子，除非有人切好摆在他们面前；不会剥橘子，问旁人说该从哪一头开始剥呢；不会系鞋带，要求家长必须买带搭扣的鞋子；不会烧饭，只会叫外卖；不会洗衣服，住校生每周日晚上得带着一堆袜子和内裤返校……你的孩子有可能是这样的吗？

在超市里，我看到前面的年轻人在购物车里堆满了垃圾食品：无数的方便面、薯片、可乐……所以，这就是他的日常食物吗？他的父母知道孩子成年后每天吃这些玩意儿，不会担心吗？

我希望自己的孩子不仅会叫外卖，还能学会生活、照顾好自己。他们从小陪着我在厨房忙碌，很快对烧饭激起了兴趣。在幼儿园的娃娃家里，烧饭可是最好玩的游戏之一呢！

笑笑 3 岁时就练习切菜，用一把小刀切豆腐干和番茄。我对他们把菜切成什么形状没有要求，只是反复演示什么情况下有可能会切到手。事实上，孩子会很小心，一般不容易切到手，只要家长在旁边监管，适当提示一下。雨果有次拆快递太激动，没有按照我教的向外划，而是向内划。结果刀锋滑到手背上切出了一点血，之后他也接受了教训。

我们大学有位来自挪威的客座学者，她说欧洲有句谚语："没有骨折的童年不是真正的童年。"我饱含惭愧地反思了一下，发现我们中国的多数孩子都没有真正的童年。不过，我还是没胆量也舍不得让孩子遭那种罪。稍微切破一点表皮，还是在承受范围内的。

笑笑现在会烧各种饭菜，而且乐意尝试新菜品，有时候做了新花样，就邀请大家一起吃。一娃学做饭，全家都受益。

我只希望有一天，没有妈妈孩子也能独立、过得好。父母最大的爱，就是用尽一切方法帮助孩子学会独立生活的能力，好让我们能够放心他们远走高飞，潇洒而健康地生活。

南风与北风打赌，看谁的本领更强大。它们比赛，看谁能先把行人的衣服吹开。北风恶狠狠地吹，张牙舞爪地吹，可路人却把衣服越裹越紧。北风悻悻地败下阵来。这时候南风出场了，它轻柔地吹，温和地吹，天气越来越暖，风和日丽，行人热得主动脱掉了外套。南风胜利了。

为什么南风的温柔胜过了铆足了力气的北风呢？

因为它让人们的行为变成自觉的。这种四两拨千斤、启发人们反省、满足自我需要而达到目的的做法，被称作"南风效应"。我们该做北风还是南风呢？

一个朋友知道我生笑笑时很辛苦，因为大出血，花了几个月的时间在生死线挣扎。看着孩子胖乎乎的照片，朋友说："你现在一定很宠他，就是他想要天上的月亮，你也恨不得摘给他呢！"

没有啊，我又不能上天?! 我仔细想了想，觉得自己会这样对孩子说："要月亮？好主意啊，你自己去拿。你来设计一艘太空船，带妈妈一起去。"

你自己去拿，哪怕你要的是星星月亮、整个宇宙——只要你能拿到，也许你真的能拿到……马斯克的母亲从来不会阻止他移民火星，甚至到太阳上去。比尔·盖茨的父母（好像）没有反对他休学哈佛。孩子会有自己的天空，需要独自应对这世界的风风雨雨。我们不会陪宝贝一辈子，父母终究会离开孩子。如果不学会独立思考，孩子就不会成为一个真正的人。

但独立要循序渐进。笑笑低年级的时候，我放纵了他的"落后"。和欧美国家相比，当前中国小学的学习内容是偏难的。例如，小学一年级的数学是 100 以内的加减法，听磁带做口算时，2 位数的加减法答案脱口就要报出。58-18 ＝？ 95-17 ＝？一道道题目像连环炮一样，连续20 题或 30 题，轰得大人都头晕眼花。语文则已经开始看图写 200 字的作文。

对于零起点的笑笑来说，那是不可能完成的任务。他虽然小肌肉的动作发展很好，但由于不识字，写字速度一开始还是比较慢的，总是不能及时完成作业。如果作业不需要家长签字，老师也不给家长打电话、发短信，我可以耐心等待他发展。但，你一定知道这是不可能的事情。

为了保证他的睡眠时间，我在他低年级时经常帮他做作业。确保他理解了作业内容，掌握了知识要点后，就把重复性的抄写和重复练习题替他完成了。比如说 4 行速算题，只要第一行他全对，接下来的三行我来写。

对于笑笑这样视力存在隐患、发展速度略慢的孩子，大人需要等待一些时间，也许三五年，甚至更久。为了孩子，为了教育理想，我可以等待。但现在的小学教育，最包容不了的就是等待。家长急，老师也急，最后孩子就急了，最终导致全民焦虑。压力山大啊！

在孩子小的时候，我几乎一秒钟也不想离开他们。那时候，天空总是那么蓝，回家的心情总是那样急切。地铁站的自动扶梯上，我总是贴着人群奔跑穿行，恨不得插翅回家。所有的出差、开会、聚会……统统靠边，我只想陪我的宝贝，把教课之余的所有时间都留给了孩子。

意识到我无法陪伴他们一生一世时，我的沮丧简直难以言表。孩子入园、入学的第一天，我都在默默地流泪，惦记我的小人儿能否吃好、睡好，会不会被欺负。那时才明白天下父母亲的担忧：我把孩子交给了这个世界，而这世界将会还我一个怎样的孩子？

孩子选择我们做父母，不代表我们拥有他们。有的父母认为今天我们陪读，明天孩子陪我们老去。但孩子是一个独立的小人，父母爱他不是为了让他陪我们安度晚年。我们爱孩子最重要的一点就是，让他没有父母的陪伴，也能过得好，哪怕这世界千变万化、难以预料。

未来是一个标准答案应付不了的世界，所以，我经常在遇到困难时问孩子，如果你遇到类似的事，你会怎么办？我们一起讨论各种可能性。

孩子有时在标准答案面前被扣分了，但答案并不算全错。我也经常提醒孩子，虽然这道题被扣分了，但你的回答其实有一定道理。在试卷上，你可以按照老师规定的要求回答。但在没有试卷的地方，你的答案可能是更好的。

《生活大爆炸》里面有句台词：人们都说，人到了暮年，比起自己干过的事，会更后悔没有干过一些事。如果我们没有竭尽所能陪伴我的孩子们，让他们学会独立生活和思考，我们一定会后悔的。中国历史上不乏尊重儿童、提出先进教育理念的学者。孔子指出"少若成天性，习贯之为常。"（《大戴礼记·保傅》）少儿时期通过教育养成的智能，将犹如天生的一样，孔子认为儿童时期的教育是非常关键的。这是我国最早对儿童教育重要性的论述。

中国家长对子女的关注是有目共睹的，但也要接纳"授人以鱼不如授人以渔"的经典教育观，用正确的方式爱孩子。家长应当更重视孩子成长的过程，而不仅是结果。

家长应认识到：

韧性管理首先要培养孩子的独立生活能力。

韧性管理更是培养孩子独立思考和判断的能力。

韧性管理是支持孩子共同面对挫折，而非回避或代替孩子面对挫折。

结语：
我不知道明天会怎样，
但我知道你会找到幸福

有一次，美国作家马克·吐温在教堂听牧师的募捐演讲。最开始，他觉得牧师讲得很好，准备多捐点钱；10分钟后，牧师还在不停地讲，他有些不耐烦，决定只捐一些零钱；又过了10分钟，牧师还没讲完，他决定不捐钱了。牧师终于结束冗长的演讲，马克·吐温不仅没捐钱，反而拿走了两块钱。

鉴于这个教训，所有父母对孩子的说教不能长篇大论，本书也一样。

记得我当年参加博士面试的时候，一位老师问我："你怎么看待裴斯泰洛齐？"我认真地回答：裴斯泰洛齐是瑞士教育家，他提出了"种子论"，认为孩子就像一颗种子，这种自然主义的教育观对后世有很大影响。"种子论"说明，教育要顺应孩子的天性，顺其自然。这和我国唐代文学家柳宗元在《种树郭橐驼传》里说的"顺木之天，以致其性"是一个道理。

关于种子论的想法我一直在思考：我们的孩子，是一颗怎样的种子？

前几天，我的同事发了一条微信，大意是说："要耐心等待花开。

有的种子开花早，有的开花迟。而有的种子永远不会开花，只因为他注定要长成一棵参天大树。"

这一类的话很美，很能打动人。但对于我这样一个既从事理论培育研究，又参与实践养育孩子的人来说，似乎还不够。只要是玫瑰，就一定会开花吗？难道，只要有耐心，所有的种子就不需要额外的呵护了吗？只要等待，无需充分条件如阳光、雨水、营养，种子就会自然成长吗？他们会不会遇到意想不到的困难？他们能否撑起自己那片天空？

家庭教育的真理，如果有，会是什么？

"道可道，非常道。"家教之"道"，是种子自己的奥秘。父母和教师必须去解读种子的奥秘。也许它是花，是草，是参天大树，但父母如果知道什么样的土壤、空气、营养会有助于这颗种子的成长，给小种子适宜的支持，无论是园丁还是种子自己，都会松一口气吧。毕竟，成长的路上艰难险阻，困难重重。

"父母"是终身头衔，一旦生育就自然获得、光荣加冕，没有下岗的风险。做父母难，不过是难在那个"好"字。好的家长，除了爱孩子之外还要了解自己的孩子，就如同一个真正的好老师，除了吃透所教专业的内容，还得对学生的特点有充分把握，才能够游刃有余，因材施教。

我是个粗心的人，但也许称得上是个细心的家长。其实，细心的父母不是面面俱到，而是用心体会不同种子的需求，该放手时就放手。有些细节必须做好，有些细节无关紧要。做了这么多年教师和妈妈，琢磨每一款种子的特征、习性、发展倾向是我的爱好。我乐此不疲，并收获颇丰。

我的小小种子正在发芽，虽然不知他们会开怎样的花，结哪样的果，但我知道他们都需要水、空气和一定的自由空间，需要阳光的温暖，需要春风的亲吻，需要冰霜的洗礼。尊重他们，回应他们，用柔软但坚定的态度陪伴他们。于是，春华秋实，岁月静好。

我不知道明天会怎样，但孩子，在大人的悉心呵护与陪伴下，你有能力成为你自己，找到适合你的位置和属于你的幸福！

图书在版编目（CIP）数据

教育全在细节中 / 钱雨著. -- 北京：作家出版社，
2021. 8

ISBN 978-7-5212-1418-5

Ⅰ. ①教… Ⅱ. ①钱… Ⅲ. ①家庭教育 Ⅳ. ①G78

中国版本图书馆CIP数据核字（2021）第075582号

教育全在细节中

作　　者：钱　雨
责任编辑：郑建华　李　雯
装帧设计：BOOK DESIGN
出版发行：作家出版社有限公司
社　　址：北京农展馆南里10号　　　　邮　　编：100125
电话传真：86-10-65067186（发行中心及邮购部）
　　　　　86-10-65004079（总编室）
E-mail:zuojia@zuojia.net.cn
http://www.zuojiachubanshe.com
印　　刷：唐山嘉德印刷有限公司
成品尺寸：165×240
字　　数：238千
印　　张：17.75
印　　数：001-10000
版　　次：2021年8月第1版
印　　次：2021年8月第1次印刷
ISBN　978-7-5212-1418-5
定　　价：45.00元